重庆大学经济与工商管理学院
School of
Economics and Business Administration
Chongqing University

重庆大学经济管理文库

本书由教育部人文社会科学研究青年基金项目（11YJC790225）、重庆大学中央高校基本科研业务费科研专项人文社会科学类面上项目（CQDXWL-2013-084和CDJRC11020003）及重庆大学经济与工商管理学院专业实验室实验教学与实验科研团队建设项目（2013JGSYJX001和2013JGSYJX002）资助出版

锦标赛机制与代理人行为研究

THE STUDY OF AGENTS' BEHAVIOR IN TOURNAMENT MECHANISM

闫威●著

经济管理出版社
ECONOMY & MANAGEMENT PUBLISHING HOUSE

图书在版编目（CIP）数据

锦标赛机制与代理人行为研究/闫威著. —北京：经济管理出版社，2014.1
ISBN 978-7-5096-2831-7

Ⅰ. ①锦…　Ⅱ. ①闫…　Ⅲ. ①锦标赛—研究　Ⅳ. ①G808.2

中国版本图书馆 CIP 数据核字（2013）第 286976 号

组稿编辑：杨雅琳
责任编辑：杨雅琳
责任印制：黄章平
责任校对：超　凡　王纪慧

出版发行：经济管理出版社
（北京市海淀区北蜂窝 8 号中雅大厦 A 座 11 层　100038）
网　　址：www. E-mp. com. cn
电　　话：（010）51915602
印　　刷：三河市海波印务有限公司
经　　销：新华书店
开　　本：720mm × 1000mm/16
印　　张：15
字　　数：235 千字
版　　次：2014 年 1 月第 1 版　　2014 年 1 月第 1 次印刷
书　　号：ISBN 978-7-5096-2831-7
定　　价：48.00 元

《重庆大学经济管理文库》出版说明

《重庆大学经济管理文库》是重庆大学经济与工商管理学院和经济管理出版社组织出版的系列学术丛书。组织出版《重庆大学经济管理文库》，是重庆大学经济与工商管理学院进一步加强课题成果管理和学术成果出版的规范化、制度化建设的重要举措。

近年来，重庆大学经济与工商管理学院的广大教师和科研人员在社会主义市场经济、具有中国特色的管理理论等方面积极开展科学研究和实践探索工作，完成了大量的研究课题，推出了一批重要的研究成果，主要覆盖管理学和经济学门类的工商管理、管理科学与工程、应用经济学等学科。为了系统地总结和展示这些研究成果，从现在起，我们经过一定的评审程序，逐年从中选出一批通过各类别课题研究工作而完成的具有较高学术水平和一定代表性的著作，编入《重庆大学经济管理文库》出版。我们希望这将能够从一个侧面展示重庆大学经济与工商管理学院的科研状况和学术成就，同时，也为优秀学术成果的面世创造更好的条件。

重庆大学经济与工商管理学院

2012 年 11 月

《重庆大学经济管理文库》编委会

序 言

锦标赛机制是一种典型的基于相对绩效评价的竞赛机制，具有很强的人际竞争意味。同基于边际产出的激励合同相比，锦标赛机制具有四点优势：首先，薪酬是基于代理人产出的排序，产出的排序要比产出的准确度量简单，因此可降低衡量成本。其次，薪酬差距可以鼓励基层员工参与排序竞争，从而提供激励，降低监控的必要性，参赛的员工更关心能否击败对手,而不是仅关注于自身的绝对业绩。再次，锦标赛机制中的奖金是事先确定的，可以减少委托人的道德风险或机会主义行为，增加激励承诺的可信度。最后，相对业绩排序可以有效地排除外部干扰因素的影响，减少代理人的附加风险，提高业绩评价的准确性。目前，锦标赛机制在员工薪酬与晋升管理、专利与研发竞赛、公共部门与地方官员竞争等诸多领域有着广泛的应用。

但是，锦标赛机制也面临着两个潜在问题：第一，参赛者之间有可能达成某种默契，如都降低努力程度，以便能从协作“偷懒”中得到好处，即所谓的“共谋”问题；第二，参赛者之间还可能相互拆台，为他人的成功设置障碍，从而不利于团队工作。为了赢得竞争，员工可以努力工作，提高自己的产出，也可以通过拆台行为来减少竞争对手的产出。

本书综合借鉴经济学、管理学、心理学、社会学的相关理论，运用理论研究、实证研究和实验研究的方法，对锦标赛机制中代理人的行为模式和特点进行刻画，为深入理解锦标赛机制的激励效应和科学进行激励机制设计提供理论支撑与政策建议。本书可供从事人力资源管理与组织行为学、劳动与人事经济学、实验经济学相关领域教学和研究工作的教师、科研人员、研究生和大专院校本科生阅读，亦可供管理实践工作者参考。

本书的出版受到教育部人文社会科学研究青年基金项目（11YJC790225）、重庆大学中央高校基本科研业务费科研专项人文社会科学类面上项目（CQDXWL-2013-084 和 CDJRC11020003）及重庆大学经济与工商管理学院专业实验室实验教学与实验科研团队建设项目（2013JGSYJX001 和 2013JGSYJX002）的资助。

闫　威

2013 年 12 月

目　录

第一部分

综述与理论研究

一、锦标赛理论研究综述

在现实生活中，竞争有时候是为了在众多的参赛者中确定最后的胜利者。当委托人对代理人的监控是可信且成本低廉的时候，可以根据代理人的边际产出确定其薪酬，从而使代理人提供最优努力水平，而委托人也能获得最优产出绩效。由于委托人可以通过比较代理人的边际贡献来做出晋升决策，晋升决策变得相对简单。但是当监控与调查成本很高而且不一定可信时，将管理者边际产出作为薪酬决定要素变得不太可行，确定晋升中的最佳候选人变得极为困难。这些问题的存在导致委托人选择锦标赛机制。

锦标赛理论运用博弈论的方法研究委托—代理关系，对现实生活中的薪酬差距现象做了深入的诠释（Rosen，1986）。所谓的“锦标赛机制”（Rank - Order Tournaments）是相对绩效比较的一种特殊形式。在锦标赛机制中，每名员工的所得只依赖于他在所有代理人中的排名，而与他的绝对绩效表现无关。若代理人的业绩是相关的，则锦标赛机制可以剔除更多的不确定因素，从而使委托人对代理人努力水平的判断更为准确，既降低风险成本，又强化激励机制。因此，锦标赛机制作为一种激励策略已被广泛研究（Lazear、Rosen，1981；Green、Stokey，1983；Nalebuff、Stiglitz，1983）。

（一）锦标赛理论概述及发展

Lazear 和 Rosen 于 1981 年提出了由两个风险中性的代理人组成的基本锦标赛模型。在该模型中，委托人不能直接观察代理人努力的情况，因此，员工的产出取决于他的努力和一个独立的随机因素。委托人事先制定固定的报酬契约 M 和 m（M>m），并根据代理人业绩的高低对其进行排名，以此确定其各自的报酬，业绩高的得到高报酬 M，业绩低的得到低报酬 m。他们的研究证明，代理人的努力水平取决于“成功者”和“失败者”之间的报酬差距，且随着报酬差距的扩大而增加。该研究还表明，如果代理人面临着共同的环境不确定性，因而代理人业绩之间是相关的，则锦标赛机制是有价值的，因为它可以剔除更多的不确定因素，使委托人更准确地判断代理人的努力水平，既降低风险成本，又强化激励机制。另外，他们比较了线性报酬契约与锦标赛机制，结果发现当管理者是风险中性时，任何报酬设计机制都能达到最优的努力水平和产出水平；当管理者是风险厌恶时，对于某些效用参数，锦标赛机制优于线性契约。

继该基础模型提出以后，锦标赛理论迅速发展。学者们对锦标赛理论开始了不同方向的研究。首先，一些学者将锦标赛理论与计件工资理论、合同理论等一些传统理论进行了比较分析，进一步从理论上证明了锦标赛机制的优越性。其次，某些文献探讨了锦标赛机制的设计问题，主要侧重于研究报酬水平和报酬差距对绩效产出的影响等。这些研究得出了一个核心结论：提高报酬和增大薪酬差距有利于提升代理人的努力水平。同时，锦标赛机制也从个体层面逐渐扩展到组织团队层面，团队锦标赛机制渐渐成为研究的热点。

1. 锦标赛机制与传统合约理论

Green 和 Stockey（1983）是最早将锦标赛机制与合同理论进行比较的学者。他们的研究表明，锦标赛机制可以剔除代理人面临的共同的不确定因素，而且当代理人的数量足够多时，锦标赛机制优于每个人的所得只依赖于自身业绩的合约。这个结论对锦标赛机制进行了肯定，引起了人们对锦标赛机制的兴趣。

Kräkel（2004）在有限责任条件下利用了两个风险中性代理人模型比较了锦

标赛机制和计件工资理论。结果表明，由于锦标赛机制比较的是相对业绩而不是绝对业绩，所以它在一定程度上可以为代理人消除一定的风险，对代理人有更强的激励作用。但是当成本函数为严格凸形的时候，计件工资为更好的选择。可以证实，锦标赛机制能够提供更强的激励，产生更高的努力水平。Marinakis 和 Tsoulouhas（2007）对 Kräkel（2004）的结论进行了更为深入的研究，他们首先分别对有限责任和无限责任条件下的锦标赛机制和计件工资理论进行分析，然后利用图形对二者进行比较，研究表明不同情况下的最优选择是不同的。当公司清算价值较小时，采用锦标赛机制会增加破产的风险（Tsoulouhas、Vukina，1999）；相反，在公司清算价值较大时，锦标赛机制仍为最优选择。Budde（2007）将锦标赛机制与具有等级结构的固定工资制度相比较，在假设代理人为风险中性的前提下，得出锦标赛机制更有优势。

众多学者从不同的角度将锦标赛机制与传统理论相比较，虽然在某些情况下锦标赛机制不具有优势，但是从总体上来说，锦标赛机制因为具有更好的激励作用，可以促使代理人付出更多的努力，因而较传统理论具有优越性。

2. 锦标赛机制的设计

锦标赛机制应如何设计一直是受到学者们关注的热点问题。在锦标设计过程中，最重要的因素是参赛者数目和奖金的结构。O'Keefe、Viscusi 和 Zeckhauser（1984）研究了参与竞争的代理人数量与报酬差距和报酬水平之间的关系。假设有 N 个同质的代理人互相竞争，并根据相对业绩的大小来决定两个不同水平的报酬分配，业绩排名中的前 k（$1 \leq k \leq N-1$）个代理人可以获得高报酬 M，其余 N–k 个代理人均获得低报酬 m。他们的研究证明，随着参与竞争的代理人数量的增加，最高报酬水平会相应提高，高低报酬之间的差距也随之扩大。

Harbring 和 Irlenbusch（2003）以及 Falk 和 Fehr（2002）研究了锦标赛规模、奖金额度和结构问题，发现后者更能决定代理人的行为。并且，获奖比例越大，代理人越倾向于降低他们的平均努力水平；获奖人数越多，努力水平越低。这使得奖金结构和规模的设计成为锦标赛机制设计的一个重要组成部分。几乎所有研究都得出一个结论：提高报酬水平和增大报酬差距有利于提升代理人的努力水平（Bull 等，1987；Becker、Huselid，1992；Qiu，2006）。Orrison 等（2004）认为最优的奖金结构应是尽量减少胜利者所占的比例，只要维持个人参与约束即可。因此，只要可能的晋升数目不至于使代理人退出锦标赛或者不付出任何努力，那么，一个比较倾斜的组织金字塔结构似乎会更好地激励代理人。

3. 锦标赛机制的扩展模型——团队锦标赛机制

锦标赛模型不断地被扩展，其中一个重要方面是由以个人为单位的锦标赛机制转向以团队为单位的锦标赛机制。在团队机制中，个人贡献很难确定，故一般的薪酬制度的制定以整个团队的绩效产出为依据。正是这种机制带来了另一个问题——“搭便车”行为（Alchian、Demestz，1972；Newhouse，1973；Holmstrom，1982）。所以如何为团队锦标赛机制设计一个合适的奖金制度似乎成为一个很有挑战性的工作（Main 等，1993；Dematteo 等，1998；Hamilton 等，2003）。如何减少“搭便车”行为？最为直观的一种方式就是给予团队里表现好的个人额外的附加报酬（Heneman、Von Hipple，1995），即我们前面谈到的个体锦标赛机制。然而在团队锦标赛机制中设置额外的个人奖励不一定能起到激励作用，甚至会降低整个团队的绩效产出。采用这种混合报酬机制（即将团队报酬与个人相对报酬结合）应该格外小心。Rosenbaum 等（1980）证实，当团队任务为高度独立的任务时，采用这种薪酬机制会降低团队产出，即使个人相对报酬所占比例很小，也会对产出造成影响。Dickinsson 和 Isaac（1998）模拟了在团队绩效产出以不公平的方式分配给团队成员的条件下，团队成员对赋予团队内表现好的个体以高的绝对个人报酬和高的相对个人报酬的不同反应。研究表明，与没有任何额外奖金相比，赋予团队成员高的绝对报酬与高的相对报酬均可提升团队绩效，同时高的相对报酬比高的绝对报酬对团队绩效的提升作用更加明显。受上述文献启发，Irlenbusch 和 Ruchala（2008）研究混合报酬机制中个人相对报酬大小对平均努力水平的影响，发现只有在个人相对报酬足够大的时候，才会使努力水平上升；较低的奖金并不会产生显著的影响。但是当个人相对报酬过高的时候却会导致团队产出降低。其中一个重要原因是“排挤效应”（Gneezy、Rustichini，2000a、2000b）。然而这种“排挤效应”的详细机制仍然是一个悬而未决的问题。

（二）锦标赛理论的实证检验

从上文的基础研究结论，我们可以得出如下基本假设：由于锦标赛机制比较相对业绩，可以排除更多的不确定因素的影响作用，从而可以降低监督成本和提高产出绩效；锦标赛机制报酬的增加和报酬差距的扩大能够激励代理人做出更大的努力；报酬差距随着代理人数量的增加和组织层级的提高而扩大。这些基本假设引起了学者们的极大关注并对其进行了大量实证检验。

Bull、Schotter 和 Weigelt（1987）实施了一个关于代理人对计件工资和锦标赛机制如何反应的实验，其结果基本上支持锦标赛理论，不过能力较低的代理人付出了比理论预测更多的努力。他们同时发现，代理人的行为在锦标赛实验中表现出一个较大的方差。O'Reilly、Main 和 Crystal（1988）利用美国上市公司 1984 年的管理者报酬数据，选择了 9 个代表性行业的 105 家企业的资料，以检验首席执行官（Chief Executive Officer，CEO）报酬水平是由锦标赛机制解释较好，还是由社会比较理论解释较好。实证分析支持了锦标赛机制关于竞争人数与报酬差距正相关的假设，而且锦标赛机制能更好地解释 CEO 的薪酬差距。Leonard（1990）基于 1981~1985 年的 439 个公司中 20000 个管理者的报酬数据，分析人力资本、组织等级结构和管理者报酬的关系。结果发现，随着组织层次的提高，相邻层级间的报酬差距逐渐扩大，而且多层次组织的管理者报酬比扁平型组织的管理者报酬约高出 60%。报酬的增加与晋升的前景负相关，随着参与竞争的代理人增加，晋升后报酬的差异明显增大。

Konofber 和 Thurman（1994）选取了一个非常有趣的案例来验证锦标赛机制，他们选取 1981 年 11 月 30 日到 1985 年 12 月 17 日之间的肉鸡生产商的合同数据作为研究的数据来源。一般来说，小鸡会在 6~7 周内成长为肉鸡，然后肉鸡生产商在此后的 1~3 周内准备开始下一轮的养鸡工作。他们挑选了 75 个肉鸡生产商，然后从每个生产商的养鸡经历中选取 24 轮进行分析。他们的目的是验证以下三个理论结果：只改变奖金的大小而不改变奖金之间的差距不会对代理人的行为产生影响；在能力不对称锦标赛机制模型中，能力较高的代理人更倾向于选择低风险的策略；委托人尽量将锦标赛设置为能力对称的锦标赛，以避免不对称锦标赛所带来的不利影响，即由于能力较高的人选择低风险的策略而使委托人的绩效产出降低。让人兴奋的是，数据分析与理论研究结果相一致，证明了理论预测的正确性。Eriksson（1996）使用丹麦 1992~1995 年的 210 个公司中的 2600 个管理者的数据，对锦标赛机制进行了更全面的验证。数据分析再次表明，报酬差距与代理人人数正相关，管理者的报酬差距越大，公司的业绩越好。

Conyon 等（2001）从英国 1997~1998 年最大的 150 家上市公司里选取了 100 家公司的数据作为研究样本。这些样本的总市场价值占当时的伦敦六大证券交易部门的总市场价值的 63%，基本上代表了这 150 家公司的总体特征。该研究主要选取了公司代理人绩效、公司的员工总数、代理人的年龄以及董事会的干涉能力等几个变量。通过回归分析，验证了以下几个结论：一是薪酬差距和组织内部的等级结构之间呈现凸的线性关系，即等级越高，相邻的两个等级之间的薪酬差距越大；二是 CEO 的薪酬随着代理人数目的增加而增大；三是高管人员的产出与整个团队的绩效产出之间似乎并没有很大的关系。虽然 Conyon 采用的是英国的数据，但是在市场经济条件下，不同的政治体制可能并没有太大的不同（Kaplan，1999）。故锦标赛机制也是欧洲企业内部劳动力市场运行的主要机制。

Christine Harbring 和 Bernd Irlenbusch（2003）验证了在不同的代理人数目和不同的奖金结构对代理人努力水平的影响。他们选取了代理人为 2 个、4 个和 6 个时的三种情况，同时通过变动获胜者的人数来改变奖金结构，即获胜的比例分别为 1/3、1/2 和 2/3。研究结果表明，在获奖比例为 1/2 和 2/3 的情况下，代理人的平均努力水高于获奖比例为 1/3 的情况。这也说明，较高的获胜比例可以在一定程度上激励代理人付出更多的努力。

近年来，薪酬差距问题也逐步受到国内学者的关注。林浚清等（2003）利用我国上市公司 1999 年和 2000 年年度报告数据进行实证研究，结论显示，高管团队内部的货币薪酬差距与公司未来的每股收益（EPS）、资产回报率（ROA）、销售收益率（ROS）存在显著正向关系，大的薪酬差距有助于提升业绩。陈震与张鸣（2006）利用我国 2001~2004 年度上海、深圳两个交易所的 A 股上市公司的数据，以所有公司 2001~2004 年主营业务收入的平均增长率作为公司成长性的评价指标，对全部公司按行业（CSRC）分别求出成长性指标的中位数和均值，并按从大到小的顺序进行排序。考虑中位数排名更具有稳健性，因此选择房地产业（J）50家公司作为成长性最大的公司和社会服务业（K）40家公司作为成长性最小的公司进行研究。利用回归分析，研究结果表明，随着高成长公司高管层竞争者人数的增加、公司所处地区发达程度的提高和公司规模的扩大，公司高管层级差报酬会随之增加，在一定程度得出了锦标赛机制也适用于我国企业的结论。

以上研究从实证角度证明，代理人在锦标赛机制的激励作用下会做出努力行为，其动力来自他们力图在竞赛中提高自身的相对绩效，因此只有这样才有可能获得更高的奖励；而且获胜后得到的奖励越大或者获奖比例越高，代理人就越努力。也就是说，锦标赛机制对员工是有激励作用的，而且可以通过加大奖惩的力度来调整这种激励的程度。

（三）锦标赛理论在其他领域的应用

由于锦标赛机制具有节约计算成本、有效排除外部干扰、提高业绩评价准确性、增加激励强度、减少主观评价的道德风险或机会主义行为等优点，所以，锦标赛机制在众多领域中发挥着重要作用。

在知识推动企业迅速发展的今天，企业创新与技术扩散逐渐引起了学者们的重视。Hideki Yamawaki（2002）通过对比日本14个代表性企业集群，分析了驱动集群生成和演进的重要因素，指出网络内专业供应商的技术能力扩散是产生集聚优势的最重要因素。一个产业能否迅速发展在很大程度上与该产业内的企业创新、新技术的扩散紧密相连（Feldman，1999）。由于技术溢出的外部性，导致在纯市场经济条件下，企业创新与技术扩散很难进行。因此，政府的干涉是很有必要的。基于锦标赛机制的理论，政府作为委托人，各个企业作为代理人，如果政府能够制定恰当的报酬机制，那么企业创新与技术扩散就会变成在企业之间的锦标赛。通过锦标赛机制构建企业创新扩散激励机制模型，采取有效措施进行技术创新扩散激励，保持企业整体持续创新能力（赵骅等，2008）。

近些年来，锦标赛机制也被应用到中国地方政府的晋升模式上，并对改革开放三十多年来持续、快速的经济增长做出了解释（周黎安，2007）。所谓晋升锦标赛机制是由上级政府直至中央政府推行和实施，地方官员围绕国内生产总值（Gross Domestic Product，GDP）而进行的晋升制度，是将行政集权与强激励兼容在一起的一种治理政府官员的模式。周黎安和李宏彬等（2005）运用了中国28个省市或直辖市1979~2002年的主要经济信息和每年在位的187位省（市）委书记和157位省（市）长个人的详细数据考察中国高层官员的晋升体制，试图从可观察的数据出发，研究地方绩效与官员升迁之间的经验关系，并运用有序Probit模型进行参数估计。结果表明，官员升迁的绩效考核带有一定的相对比较形式，而不仅仅是考察官员在职期间的绝对经济增长率。同时还发现，中国地方官员的晋升锦标赛机制与GDP增长显著相关，说明20世纪70年代以来中央政府长期运用人事变动的杠杆，激励地方官员推动当地经济的快速增长。正是这种具有激励效应的政治晋升机制成为中国改革和发展区别于其他发展中国家的最大特色之一。

然而锦标赛机制也是一把“双刃剑”，它在带来中国经济快速增长的同时，也成为中国粗放型经济恶化的一个重要原因（周黎安，2004、2007）。由于GDP成为绩效衡量的重要组成部分，政府官员只关注自己任期内的短期经济增长，更加偏向以资源和生态环境为代价换取经济的暂时增长，而这种“短视”有可能给长期的可持续发展带来负面影响。同时，锦标赛机制本身的零和博弈特征，也造成了区域发展中的政府间非合作倾向，例如，我国长期存在地方保护主义和重复建设问题。在政治锦标赛机制下，官员们处于晋升竞争当中，竞争对手效用的提高相当于官员自身效用的降低，因此，对竞争对手越有利的事情对地方官员的激励越小，对竞争对手越不利的事情对地方官员的激励越大。这就可以解释为什么有些地方政府会对经济上“双赢”的合作机会漠然视之，而不择手段地进行“恶性竞争”，从最初的原材料到市场和资金，从过度供给基础设施到无限度地降低税率，这些都是为了提高自己的政绩位次，降低竞争对手的位次（何智美、王敬云，2007；陈健，2008）。以上负面影响应该引起人们的反思。

（四）评述与展望

从上述关于锦标赛理论的文献梳理中，我们可以看出，现有研究主要是从锦标赛机制的有效性、怎样克服锦标赛机制中的潜在问题和如何设计锦标赛模式等方面展开的。从总体来看，锦标赛机制具有三个潜在的优势。首先，奖金的发放基于代理人边际产出的排序，而不是具体的边际产出，因此可以降低监控成本。其次，奖金的差距可以鼓励代理人参与排序竞争，从而提供激励，降低监控的必要性。最后，锦标赛机制可以剔除共同的不确定风险，使激励更有效。经过三十多年的发展，锦标赛理论的很多结论已被验证。在这些结论中最重要的是提高报酬水平和增大报酬差距有利于提升代理人的努力水平，以及锦标赛机制的结构（即参赛者数量与获奖人数的比例等）对激励效果也有一定的影响。这些结论对体育锦标赛、企业员工激励以及政府官员的晋升竞争都具有重要的指导意义，而且也能为我国激励制度的改革提供新的思路。国内已有一些学者运用激励理论来分析现实问题，但与现实的需求相比，目前的研究还远远不够。从理论研究本身看，锦标赛机制也存在着以下不足，有待于进一步的发展和完善。

第一，存在较高的竞赛成本。高额的奖金是诱导竞赛所必需的，但高额的奖金也是企业或者社会的成本，因此需要衡量这些成本是否可以从实施锦标赛获取的好处中得到完全的补偿。如果获取的好处不足以补偿这个竞争成本的话，此时锦标赛机制是无效的。

第二，研究假设的同质代理人在现实生活中很难满足。在以往的研究中，均假设代理人是同质的，很少涉及代理人之间可能存在不同的能力，即代理人的异质问题。现实里组织中代理人的能力千差万别，相同的激励措施可能会使不同能力的员工产生不同的反应。低能力者如果预计自己在竞争中会被淘汰，那么对于他们来说，辞职是最好的选择，因为可以节省本身努力的成本。此时高能力者意识到自己的优势，也会降低自身的努力，因为低能力竞争者已经放弃。所以代理人的异质会削弱他们的贡献动机，增强“破坏”动机（Lazear、Rosen，1981；McLaughlin，1988）。如何进行合理的分组、是否需要把能力接近的员工安排在同一个竞赛中以及如何识别出员工的能力水平等是首先需要解决的问题。

第三，个体锦标赛的结论不一定适用于扩展锦标赛模型。例如，以整个团队为单位进行比赛，是否会产生与个体锦标赛不同的结论等问题，仍有待进一步探讨。我们以沟通为例来说明这个问题。在个体锦标赛中，当参赛双方进行信息的交流时，产生相互勾结行为的可能性就比较大（Harbing，2006）。在团队锦标赛中，如果沟通是团队内部进行的话，有利于产出的提升（Sutter、Strassmair，2009）。这也从一定程度上表明，个体锦标赛的一些结论并不适用于团队锦标赛。而且团队锦标赛内可能由于相对个人报酬的存在，产生“排挤效应”，这种排挤效应促使我们对基于团队锦标赛的薪酬制度做进一步的思考。

与此类似，多阶段锦标赛模型也处于同样的处境。所谓多阶段锦标赛模型（Rose，1986；Gradstein、Konrad，1999）是将代理人分为若干个小组，每个小组内部成员相互竞争从而产生一个胜利者。这些胜利者将组成另一个小组在下一个阶段继续进行竞争，如此循环下去，直至最终的胜利者产生。这种锦标赛的核心规则是如果代理人在某一个阶段失败，那么他获胜的可能性为零。目前已经有一些关于在锦标赛中进行中间绩效审查的研究（Aoyagi，2004；Yildririm，2005），但是对于这种中间审查到底会对最终的绩效有何影响，以及如何设计每一阶段所占总成绩的比例以产生更大的激励效应，均没有一个明确的结论。多阶段锦标赛模型是否更有效，需要我们进一步的研究，如果事实如此，也许我们可以考虑改变锦标赛机制的设计。

第四，是否只有正面的积极的奖励才能成为锦标赛机制的奖励措施？Dickinson（2001）在Dickinsson和Isaac（1998）的基础上做了继续发展。与之前不同的是，他研究的是绝对惩罚与相对惩罚对团队绩效的影响。研究表明，惩罚与激励一样也能促使代理人的努力水平上升。绝对惩罚似乎可以比积极的奖励措施诱导更高的努力水平。如果这个结论能够适用于现实，那么将使我们对于激励方式或手段的选择有更深刻的认识和理解。

第五，锦标赛机制作为相对业绩评价的一种特殊方式，也会产生负面效应，如相互拆台行为。在锦标赛模型中，代理人除了提高自己的产出以外，还可以通过另外一种方式即实施拆台行为来提升自己在锦标赛中的相对绩效（Harbing、

Irlenbusch，2008）。而且和努力行为一样，获胜后得到的奖励越高或者输后得到的惩罚越严厉，员工就越有动力实施拆台行为。中国政府官员晋升锦标赛机制产生的资源浪费等问题，从侧面说明了这个问题的严重性。如何降低这种行为产生的负面效应，众多学者从不同角度入手研究这一问题。Konrad（2000）通过分析相互拆台行为与公共物品提供之间的关系，指出随着代理人数目的增加，“搭便车”行为会更加严重，而相互拆台行为则减少。Curry 和 Mongrain（2007）聚焦于“无欺骗”行为是否发生的均衡，认为重新颁发奖金可以减少“欺骗”行为。[①]也有学者认为，在锦标赛规模不影响绩效的前提下，可以通过按不同比例分配胜利者与失败者的奖金来增加委托人的产出（Harbing、Irlenbusch，2008）。这些研究结果均可以在一定程度上降低负面效应发生的可能性，但是如何找到避免这些问题发生的最有效方式，仍有待进一步的研究。

参考文献

[1] 陈健. 晋升锦标赛的历史作用与现实局限 [J]. 广州大学学报（社会科学版），2008，7（8）.

[2] 陈霞，段兴民. 锦标制度研究述评 [J]. 经济学动态，2004（2）：58–62.

[3] 陈震，张鸣. 高管层内部的级差报酬研究 [J]. 中国会计评论，2006（6）.

[4] 何智美，王敬云. 地方保护主义探源——一个政治晋升博弈模型 [J]. 山西财经大学学报，2007，29（5）.

[5] 黄文彦，蓝海林. 委托代理关系中激励机制的设计 [J]. 华南理工大学学报（社会科学版），2005（2）：34–37.

[6] 林浚清，黄祖辉，孙永祥. 高管团队内薪酬差距、公司绩效和治理结构 [J]. 经济研究，2003（4）：31–40.

[7] 卢锐. 管理层权力、薪酬差距与绩效 [J]. 南方经济，2007（7）：60–70.

[8] 邱伟年. 锦标赛理论与高管团队的激励 [J]. 现代管理科学，2006（8）：84–86.

[9] 赵骅，丁丽英，冯铁龙. 基于企业集群的技术创新扩散激励机制研究 [J]. 中国管理科

① 在该研究中，“无欺骗”行为是与“欺骗”行为相对应的一个概念。“欺骗”行为包括注射类固醇（The Taking of Steroids）、剽窃（Plagiarism）、相互拆台（Sabotage）、投票箱作弊（Ballot Box Stuffing）、伪造（Falsification）等。

学，2008，16（4）.

[10] 郑芳. 锦标激励的理论评述与应用[J]. 科技资讯，2008（7）：178–179.

[11] 周黎安，李宏彬，陈烨. 相对绩效考核：中国地方官员晋升机制的一项经验研究[J]. 经济学报，2005，1（1）.

[12] 周黎安. 中国地方官员的晋升锦标赛模式研究[J]. 经济研究，2007（7）.

[13] Alchian A.，Demseftz H.. Production，Information Costs，and Economic Organization [J]. American Economic Review，1972（62）：777–795.

[14] Aoyagi M. Information Feedback in a Dynamic Tournament[J]. Mimeo，2004.

[15] Becker B. E.，Huselid M. A.. The Incentive of Effects of Tournament Compensation System[J]. Administrative Science Quarterly，1992.

[16] Bernd Irlenbush，Gabriele K.Ruchala. Relative Reward within Team–Based Pensation [J]. Labour Economics，2008（15）：141–167.

[17] Bull C.，Schotter A.，Weigelt K.. Tournaments and Piece Rates：An Experimental Study [J]. Journal of Political Economy，1987（95）：1 –33.

[18] Christine Harbring，Bernd Irlenbusch. How Many Winners Are Good to Have?：On Tournaments with Sabotage [J]. Journal of Economic Behavior & Organization，2008（65）：682–702.

[19] Christine Harbringa，Bernd Irlenbusch. An Experimental Study on Tournament Design [J]. Labour Economics，2003（10）：443–464.

[20] Clive Bull，Andrew Schotter，Keith Weigelt. Tournaments and Piece Rates：An Experimental Study[J]. The Journal of Political Economy，1987（2）：1–33.

[21] Dematteo J. S.，Eby L. T.，Sundgtrom E.. Team–Based Rewards：Current Empirical Evidence and Directions for the Future Research [J]. Research in Organizational Behavior，1998（20）：141–183.

[22] Dickinson D. L.，Isaac M. R.. Absolute and Relative Rewards for Individuals in Team Production[J]. Managerial and Decision Economics，1998（19）：299–310.

[23] Dickinson D. L.. The Carrot vs. the Stick in Work Team Motivation [J]. Experimental Economics，2001（4）：107–124.

[24] Eriksson T.. Executive Compensation and Tournament Theory：Empirical Tests on Danish Data [J]. Journal of Economics，1996（17）：224–242.

[25] Ernst Fehr, Armin Falk. Psychological Foundations of Incentives [J]. European Economic Review, 2002 (46), Issues 4–5: 687–724.

[26] Gneezy U., Rustichini A.. Pay Enough or Don't Pay at All [J]. Quarterly Journal of Economics, 2000a, 115 (3): 791–810.

[27] Gneezy U., Rustichini A.. A Fine is a Price [J]. Journal of Legal Studies, 2000b (29): 1–17.

[28] Gradstein M., Konrad K. A.. Orchestrating Rent Seeking Contests [J]. Econ., 1999 (109): 536–545.

[29] Green J.R., N.L. Stokey. A Comparison of Tournaments and Contracts [J]. Journal of Political Economy, 1983 (91): 349–364.

[30] Hamilton B. H., Nickerson J. A., Owan H.. Team Incentives and Worker Heterogeneity: An Empirical Analysis of the Impact of Teams on Productivity and Participation [J]. Journal of Political Economy, 2003 (111): 465–497.

[31] Harbring C.. The Effect of Communication in Incentive Systems—An Experimental Study [J]. Managerial Dec. Econ., 2006 (27): 333–353.

[32] Heneman R. L., Von Hippel C.. Balancing Group and Individual Rewards: Rewarding Individual Contributions to the Team[J]. Compensation and Benefits Review, 1995 (27): 63–68.

[33] Hideki Yamawaki. Price Reactions to New Competition: A Study of US Luxury Car Market (1986–1997) [J]. International Journal of Industrial Organization, 2002(1): 19–39.

[34] Jorg Budde, Bonus Pools. Limited Liability, and Tournaments[Z]. Discussion Paper3, 2007.

[35] Knoeber C.R., Thurman W.N.. Testing the Theory of Tournaments: An Empirical Analysis of Broiler Production[J]. Journal of Labor Economics, 1994 (12): 155–179.

[36] Konrad K.. Sabotage in Rent-Seeking Contests [J]. Journal of Law, Economics and Organization, 2000 (1): 155–165.

[37] Kosmas Marinakis, Theofanis Tsoulouhas. Are Tournaments Optimal over Piece Rates under Limited Liability for the Principal? [J]. Department of Economics North Carolina State University Raleigh, 2007.

[38] Kräkel M.. Helping and Sabotaging in Tournaments [J]. International Game Theory Review (forthcoming), 2004.

[39] Lazear E.P., S.Rosen. Rank-Order Tournaments as Optimum Labor Contracts [J]. Journal

of Political Economy, 1981 (89): 841-864.

[40] Martin J. Conyon, Simon I. Peck, Grahan V. Sadler. Corporate Tournaments and Executive Compensation: Evidence from The UK[J]. Strategic Management Jouarnal, 2001 (22): 805-815.

[41] McLaughlin K. J.. Aspects of Tournament Models[J]. Research in Labor Economics, 1988 (9): 225-256.

[42] Newhouse Joseph. The Economics of Group Practice [J]. Journal of Human Resources, 1973 (8): 37-56.

[43] O'Keefe M., Viscusi W.K., Zeckhauser R. J.. Economic Contests: Comparative Reward Schemes[J]. Journal of Labor Economics, 1984: 27-56.

[44] O'Reilly III C.A., Main B.G., Crystal G. S.. CEO Compensation as Tournament and Social Comparison: A Tale of Two Stories [J]. Administrative Science Quarterly, 1988 (33): 257-274.

[45] Orrison A., Schotter A., Weigelt K.. On the Design of Optimal Organizations Using Tournaments: An Experimental Examination[J]. Discussion Paper, New York University, 1997.

[46] Philip A.. Curry and Steeve Mongrain, Deterrence in Rank-Order Tournaments [J]. SFU Economy, 2007 (3).

[47] Rosen S.. Prizes and Incentives in Elimination Tournaments [J]. Amer. Econ., 1986 (76): 701-715.

[48] Rosenbaum Milton E., Moore D. I., Cotton J. L., Cook M. S., Hieser R. A., Shovar M. N., Gray M. J.. Group Productivity and Process: Pure and Mixed Reward Structures and Task Interdependence[J]. Journal of Personality and Social Psychology, 1980 (39): 626-642.

[49] Sutter M., Strassmair C.. Communication, Cooperation and Collusion in Team Tournaments—An Experimental Study[J]. Games and Economic Behavior, 2009 (66): 506-525.

[50] Yildirim H.. Contests with Multiple Rounds[J]. Games Econ. Behav., 2005 (51): 213-227.

（本文发表于《华东经济管理》，2010 年第 8 期，

作者：闫威、杨金兰）

二、锦标赛机制中的拆台问题研究综述

锦标赛机制作为一种基于相对绩效评价的激励策略，具有很强的人际竞争意味。拉泽尔和罗森（Lazear、Rosen，1981）首先提出了锦标赛理论，其基本观点为锦标赛机制提供的激励取决于“成功者”和“失败者”之间的报酬差距，而最高的报酬水平超过了代理人的生产力。同基于边际产出的激励合同相比，锦标赛机制具有四点优势：首先，薪酬是基于代理人边际产出的排序，而不是具体的边际产出，边际产出的排序要比边际产出的准确度量简单，因此可降低监控成本。其次，薪酬差距可以鼓励基层员工参与排序竞争，从而提供激励，降低监控的必要性，参赛的员工更关心能否击败对手，而不是仅关注于自身的绝对业绩。再次，锦标赛中的奖金是事先确定的，可以减少委托人的道德风险或机会主义行为，增加激励承诺的可信度。最后，相对业绩排序可以有效地排除外部干扰因素的影响，减少代理人的附加风险，提高业绩评价的准确性。目前，锦标赛机制在员工薪酬与晋升管理、专利与研发竞赛、公共部门与地方官员竞争等诸多领域有着广泛的应用。

但是，锦标赛机制也面临着两个潜在问题：第一，参赛者之间有可能达成某种默契，如都降低努力程度，以便能从协作“偷懒”中得到好处，即“共谋”（Collusion）问题；第二，参赛者为了赢得竞争，除努力工作之外，还可能相互拆台（Sabotage），为他人的成功设置障碍，从而不利于团队工作。

由于“共谋”的实现需要严格的条件，而代理人之间有着较强的“背叛”动机，所以其在本质上是一种类似于“囚徒困境”式的不稳定的均衡，特别是在代理人能力不对称的锦标赛中，能力高的代理人一般是不太愿意与低能力者合谋的，因为前者本身有较大的概率赢得锦标赛的胜利从而获得较高的收益。此外，从相关实验研究的结果看，锦标赛机制中被试的努力水平往往超过理论模型预测值；基于中国经济现实的观察也发现，类似于彩电行业的“价格同盟”等“共谋”行为往往是极不稳定的。基于以上原因，本文暂将锦标赛机制中的“共谋”问题搁置一边，而将笔墨主要集中于对拆台问题的回顾和分析上。

（一）锦标赛机制中的拆台行为

1. 拆台行为的概念与特点

拆台行为一般泛指旨在妨害其他组织或个人达到预期目标而采取的一系列破坏行为。《新华字典》对“拆台”的释义是：“施行破坏手段使人或集体倒台，或使事情不能顺利进行。”柯瑞诺（Crino，1994）指出，工作场所内的拆台是一种旨在“破坏、干扰或颠覆组织运作的行为”，拆台者的目标是制造一种不良氛围、对同事的羞辱、生产的延后、财产的损失、工作关系的破坏或对雇员及消费者利益的损害。布拉顿和凯克玛（Bratton、Kacmar，2004）也认为，组织内部的拆台行为包括“对重要且必要的信息进行封锁或误导；对同事进行造谣中伤；故意延迟工作；推诿卸责；把别人的功劳占为己有”等。有纪汤本（Yuji Yumoto，2003）认为，锦标赛机制中的拆台行为是代理人采取的旨在减少竞争对手产出的非建设性行为，具体表现为故意封锁公共信息、传播错误信息、损坏竞争对手的劳动工具以及破坏对手的劳动成果等。现有的大多数研究认为，拆台行为来源于个体对环境的理性反应。

拆台行为在管理实践上是难以清晰识别和准确测度的，更不易通过自陈式问卷让被调查者自我反映。目前，在市场营销学与组织行为学的交叉领域，有学者利用问卷调查方式研究服务行业从业人员以慢待顾客方式破坏服务质量的问题。在其对“服务破坏”行为的测量中，所有 9 个问项全部使用了第三人称（People Here），而非第二人称或第一人称。在组织行为学领域，安布罗斯、西博艾特、斯明克（Ambrose、Seabright、Schminke，2002）研究了组织不公平（Organizational Injustice）与“工作违反”（Workplace Deviance）行为之间的联系，为了对“工作违反”行为进行测度，他们雇用了三位评价者，针对“American Workplace: Anecdotes of Dissatisfaction，Mischief and Revenge”一书中所包含的132位员工的工作自述，对“工作违反”行为的若干维度和前因变量进行编码和评分。综合以上文献可知，由于在实地环境中度量拆台行为存在难以逾越的障碍，上述学者对于拆台行为的测量，无一例外采用的是间接方法，这也反映了拆台行为的隐蔽性、难以识别和难以精确测量的特性。拆台行为的特点很大程度上限制了测量方法的选择；利用间接方法得出的研究结论，其有效性和可靠性还需要进一步的考察。

2. 个体锦标赛中的拆台行为

拉泽尔（Lazear，1989）首先对锦标赛机制中的拆台行为进行了研究，研究结果表明，拆台行为存在于锦标赛中，且赢家与输家之间的最优奖金差距要低于无拆台行为锦标赛下的奖金差距。随后，研究学者从不同角度对拆台行为进行研究。康拉德（Konrad，2000）认为，在参赛者人数较少的情况下，锦标赛中的拆台行为将更为激烈。在存在多位参赛者的锦标赛模型中，拆台行为并不那么频繁发生。因为如果对某位参赛者进行“阴谋”设计，那么受益的会是其他多位参赛者。拆台行为不仅受到锦标赛规模的影响，也会受到其他因素的影响。穆易（Mui，1995）研究了薪酬分配对员工之间拆台行为的影响，认为薪酬分配不均可能会使员工产生嫉妒心理，从而对那些高薪酬的代理人实施拆台。

为使锦标赛机制中的拆台行为更加符合现实，学者们对异质代理人进行了研究，即每个参赛者拆台能力和工作能力是不同的。陈恭平（Chen，2003）的研究发现，工作能力强的代理人更容易被其他参赛者拆台。将能力相当的代理人安排在一个竞赛小组里，可以减少拆台行为。此外，陈恭平（Chen，2003）也研究了晋升人数的不同对拆台对象产生的影响。他以两个晋升名额为例，当排名第一的代理人业绩额处于明显优势的时候，其他代理人则倾向于对排名第二的代理人进行拆台。乔纳斯·明斯特（Johannes Münster，2007）研究了三人锦标赛之间的拆台行为。研究假设各被试之间相互了解，每个被试都有对自身最具威胁的对手进行拆台的倾向。研究表明，在均衡结果中，产出越大的被试，遭受的拆台现象越严重。

3. 团队锦标赛中的拆台行为

锦标赛模型被不断的扩展，其中一个重要方向就是以个人为单位的锦标赛机制转向以团队为单位的锦标赛机制。这也促使对拆台行为的研究扩展到了团队锦标赛。迪金森和艾萨克（Dickinsson、Isaac，1998）模拟了在团队绩效产出以不公平的方式分配给团队成员的条件下，观察团队成员对赋予团队内表现好的个体给予高的绝对个人报酬和高的相对个人报酬的不同反应。研究表明，与没有任何额外奖金相比，赋予团队成员高的相对报酬与高的绝对报酬均可提升团队绩效，同时前者对团队绩效的提升作用更加明显。受上述文献启发，艾兰布斯和茹切拉（Irlenbusch、Ruchala，2008）研究了混合报酬机制中个人相对报酬大小对平均努力水平的影响，发现只有在个人相对报酬足够大的时候，才会使努力水平上升；较低的奖金并不会产生显著的影响。但是当个人相对报酬过高时却会导致团队产出降低。其中一个重要原因是当团队内某一成员的相对报酬过高的时候，会导致其他成员对其集中拆台，从而导致整个团队的产出下降，降低委托人的收益。奥利弗·格特勒（Oliver Gürtler，2008）通过建立一个严格的数理经济学模型来研究团队间的拆台行为，其结果表明，团队之间为了获得竞赛的胜利对竞争团队进行拆台时，会挑选竞争团队中能力最低的成员作为拆台对象，这一结论可以用“木桶理论”或“短板定律”来进行解释。需要注意的是，这一结论与之前个体锦标赛机制中的拆台对象选择是完全不同的。在早先的个体锦标赛机制中，团队成员会对团队中能力最强者进行拆台，因为后者是前者获胜道路上最大的威胁。阿努帕·波色等（Arup Bose 等，2010）认为，即使团队成员拥有不同的能力并为团队做出不同的贡献，委托人也可以通过实行同工同酬的政策来降低代理人的拆台行为，从而提高收益。特别是在长期的团队合作中，非均分薪酬机制下的拆台行为比在同工同酬的分配机制下更为普遍。

我国学者张朝孝、蒲勇健（2004）对团队成员相互拆台的行为进行博弈模型分析，研究指出，当员工的类型相同时（包括能力和性格），团队中的竞争是最激烈的。相反，若要减少团队中的拆台行为，可以降低工资差距。将不同类型的员工混在一个团队中，拆台水平也可能降低。丁川、王开弘（2007）建立了一个合作激励博弈模型来分析团队中的拆台行为，他们认为，在企业团队生产中，计件工资率、团队总产出的分享和奖金差距有利于提高成员的努力水平；最优合作水平与计件工资率无关，与团队总产出的分享成正比，与奖金差距成反比；拆台倾向的大小也与计件工资率无关，与奖金差距成反比，与团队总产出的分享成反比。丁川（2007）认为，引入基本目标也可以有效地减少团队之间的拆台行为。这一研究结论的发现，虽然减弱了团队内部员工的拆台倾向，但是仍然不能防止拆台行为的发生。他通过对比拆台行为对努力水平的影响，得出在团队组织中，有拆台行为时的代理人最优努力水平低于无拆台行为时的最优努力水平，相应地，有拆台行为时的团队产出低于无拆台行为时的团队产出。

4. 动态锦标赛中的拆台行为

以往对拆台行为的研究大都集中于静态锦标赛环境，而在现实生活中，由于信息沟通、信息泄露、恶意打探和阶段性总结等因素使各代理人之间大致了解其竞争对手的当前状态。郭可同和郭亮（Kwok-kit Tong、Kwok Leung，2002）从生物科学和社会研究中得出结论，人通常会根据对手先前的行为来改变自身的策略，这就说明了代理人很可能会根据其他代理人的信息而调整后续行为。

奥瑞尔等（Auriol 等，2002）首先研究了拆台与动态观念之间的影响，研究结果表明，即使各代理人不在同一锦标赛机制中竞争，但由于对职业发展的担忧，也很可能引起拆台行为。艾施答（Ishida ，2006）研究了动态锦标赛中两个代理人之间的拆台行为，并得出结论：在代理人能力信息不对称情况下，高能力代理人为了避免被拆台，会倾向于在早期隐藏自己的能力水平，从而就形成了“棘轮效应”。与上述结论相比，在奥利弗·格特勒和乔纳斯·明斯特（Oliver Gürtler、Johannes Münster，2010）关于三人动态锦标赛拆台行为的研究中，假设代理人能力信息是常识，并且不存在“棘轮效应”，各代理人通过选择竞争对象实施拆台和提高自身的努力水平来提升绩效。他们通过建立两阶段理论模型得出结论：在第一阶段，当某代理人领先且领先优势不是很明显时，最容易遭到拆台，从而导致在第一阶段，各代理人的努力水平和拆台倾向都不会很高。这表明，拆台不仅仅具有直接破坏性，还会抑制努力水平的提高。与静态锦标赛不同的是，当被试为异质时，落后者更容易遭受拆台。这可能是因为代理人在动态锦标赛中，更希望先把落后者从竞赛中剔除，从而更好地进行后续竞争。

5. 拆台行为的实证或实验研究

目前，囿于数据可得性（拆台行为是代理人刻意隐藏的行动和信息）和控制外生变异的限制，关于锦标赛中拆台行为的现场实证研究十分稀少。德拉格和加维（Drago、Garvey，1998）以调查问卷的形式对澳大利亚普通员工在锦标赛机制中的合作行为（非拆台行为）与奖金差距的关系进行了研究。他们将计量经济学中残差的标准差作为衡量奖金差距的标准，发现随着奖金差距的增大，员工的合作行为将减少，同时拆台行为发生的可能性会增大。这种通过测量合作行为来间接揭示拆台行为的做法可以理解，因为直接利用问卷调查去测度拆台行为是十分困难的，但是，合作行为的对立面并不必然是拆台行为，还有可能是不作为或漠然处之。格瑞卡诺和派莱西奥斯（Garicano、Palacios，2005）利用西班牙足球联赛的数据做蓝本，研究三分制的引入对职业球员行为的影响。结果发现，胜负之间的奖金差距扩大导致球员的努力水平和拆台行为均有所增加。

为了克服现场数据难以收集的弊端及保证研究的内部效度，逐渐有学者利用实验研究方法研究了锦标赛机制中的拆台行为。哈布宁和艾兰布斯（Harbring、Irlenbusch，2005、2011）运用实验研究的方法对对称锦标赛中和重复锦标赛中的拆台行为进行了研究，得到的结果与格瑞卡诺和派莱西奥斯（Garicano、Palacios，2005）得到的结论相同，即增大奖金差距可以诱导出较高的努力水平，但同时也会加强竞赛者之间的拆台行为。特别是在委托人给失败者的奖金较小时，竞赛者选择拆台行为的可能性更大。哈布宁和茹切拉（Irlenbush、Ruchala，2008）在竞赛者人数保持不变的情况下，对奖金在以团队形式发放或者发放给相对排名比较靠前的几个人两种情况下的拆台行为进行了比较分析。结果表明，上述两种奖金发放形式对拆台行为没有显著的影响，且当获胜人数为参赛人数的1/2时，竞赛者的努力水平最高。范德格里夫特和亚瓦斯（Vandegrift D.、Yavas A.，2010）以奖金差距、配对成员为两个维度实施了一个真实努力试验，在改变奖金差距或者改变配对成员的情况下，通过控制参与者预测未来股票的价格来进行实验。实验结果表明，在以相对绩效为激励措施的锦标赛机制中，拉大奖金差距，参与者之间的拆台行为更加频繁，但是绩效水平却没有显著的增加，缩小奖金差距则能取得与之相反的结果；保持配对成员不变时，参与者由于担心在下一轮竞赛时被报复而减少了拆台行为；在配对成员保持不变时，参与者由于对彼此的能力水平有了大体的了解，参与者的绩效明显比改变配对成员情况下要低。

除了分析奖金差距对拆台行为的影响，不少学者也从其他方面进行了拓展，其中比较突出的学者是哈布宁和艾兰布斯（Harbring、Irlenbusch）。哈布宁等（Harbring 等，2004）发现异质代理人的拆台可能性比同质代理人情况下更高；随着高能力者比例的增加，低能力者选择了放弃比赛或者与其他低能力者形成同盟共同对高能力者进行拆台；但是在拆台者身份信息泄露时，参与者之间的拆台行为将会减少。哈布宁和艾兰布斯（Harbring、Irlenbusch，2008）也研究了锦标赛规模和获胜者比例对代理人拆台行为的影响。研究表明，代理人的拆台行为与参加比赛的代理人人数和获胜者的比例均无关系，但拆台行为是确实存在的，且获胜后得到的奖励越高或者输后得到的惩罚越严厉，员工就越有动力实施拆台行为。上述研究结论几乎与康拉德（Konrad，2000）的研究结论相反。而目前关于锦标赛规模对拆台行为影响的文献还比较少，有待于进一步发展和研究。杰弗里等（Jeffrey C.等，2010）在对称锦标赛环境下实施了一个真实努力实验，对计件工资制和锦标赛机制中被试的努力水平和拆台水平（办公室政治）进行了比较分析。在该研究中，被试被要求打印一封信，并将其装入一个信封。拆台的维度包括数量（少计数量）和质量（低估质量）两个方面。实验结果表明，在锦标赛机制中，被试之间的相互拆台行为会更多，同时每名被试的产出比计件工资情况下要少得多。当员工预测到自己对公司的贡献不能被真实地反映时，这种预期也会导致员工努力水平的降低。只有在不存在拆台问题的环境中，锦标赛机制才能真正发挥激励效应。哈布宁和艾兰布斯（Harbring、Irlenbusch，2011）的重复锦标赛试验除了得到上述关于薪酬差距对拆台行为的影响结论外，还得出另一结论：当存在锦标赛激励时，代理人更倾向于提高努力水平以求获胜。同时，代理人和委托人之间的信息沟通也会减少拆台行为。若拆台的实施成本较高，委托人就会选择更高的激励来提高代理人的努力水平。

闫威、伍仕松（2010）在团队锦标赛环境下对奥利弗·格特勒（Oliver Gürtler，2008）的研究结论提出了质疑，并运用俄罗斯方块游戏实验，研究团队竞赛机制中代理人拆台行为的对象选择问题。研究结论表明，参赛者在选择拆台对象时更倾向于对竞争团队中的能力最强者进行拆台；团队中的能力最弱者更倾向于对对手中的能力最强者进行拆台；当团队成员的能力差距很大时，能力最强者会受到更加集中的拆台。该结论正好验证了中国的古诗——“射人先射马，擒贼先擒王”。也许两者得到不同结论的根本原因在于团队工作性质的不同。当团队成员的工作独立性很高时，代理人会选择竞争团队中能力较强的人作为拆台对象；当团队成员的工作之间具有较强的依赖性和互补性时，代理人则会选择竞争团队里能力较弱的人作为拆台对象。当然这个结论看起来似乎非常明显，然而事实是否真的如此，还需要进一步的验证。

（二）现有研究的不足与展望

目前，虽然对锦标赛机制中拆台行为的研究已经有了一些进展，然而从发展过程上看，关于拆台行为的研究仍然处于起步阶段，特别是在国内，研究文献屈指可数，研究所取得的进展和现实的需要相比是远远不够的。

第一，现有文献多为静态锦标赛环境下的拆台行为研究。动态锦标赛作为反映代理人“先知后行”、“彼此报复”行为的典型机制，虽然具有更强的现实相关性，却只有极少数的学者对进行了分析；并且目前的探索也仅仅局限在理论研究阶段，实证研究几近空白。

第二，布朗、艾森哈特（Brown、Eisenhardt，1995）和丹尼森等（Denison等，1996）的研究表明，信息沟通是企业在新产品研发过程中不可缺少的因素，信息沟通可以优化代理人的行为。然而，在锦标赛机制中研究沟通与信息对代理人拆台行为影响的文献还不多见。特别是在现实中，代理人会刻意隐藏自己的拆台行为，掩盖其拆台信息，阻碍信息泄露。这也提出了另一个问题：如何设计和完善锦标赛机制（包括监督机制）以促进信息在代理人之间的顺畅流通。与被动的信息泄露相比，代理人之间的主动沟通，且沟通对象的选择对拆台行为的影响等问题在现有文献中也鲜有涉及，有待于更加深入的研究。

第三，现有的文献多是考虑代理人在各种情况下对拆台行为的选择，并没有考虑拆台行为的后果对代理人拆台行为的影响。由于拆台行为严重破坏了组织凝聚力，对于企业与员工绩效、组织文化等方面有着显著的负面影响，因此很多企业对于拆台行为的惩治力度是较大的。假若企业或组织对拆台者的惩罚措施很重，代理人是否会因为害怕承担惩罚措施而放弃拆台呢？后续研究或许可以考虑更全面的奖惩措施，为企业缓解拆台行为这一顽疾提供有价值的建议。

第四，安布罗斯等（Ambrose M.L.等，2002）把拆台动机总结为五种，即权力丧失、组织挫折、工作便利、工作乏味和不公平，并且认为拆台的主要原因在于个体对组织不公平的感知。由此可见，在企业或组织中，员工的某些遭遇、人际比较甚至是工作特性也会导致其拆台行为。在这个过程中，组织政治知觉（POPS）或许是一个关键的中介变量。组织政治知觉是组织成员对于组织内其他成员运用其本身具有的权力或资源所从事的各种自利且不被组织许可的行为的主观感受。因此，代理人很有可能由于其主观的组织政治知觉而对其他代理人的工作成果进行拆台。如何有效地控制组织内部特定环境中员工的政治认知程度，以此来减少员工间的拆台行为，尚需要进一步的探索。

参考文献

[1] 丁川，王开弘. 企业团队合作激励的博弈分析 [J]. 华东经济管理，2007（9）：28-31.

[2] 丁川. 企业团队中拆台行为的博弈分析[J]. 经济师，2007（9）：220-221.

[3] 闫威，伍仕松. 锦标机制中员工间相互拆台问题研究 [R]. 重庆大学经济与工商管理学院工作论文，2010.

[4] 张朝孝，蒲勇健. 团队合作与激励结构的关系及博弈模型研究 [J]. 管理工程学报，2004（18）：12-16.

[5] Auriol E.，Friebel G.，Pechlivanos L.. Career Concerns in Teams [J]. Journal of Labor Economics，2002（20）：289-307.

[6] Bernd Irlenbush，Gabriele K. Ruchala. Relative Reward Within Team-based Compensation [J]. Labour Economics，2008（15）：141-167.

[7] Bose A.，Pal D.，Sappington D. E. M.. Equal Pay for Unequal Work：Limiting Sabotage in Teams[J]. Journal of Economics & Management Strategy，2010（19）：25-53.

[8] Bratton V.K.，M. K. Kacmar. Extreme Careerism：The Dark Side of Impression on

Management[J]. Jossey-Bass: San Francisco, 2004: 291-308 .

[9] Chen K.P.. Sabotage in Promotion Tournaments [J]. Journal of Law, Economics, and Organization, 2003 (19): 119-139.

[10] Christine Harbring, Bernd Irlenbusch, Matthias Krakel, Reinhard Selten. Sabotage in Asymmetric Contests, An Experimental Analysis[J]. Bonn Econ Discussion Papers, 2004 (1): 1-36.

[11] Christine Harbring, Bernd Irlenbusch. How Many Winners are Good to Have? On Tournaments with Sabotage [J]. Journal of Economic Behavior & Organization, 2008 (65): 682-702.

[12] Christine Harbring, Bernd Irlenbusch. Incentives in Tournaments with Endogenous Prize Selection[J]. Journal of Institutional and Theoretical Economics, 2005 (4): 636-663.

[13] Christine Harbring, Bernd Irlenbusch. Sabotage in Tournaments: Evidence from a Laboratory Experiment [J]. Articles in Advance, 2011 (65): 1-17.

[14] Crino M.D.. Employee Sabotage: A Random or Preventable Phenomenon? [J]. Journal of Managerial Issues, 1994 (6): 311-330.

[15] Denison D.R., Hart S.L., Kahn J.A. From Chimneys to Cross-functional Teams: Developing and Validating a Diagnostic Model [J]. Academy of Management Journal, 1996 (4): 1005-1023.

[16] Dickinson D. L., Isaac M. R.. Absolute and Relative Rewards for Individuals in Team Production[J]. Managerial and Decision Economics, 1998 (19): 299-310.

[17] Drago R., Garvey G.T.. Incentives for Helping on the Job: Theory and Evidence[J]. Journal of Labor Economics, 1998 (16): 1-15.

[18] Garicano L., Palacios H.. An Empirical Examination of Multidimensional Effort in Tournaments [D]. Discussion Paper University of Chicago, 2005.

[19] Ishida J.. Dynamically Sabotage-Proof Tournaments [J]. OSIPP Discussion Paper, DP-2006-E-001.

[20] Jeffrey C., Peter Hans M., John S.. Tournaments and Office Politics: Evidence from a Real Effort Experiment[J]. American Economic Review, 2010, 100 (1): 1-18.

[21] Johannes Münster. Selection Tournaments, Sabotage, and Participation [J]. Journal of Economics & Management Strategy, 2007 (16): 943-970.

[22] Konrad K.. Sabotage in Rent-seeking Contests [J]. Journal of Law, Economics

and Organization, 2000 (16): 155-165.

[23] Kwok-kit Tong, Kwok Leung. Tournament as a Motivational Strategy: Extension to Dynamic Situations with Uncertain Duration[J]. Journal of Economic Psychology, 2002 (23): 399-420.

[24] Lazear E. P.. Pay Equality and Industrial Politics [J]. Journal of Political Economy, 1989 (797): 561-580.

[25] Lazear E. P., Rosen S.. Rank-Order Tournaments as Optimum Labor Contracts[J]. Journal of Political Economy, 1981 (89): 841-864.

[26] Maureen L. Ambrose, Mark A. Seabright, Marshall Schminke. Sabotage in the Workplace: The Role of Organizational Injustice [J]. Organizational Behavior and Human Decision Processes, 2002 (89): 947-965.

[27] Mui V.. The Economics of Envy [J]. Journal of Economic Behavior and Organization, 1995, 26(3): 311-336.

[28] Oliver Gürtle. On Sabotage in Collective Tournaments[J]. Journal of Mathematical Economics, 2008, 4 (44): 383-389.

[29] Oliver Gürtler, Johannes Münster. Sabotage in Dynamic Tournaments [J]. Journal of Mathematical Economics, 2010 (46): 179-190.

[30] Shona L. Brown, Kathleen M. Eisenhardt. Product Development: Past Research, Present Findings, and Future Directions[J]. The Academy of Management Review, 1995(2): 343-378.

[31] Vandegrift D., Yavas A.. An Experimental Test of Sabotage in Tournaments[J]. Journal of Institutional and Theoretical Economics, 2010 (166): 259-285.

[32] Yuji Yumoto. Risk Preference, Correlation Choice, Sabotage, and the Design of Promotion Tournaments [D]. North Carolina State University, 2003.

(本文发表于《首都经济贸易大学学报》, 2011年第6期,

作者: 闫威、李娜、杨金兰)

三、团队锦标赛理论综述

在足球世界杯、篮球世锦赛等竞技体育赛事中，在现代企业和公共政府部门内部的职位晋升系统中，在日益激烈的市场竞争环境中，处处蕴含着锦标赛理论的思想。锦标赛机制是相对绩效比较的一种特殊形式。目前，锦标赛机制在员工薪酬与晋升管理（Conyon、Peck、Sadler，2001）、专利与研发竞赛（Terwiesch、Xu，2008）、公共部门与地方官员竞争（周黎安，2004、2007；张军，2005）等诸多领域有着广泛应用。

传统的锦标赛理论主要聚焦于员工个体之间的竞争与合作。但正如我们在管理现实中看到的，一方面，团队作为一种有效的生产和组织形式正风靡全球。斯蒂芬·罗宾斯（1996）认为，团队是组织提高运行效率的可行方式，它有助于组织更好地利用雇员的才能，并且对于多变的组织环境来说，团队工作更具有灵活性。另一方面，企业或组织之间的竞争，或者企业内部各部门之间的竞争，往往都表现为一种团队竞争，即团队锦标赛。在这样的背景下，团队锦标赛机制作为锦标赛理论一个新的拓展方向，也渐渐成为研究的热点。

（一）团队生产理论与团队锦标赛理论

1. 团队生产理论

自 1938 年斯坎伦（Joseph F. Scanlon）针对团体激励提出薪酬计划，人们开始对团队激励展开一系列的研究。斯坎伦计划的核心思想是以团体整体作为对象来进行激励，从而使代理人通过相互合作来完成任务。1972 年，Alchian 和 Demsetz 基于委托—代理理论所提出的“团队生产理论”（Team Production），为经济学中团队理论的发展奠定了基础。其研究揭示出团队激励的一个严重缺陷——“搭便车”行为。由于团队成员共享产出成果，而且不能有效观测和衡量每个成员的贡献，于是就会出现偷懒、“搭便车”等道德风险问题。这些问题的存在降低了团队成员的工作积极性，从而降低了团队的产出，最终导致企业在无效率状态下运行。为解决这一问题，就需要对代理者进行监督，加大偷懒的风险成本，促使团队成员努力工作。

Holmstrom（1982）在 Alchian 和 Demsetz（1972）的团队生产理论基础上进行了更深入的研究，并提出了“团队中的道德风险”这一概念。他提出，要解决“搭便车”困境，就必须打破预算平衡，引入一个榨取团队剩余的委托人。黄斌（2003）从协调博弈的角度，论证了团队的长期奖励制度不仅能够比短期奖励制度更好地激励团队成员努力工作，而且在其长期反复实施的过程中能够为良好组织惯例的形成提供一种达成协调均衡所必需的“情势”。毛刚等（2004）在 Holmstrom 的团队理论基础上，建立了非营利组织的团队激励模型，证明了非营利组织团队在预算平衡约束下同样不能通过纳什均衡实现帕累托效率，仍然需要引入委托人来打破预算平衡，达到团队激励的目的。上述很多研究均认为只有引入委托人才能对团队进行更好的激励，这一点与团队锦标赛理论不谋而合。在团队研究渐渐成为热点的同时，团队锦标赛理论应运而生，并逐步得到拓展和完善。

2. 团队锦标赛理论

团队锦标赛理论的基本思想在于：对团队的激励来自团队之间的竞争及相对绩效排序。其基本模型发轫于 Nalbantian 和 Schotter（1997）的研究。该模型包含 6 个风险中性的代理人，分成两个团队，每队 3 人。两个团队为获得高额奖金而进行相互竞争，团队产出（Y）采用相加的形式 $Y=\sum_{i\in T_j} y_i$，得到的收益在团队成员之间平均分配。委托人只能观察到代理人的产出，而不能直接观察代理人的努力。员工的产出（y_i）取决于其努力水平（e_i）和一个独立的随机因素（ε_i），即 $y_i = f(e_i) + \varepsilon_i$。委托人事先制定固定的报酬契约 M 和 m（M > m），并根据团队业绩的高低进行排名，以此确定各团队的报酬，业绩高的团队得到高报酬 M，业绩低的得到低报酬 m。另外，每个团队的收益还与他们的产出直接挂钩，产出越高就可以获得越高的收益，即每个团队的期望收益为 $E(\pi) = \sum_{i \in T} y_i - \sum_{i \in T} \frac{e_i^2}{100} + PM + (1 - P)m$，其中 P 是团队取得相对于竞争团队更高的绩效，进而获得 M 的概率。他们发现，采用团队锦标赛机制与计件工资等机制相比，更能促使代理人提高努力水平，从而提高委托人的收益。

国内有学者将任务依赖性引入团队锦标赛研究。张长征、李怀祖（2007）将团队产出设定为团队成员产出之积，其函数表达式为 $Y = y_i y_j$。他们认为这是因为团队成员之间的任务依赖性很强，整体产出需要团队成员之间的合作行为，并非团队成员个人产出的简单相加，因而乘积形式的整体产出函数将原来的模型向现实更推进一步。

（二）团队锦标赛机制的潜在问题

虽然团队锦标赛机制在激励团队或代理人方面具有很大的作用，但是不能否认的是，团队锦标赛机制也存在一些负面问题，主要包括拆台行为、社会惰化与“搭便车”行为、“共谋”行为等。

1. 拆台行为

由于团队锦标赛机制依然是一种根据相对业绩进行激励的机制，代理人除了通过提高自己的努力水平来提升排名外，还可以对竞争对手进行破坏，降低对手的产出以此来提升自己在整个比赛中的相对排名。拆台行为包括故意封锁一些公共信息、传播错误的信息、损害对手的工作工具以及破坏对手的劳动成果等。很明显，这种拆台行为会影响到全部代理人的产出总和，从而降低委托人的收益。以下主要从奖金和异质代理人两方面综述相关研究成果。

（1）奖金分配方式及奖金差距。在锦标赛机制中，虽然奖金是事先固定的，但学者们在研究过程中发现奖金差距和奖金分配方式在很大程度上都会影响团队成员的拆台行为和努力水平。Lazear（1989）首先在个体锦标赛机制下对拆台行为进行了研究，他的研究表明，在存在拆台行为的锦标赛中，赢家、输家之间的最优奖金差距要低于无拆台行为的锦标赛。Dickinson 和 Isaac（1998）模拟了在团队收益以不公平的方式分配给团队成员的条件下，对赋予团队内表现好的个体以高的绝对个人报酬和高的相对个人报酬的不同反应。研究表明，与没有任何额外奖金相比，赋予团队成员高的相对报酬与高的绝对报酬均可提升团队绩效，同时前者对团队绩效的提升作用更加明显。受上述文献启发，Irlenbusch 和 Ruchala（2008）研究了混合报酬机制中个人相对报酬的大小对平均努力水平的影响，发现只有在个人相对报酬足够大的时候，才会使努力水平上升；较低的奖金并不会产生显著的影响。但是当个人相对报酬过高时却会导致团队产出降低。其中一个重要原因是当团队内某一成员的相对报酬过高的时候，会导致其他成员对其集中拆台，从而导致整个团队的产出下降，降低委托人的收益（Gneezy、Rustichini，2000）。Arup Bose 等（2010）认为，即使团队成员拥有不同的能力并为团队做出不同的贡献，委托人也可以通过实行同工同酬的均分政策来降低代理人的拆台行为，从而提高收益。特别是在长期的团队合作中，非均分薪酬机制下的拆台行为比在同工同酬的分配机制下更为普遍。

（2）异质代理人。在团队锦标赛中，每个代理人的能力是千差万别的，因此被试的异质性也成为拆台行为领域的研究热点。Chen（2003）提出了一个异质代理人锦标赛模型，其中每个参赛者的拆台能力和工作能力是不同的。研究发现，工作能力强的代理人会更容易受到其他代理人的拆台。将能力相当的代理人安排在一个竞赛小组里，可以减少拆台行为。

目前对于团队锦标赛中的拆台行为研究较少，且相关文献主要集中于一个问题：在一个由异质代理人组成的锦标赛中，竞争对手将会如何选择他的拆台对象？是对手团队中能力最强的人，还是能力最弱的人呢？首先对团队间的拆台行为进行研究的是 Oliver Gürtler（2008），他建立了一个严格的数理经济学模型，分析结果表明，团队之间为了获得竞赛的胜利对对方团队进行拆台时，会挑选对方团队中能力最差的成员作为拆台对象，该结论可以很好地解释“木桶理论”或

“短板理论”。需要注意的是，这一结论与之前个体锦标赛机制下的拆台对象选择是完全不同的。在个体锦标赛机制下，其他成员会对能力最强者进行拆台，因为后者被认为是前者获胜道路上最大的威胁。闫威、伍仕松（2010）针对奥利弗·格特勒 Gürtler（2008）的研究进行了扩展，他们设计、实施了一个真实努力实验，让两组被试在线玩俄罗斯方块游戏，期间可使用加层、缩短时间等道具对对方进行拆台，最后比较哪一组被试坚持的游戏时间更长，以确定获胜方。研究结论表明：参赛者在选择拆台对象时更倾向于针对竞争团队中的能力最强者；团队中的能力最弱者更倾向于对竞争团队中的能力最强者进行拆台；当团队成员的能力差距很大时，能力最强者会受到更加集中的拆台。

2. 社会惰化与“搭便车”行为

社会惰化是指当团队成员共同完成一项任务时，团队成员所付出的努力比单独时偏少，个体的活动积极性与效率下降的现象。“搭便车”问题（Free Rider Problem），是指在团队生产中，由于团队成员的个人贡献与所得报酬没有明确的对应关系，或者由于其他激励措施不力，而造成的每个成员都有减少自己的成本支出而坐享他人劳动成果的机会主义倾向。

社会心理学家通过研究已经证实，出现社会惰化的原因，是个人的评价焦虑减弱，使个人在群体中的行为责任意识下降，行为动力也相应降低。有研究发现，如果让代理人相信，自己的行为效率可以被鉴别出现，或是对个人行为贡献单独进行测量，则即使与群体一起完成一项工作，也不再有社会惰化作用存在。在以团队形式为特征的体育赛事中，Rune Høgaard 与 Rolf P. Ingvaldsen（2006）研究了地板球（Floor Ball）锦标赛中的社会惰化现象。他们的研究证实了当被试的努力程度可鉴别时，被试会自我改善绩效水平，同样，努力水平也会增加，团队成员之间的社会惰化现象会降低。然而在现实生活中，代理人努力行为的鉴定却需要很高的监督成本，高额的监督成本会促使委托人放弃测量代理人的真实努力水平。邱伟年（2006）利用锦标赛理论对高管团队薪酬与激励进行研究，结论表明，加大高管团队之间的薪酬差距可以降低监督成本，提供较强的与委托人利益一致的努力激励。

那么如何减少“搭便车”行为呢？最为直观的一种方式就是给予团队里表现

好的个人额外的附加报酬（Heneman、Von Hipple，1995）。Alex Gershkov 等（2007）研究了团队激励与奖金结构问题。他们的研究假设每个成员的奖金除了依赖团队的产出，还与自己在整个团队中的相对排名有关。在这种结构下，如果能够以较小的成本观测到每个代理人的努力水平，并对其进行排序，那么整个团队就可以达到最高效率（Full Efficiency）。然而，研究结果表明，在团队锦标赛机制中设置额外的个人奖励不一定能起到激励作用，甚至会降低整个团队的绩效产出。采用这种混合报酬机制（即将团队报酬与个人相对报酬结合）应该要格外小心。

Kandel 与 Lazear（1992）从团队成员的关系出发探讨了在团队合作中怎样降低“搭便车”行为发生的可能性，研究结果表明，来自团队成员的压力（Peer Pressure）可以有效地抑制这种行为。来自同伴的压力，如负罪感、群体规范和相互监督（Guilt，Norms and Mutual Monitoring）等可以使大家更自觉地遵守纪律，减少“搭便车”和“偷懒”行为发生的可能性。但他们的研究不是在锦标赛机制下的研究，仅仅是在奖金平均分配条件下的研究。我们可以从中得到一些启示：良好的工作环境和氛围也有助于减少“搭便车”行为。Strausz（1999）的研究表明，当代理人可以根据其产出的大小进行排序，每一个代理人均可以观测到排在他前面的那个成员的行为时，那么每个人都会实现有效的努力水平。这种规则会使代理人揭发其他成员的“偷懒”行为，因为“偷懒”行为会影响到整个团队的产出。这样就会使整个团队的效率更高。

3.“共谋”行为

所谓“共谋”是指代理人为了获得更高的收益，相互之间达成一致降低努力水平，从而导致委托人的收益降低的行为。特别是当只有两个竞争者时，会很容易达成“私底下”的协议，例如，双方平分奖金，或者胜的一方支付给负的一方一定的补偿从而达到轻松获胜的目的。这样不仅达不到锦标赛机制所期望的激励效果，而且会导致团队之间通过隐性或显性的契约形成共同的消极怠工，而不是如委托人所期望的那样努力工作。故存在“共谋”时，管理者无法制定促使团队选择高努力水平的报酬契约。因此，如何防止“共谋”成为锦标赛理论领域一个重要的研究方向。

Itoh（1993）分析了在何种情况下委托人可以通过单边契约设计使得代理人之间的“共谋”行为反而对委托人有利。他指出，当代理人可以相互观测对方的努力水平并进而做出自己的最优反应时，委托人可以通过设计团队导向的激励契约，以较低的成本达成最优效率。Strand（2004）考察了当企业内部存在多个团队并且每个团队的成员联合起来与委托人博弈时，团队成员的触发策略（Trigger Strategy）比非合作博弈策略更能增进团队产出。敬辉蓉（2009）表明，当委托人不能观测代理人的投入努力程度，或者说委托人无法有效监督代理人的努力投入情况时，代理人就有动机相互交换信息、彼此控制努力投入程度，从而控制双方的产出，同时双方私下分配工资差额。所以，在团队成员的行为不能有效监督的情况下，两个代理人之间就有“共谋”的动机，而且“共谋”的博弈行为结果是双方减少努力投入并平分工资差额，“共谋”使代理人双方的收益得到了改进，委托人的收益却受到了损害。

也有一些文献从沟通的角度研究“共谋”问题。Aoyagi（2007）的研究结果表明，在锦标赛机制下，代理人之间的沟通更可能导致“共谋”行为的出现，从而降低委托人的收益。Harbring（2006）通过实验研究的方法探索了沟通在个体锦标赛机制中的影响作用。她将代理人在可以通过电子邮件进行沟通情况下的努力水平与没有沟通情况下的努力水平进行了比较分析，结果再次表明，沟通会增加“共谋”的可能性，损害委托人的利益。Sutter 和 Strassmair（2009）在此基础上对团队锦标赛中沟通对合作与“共谋”行为的影响进行了研究，其采用的实验与 Haibring 非常相似，研究结论表明，当沟通只是在团队内部成员之间进行时，可以提升整个团队的产出；但是团队之间的沟通行为却会大大增加“共谋”行为发生的可能性，严重降低委托人的收益。鲁伟（2008）从团队之间能力差异的角度出发，认为可以建立一个防止“共谋”的信息非对称机制，让团队能力信息成为各自的私人信息。因为若团队之间的能力差异为私人信息，仅仅只有管理者和团队自己知道，则“共谋”收益的分配就找不到所需要的公共信息为依据。此时双方的能力差异并不足以使团队之间产生严重的利益冲突并导致利益集团的崩溃，可是团队之间却并不互相了解，从而可以有效防止“共谋”的发生。因此在实施锦标赛机制的过程中，应加强私人信息的监管，尽量采取两个以上的团队进行竞赛，或者选择两个彼此不是很熟悉的团队，而且对他们各自的工作现状要彼此保密。

（三）评述与展望

伴随着日益激烈的市场竞争，团队锦标赛机制成为一种普遍采用的团队运行管理模式。除了我们熟悉的NBA、世界杯等体育赛事，许多创新和产品研发竞赛，甚至政府官员晋升也多是采用团队锦标赛机制。目前，虽然对团队锦标赛机制的研究已经有了一些进展，然而从发展过程上看，团队锦标赛理论仍然处于起步阶段，特别是在国内，对团队锦标赛机制的研究屈指可数，研究所取得的进展和现实的需要相比，是远远不够的。

第一，与个体锦标赛相同，对企业（委托人）而言，团队锦标赛也存在着较高的组织成本。如何减少组织成本，我们可以从 Nalbantian 和 Schotter（1997）的研究中得到一定的启示。他们将代理人的收益分成两部分，一部分是由团队产出获得的市场收益，另一部分为锦标赛机制中委托人提供的奖金。所谓由团队产出获得的市场收益，是指代理人可以将自己的产出在市场中出售，并获得一些收益。代理人的产出可以由委托人购买，也可以由别的买家购买，这样无形中就可以在保证代理人收益的同时，适度减少了委托人的成本。此外，还可以考虑由失败一方团队须向获胜团队支付一定数额的奖金，即采用自融资（Self-Financing）的团队锦标赛机制，这样做也会大大降低成本。例如，企业根据每个小组的产出和相对排名发放年终奖，将失败一方的年终奖减少，借此提高胜利者的年终奖，但企业需要支出的奖金总额却不变。需要指出的是，如果从团队锦标赛中所获得的收益不足以补偿组织成本的话，建议企业放弃锦标赛机制的激励形式而选用其他如计件机制等激励方式。

第二，团队锦标赛机制的奖金分配问题也是影响效率的一个重要方面。如何分配奖金以及由谁来分配，才能最好地平衡委托人与代理人的收益呢？目前采用较多的分配方式为平均分配奖金和依据团队内成员产出的相对排名来分配奖金两种，但是这两种都会造成一定的问题，如“搭便车”、拆台行为等。同时，奖金内生与奖金外生的分配方式也值得进一步商榷。Matthias Sutter（2006）提出的分配机制——奖金可以由团队内部决定的分配方式（即奖金内生），并将其与奖金外生条件下的平均分配方式进行了比较分析。实验结果表明，与奖金外生条件下的平均分配方式相比，奖金内生可以促使代理人付出更高的努力水平，减少了“搭便车”行为，增加了整个团队的产出。但是奖金内生分配方式必然伴随着较高的谈判和协调成本，因此这两种方式何者更优也有待于研究者的进一步探索。

第三，委托人在监督行为（获取代理人在努力水平、拆台行为、绩效排名等方面的信息）与监督成本之间的权衡。委托人的监督行为可以在一定程度上遏制代理人的社会惰化、“搭便车”、拆台及“共谋”行为，然而，监督行为必须以高额的监督成本为代价。如何平衡二者之间的关系或借助于其他方式降低监督成本，尚需要更为深入的研究。

参考文献

[1] 黄斌. 团队中的互助合作与激励有效性 [J]. 商业研究，2006（8）.

[2] 敬辉蓉. “锦标赛”激励机制与团队成员的合谋博弈分析 [J]. 西南民族大学学报（自然科学版），2009（7）：693-697.

[3] 鲁伟. 基于锦标赛理论的团队激励研究 [D]. 武汉科技大学硕士学位论文，2008.

[4] 毛刚等. 非营利组织团队激励机制 [J]. 西南交通大学学报，2004（1）：56-60.

[5] 邱伟年. 锦标赛理论与高管团队的激励 [J]. 现代管理科学，2006（8）：84-85.

[6] 社会惰化. 百度百科，http：//baike.baidu.com/view/1091940.html.

[7] 斯蒂芬·罗宾斯.管理学 [M]. 北京：中国人民大学出版社，1996.

[8] 斯坎伦计划.百度百科， http：//baike.baidu.com/view/295141.html.

[9] 闫威，伍仕松. 锦标机制中员工间相互拆台问题研究 [R]. 重庆大学经济与工商管理学院工作论文，2010.

[10] 张长征，李怀祖. 团队自主权、报酬差距与团队效率 [J]. 系统工程理论与实践，2007（7）：19-25.

[11] 张军. 为增长而竞争：中国之谜的一个解读 [J]. 东方论坛，2005（26）：15-19.

[12] 周黎安. 晋升博弈中政府官员的激励与合作 [J]. 经济研究，2004（6）：33-40.

[13] 周黎安. 中国地方官员的晋升锦标赛模式研究 [J]. 经济研究，2007（7）：36-50.

［14］ A. Alchian，H. Demsetz. Production，Information Costs，and Economic Organization［J］. The American Economic Review，1972（62）：777–779.

［15］ Alex Gershkov et al.. Efficient Tournaments in Teams. Humboldt University of Berlin［R］. Working Paper，2007.

［16］ Aoyagi M. Efficient Collusion in Repeated Auctions with Communication［J］. Journal of Economic Theory，2007（134）：61–92.

［17］ Bernd Irlenbush，Gabriele K. Ruchala. Relative Reward Within Team–Based Compensation［J］. Labour Economics，2008（15）：141–167.

［18］ Bose A.，Pal D.，Sappington D. E. M.. Equal Pay for Unequal Work：Limiting Sabotage in Teams［J］. Journal of Economics & Management Strategy，2010（19）：25–53.

［19］ Chen K. P.. Sabotage in Promotion Tournaments［J］. Journal of Law，Economics，and Organization，2003（19）：119–139.

［20］ Conyon M. J.，Peck S. I.，Sadler G.V.. Corporate Tournaments and Executive Compensation：Evidence from the U.K.［J］. Strategic Management Journal，2001（22）：805–815.

［21］ Dickinson D.L.，Isaac R. M.. Absolute and Relative Rewards for Individuals in Team Production［J］. Managerial and Decision Economics，1998（19）：299–310.

［22］ Eugene Kandel，Edward P. Lazear. Peer Pressure and Partnerships［J］. The Journal of Political Economy，1992（100）：801–817.

［23］ Gneezy Uri，Rustichini Aldo. Pay Enough or Don't Pay at All［J］. Quarterly Journal of Economics，2000（115）：791–810.

［24］ Harbring C.. The Effect of Communication in Incentive Systems—An Experimental Study［J］. Managerial and Decision Economic，2006（27）：333–353.

［25］ Holmstorm B.. Moral Hazard in Team［J］. Bell Journal of Eonomies，1982（13）：24–40.

［26］ Itoh H. Coalitions. Incentives，and Risk Sharing［J］. Journal of Economic Theory，1993（60）：410–427.

［27］ Lazear E. P.，Rosen S.. Rank–Order Tournaments as Optimum Labor Contracts［J］. Journal of Political Economy，1981（89）：841–864.

［28］ Lazear E. P.. Pay Equality and Industrial Politics［J］. Journal of Political Economy，1989（97）：561–580.

［29］ Matthias Sutter，Christina Strassmair. Communication，Cooperation and Collusion in Team

Tournaments—An Experimental Study [J]. Games and Economic Behavior, 2009 (66): 506–525.

[30] Matthias Sutter. Endogenous Versus Exogenous Allocation of Prizes Inteams—Theory and Experimental Evidence [J]. Labour Economics, 2006 (13): 519–549.

[31] Nalbantian H. R., Schotter A.. Productivity Under Group Incentives: An Experimental Study [J]. The American Economic Review, 1997 (87): 314–341.

[32] Oliver Gürtler. On Sabotage in Collective Tournaments [J]. Journal of Mathematical Economics, 2008 (4): 383–389.

[33] Robert L. Heneman, Courtney Von Hippel.Balancing Group and Individual Rewards [J]. Compensation & Benefits Review, 1995 (27): 63–68.

[34] Roland Strausz. Efficiency in Sequential Partnerships [J]. Journal of Economic Theory, 1999 (85): 140–156.

[35] Rune Høigaard, Rolf P. Ingvaldsen. Social Loafing in Interactive Groups: The Effects of Identifiability on Effort and Individual Performance in Floorball [J]. The Online Journal of Sport Psychology, 2006 (8): 52–63.

[36] Strand J.. Internal Incentive Mechanisms in Small Teams with Union—Firm Wage Bargaining [R]. University of Oslo, Working Paper, 2004.

[37] Terwiesch C., Xu Y.. Innovation Contests, Open Innovation, and Multiagent Problem Solving [J]. Management Science, 2008 (54): 1529–1543.

(本文为工作论文，作者：闫威、李娜)

四、劳动经济学中的实验研究方法探析

（一）实验研究方法的优势

理论检验在科学进步中发挥着关键作用，研究者可以利用不同数据来源实现对理论的检验。这些数据来源大致可按两个维度进行划分（Friedman、Sunder，1994）：一是实际数据（Happenstance Data）和实验数据（Experimental Data）；二是实地数据（Field Data）和实验室数据（Laboratory Data）。实际数据是未加控制的、自然发生的经济活动的副产品，而实验数据是在受控条件下，为了明确的科学目的而人为创造的。实地数据来源于自然环境，而实验室数据来源于实验室环境。这两种维度的数据可构成四种组合数据。长期以来，经济学被看作运用实地实际数据来进行研究的“非实验性”科学。在劳动经济学研究领域也是如此，如失业率、工资水平、教育年限和收入水平等均属于实地实际数据。既然实地实际数据如此丰富，为什么还要千方百计地进行实验并创造自己的数据呢？毕竟实验过程需要对相关因素进行更严格的控制因而花费时间，而且由于须向被试支付费用，实验研究的成本也是不菲的。下面将从三个方面分析实验研究方法在劳动经济学研究领域的优势。

1. 实验研究能对相关影响因素进行严格控制

我们将用对锦标赛理论的检验，来阐释实验研究具有可控制性的潜在优势。

锦标赛理论得名于体育比赛，是指员工通过竞争以获得某项奖励（如薪酬增加或晋升），胜出者由相对绩效排序决定。在锦标赛理论中，员工的均衡努力水平被定义为边际努力成本等于边际收益时的努力水平。边际收益取决于奖金数额以及获胜的概率，并与后者呈负相关关系（Lazear、Rosen，1981）。给定均衡努力的选择，就可以直接导出最优奖励的水平和结构。

若对锦标赛理论进行直接的实证检验，首先要求研究者知道参与竞争的员工数目、奖励的确切大小、员工努力的成本函数以及生产函数（包括误差项的性质）。同时，为了确定最优奖励水平，还需要了解企业的支付函数与员工的参与约束。所有这些信息在实验室实验中都是确定的，研究者可以清楚地予以设定。从而，通过观察实验被试所选择的努力水平和获奖情况，就有可能对最优报酬做出精确地预测并进行检验。采用实地实际数据对锦标赛理论进行直接检验几乎是不可能的。因为当使用实地数据时，研究者很少能确切地知道以上提及的各种因素；而且研究者也很难保证实地环境与理论假设的环境高度相似。例如，在锦标赛理论中，一个显而易见的事实是，如果员工在竞赛中有消极的破坏竞争对手绩效表现的行为，努力与奖励的最优水平同不存在破坏行为情况下的结果将是大相径庭的。相同的道理，使用实地数据的研究者很少能知道员工与企业之间的互动是一次博弈还是重复博弈，然而重复博弈的理论预测往往明显不同于一次博弈的结论。还有其他一些重要因素，例如，员工彼此之间了解程度如何？员工之间的沟通及同伴压力怎样，有无形成“共谋”的可能？员工之间的互动方式是公开还是匿名？在实地实验中，以上因素及其他环境细节都会影响研究对象的行为，却不能被有效控制。与之相反，在实验室实验中，这些环境因素能够被严格控制，因此能够进行系统的研究。例如，在实验室实验中，对一次博弈与重复博弈情形进行比较研究，或者对匿名互动与“面对面”互动关系进行比较研究，将是非常方便的。

当然，这种能对影响因素进行更好地控制的优势不局限于锦标赛理论的研究。例如，在关于不同行业间工资差异的争论中，很难判断所观察到的差异是反映出的真实“租金”，还是不可观察的异方差性（Gibbons、Katz，1992）。同样地，几乎不可能依据实地数据来判断失业是自愿的还是非自愿的，即很难判断失业员工在低于现行工资的情况下是否真的愿意继续工作。然而，在劳动力市场中采用实验室实验研究，控制员工的外部选择，能对上述问题轻易做出回答(Fehr、Falk，1999)。以上例子极具说服力地表明，实验室研究较之于实地研究，能对相关影响因素实施更好的控制。

2. 实验研究能可靠推断变量之间的因果关系

实验室实验的第二个优势在于形成因果关系推论的可靠性。在实地研究中，许多有意义的变量是内生决定的，多数情况下最多也只能确认变量之间是相关的，而很难确认变量之间的因果关系。然而通过合理的实验设计，我们可以有把握地推断变量间的因果关系。实际上，实验研究是确认变量间因果关系的最有效手段。

3. 实验研究的结论易于重复验证

实验研究具有易于复制的特征。传统的经验数据作为检验数据，具有不可重复性的缺陷，即所谓的“历史不能重演”。对理论的证实或证伪都需要大量的检验。Smith（1962）指出，实验研究的可重复性克服了所有观察结论普遍存在的一次性的缺陷。其他研究者可以很容易地复制实验设计，进行独立验证，从而证实或者证伪专题研究中得出的结论。实验数据的应用可避免某些理论没有经过一个可重复的严格证明或证伪的过程而被称为所谓的“传教士的理论”。

（二）实验研究方法的反对意见及分析

实验研究常常面临以下几种反对意见：首先，由于实验中的被试常常为学生，因此实验研究常被批评存在被试选择偏差。批评者认为，学生作为实验中的被试，与专业人士不同，他们对所要研究的问题缺乏实践经验。其次，主要针对实验中的支付（Payoff）问题。由于一般情况下被试在实验中获得的支付较低，[①] 因而他们可能不会以严肃认真的态度进行决策。再次，主要针对被试数目太少的

① 一般而言，研究者为了模拟出真实的市场环境，往往为被试在实验中的绩效表现支付一些数额不大的报酬，以增强所研究问题的现实相关性，提高被试的认真程度，并以此确保实验研究的信度和效度。

问题。由于被试数目太少，实验研究结论往往受到质疑。最后，主要来自实验研究结论能否推而广之，对现实是否具有预测和指导作用，即实验研究的外部有效性问题。我们认为，这些批评有一定的合理性，需要引起重视。但是，这些批评并不具有根本性的意义。因为通过细致周详的实验设计，这些问题完全可以克服和解决。

1. 被试选择偏差

研究者之所以选择学生作为被试，主要是出于方便性的考虑。首先，学生容易招募，能够迅速理解实验规则，而且他们的机会成本相当低。但是，我们并没有根本的理由来排斥其他对象，而且非学生被试的使用也在逐渐增加。其次，通过细致周详的实验设计和与实施，我们有可能发现不同被试样本在行为上的有趣差异。List（2003）对市场经验是否能消除禀赋效应问题进行了研究。Cooper 等（1999）利用中国学生和中国中层经理作为实验被试，检验了起源于效率工资激励的“棘轮效应”理论。同样地，Fehr 和 List（2003）以企业 CEO 作为实验被试，研究他们使用显性激励方式的程度以及如何对这种激励做出反应。该研究着重探讨显性激励在多大程度上对生产率是起负作用的；如果是这样，学生和 CEO 会不会使用这种可能起负作用的激励。

List（2003）的研究结果表明，缺乏市场经验的经纪人表现出了禀赋效应，而在拥有市场经验的经纪人身上却没有发现这种效应。拥有市场经验的经纪人之所以没有体现出禀赋效应，不是由于选择效应，而是由于市场经验本身。Cooper 等（1999）在实验研究中观察到，经理和学生的行为在很大程度上收敛于混同均衡。因此，被试样本之间的行为差异随着时间的推移而消失。在实验的初期，他们观察到不同样本之间的确存在一些差异，但是，如果实验指导语用一种抽象的、无关经理决策的具体环境的语言来描述，那么学生的行为较之于经理将更快地收敛于均衡点。相反，如果实验指导书中含有大量的与企业计划者和经理间的相互作用相关的内容，那么，经理的行为将更快地收敛于均衡点。Fehr 和 List（2003）发现学生和 CEO 之间的确存在行为差异，CEO 明显比学生更信任他人，而且也更值得他人信任。虽然如此，两个被试样本仍然做出了使用显性激励方式的相同选择，尽管该方式有很大的负面影响。

这些例子均表明，被试样本差异可能是一个现实问题。但是，这些研究也显示出了不同的被试样本在行为上并没有表现出根本性的不同。在 Cooper 等（1999）的研究中，学生和 CEO 的行为在经过一段时间后是高度相似的。同样，在 Fehr 和 List（2003）的研究中，根据理论推断，如果假定所有实验的参与者是完全自利的，信任行为则不会存在，但作为被试的学生和 CEO 都表现出了非常强的信任行为。此外，两类被试样本都显示出大量利他的、互惠式公平的行为。因此，虽然存在某种程度上的被试样本选择偏差，但是不同样本的行为从本质上来说却是非常相似的。

2. 被试所获支付较低

被试在实验中所获得的支付水平（Stake Level）较低也是一个非常重要的问题。研究者一致认为，更高的支付水平能显著地降低被试行为的方差（Camerer、Hogarth，1999）。这就表明，当被试在实验中能获得更高的利益时，他们会以更加认真的态度参与实验。但是，Camerer 和 Hogarth（1999）在回顾了大量检验支付大小效应的研究后发现，核心的行为趋势极少因为支付水平的变化而改变。尽管支付（利益）对于实验被试而言是重要的，但是，利益大小的变化往往不会改变核心行为趋势。一个有趣且重要的例外出现在 Holt 和 Laury（2002）的研究中，在一个彩票选择实验中，随着平均支付从 70 美元增加到 230 美元，实验被试表现出明显增强的风险厌恶型特征。相反，在公平偏好实验中，支付水平的增加很少或者不会影响公平行为反应的发生（Cameron，1999；Slonim、Roth，1998；Hoffman 等，1996；Fehr、Tougareva，1995）。

3. 被试样本量太少

关于实验被试样本数量较实际数据过少的批评，同样是能够克服的。理由如下：首先，增加或补充实验的观测数目是可能的；其次，以国家宏观经济中的代表性问题为对象进行大规模的实验研究也已成为可能。近年来，一些学者已经做了相关尝试。Harrison、Lau 和 Williams（2002）采用丹麦人口总体的一个典型样本，推导出了贴现率；Bellemare 和 Kröger（2003）以荷兰为样本，进行了信任博弈的实验。有趣的是，其研究结论显示，在实验室实验中并不存在被试选择偏差。

4. 外部有效性问题

对实验室实验更为普遍的批评涉及内部有效性和外部有效性问题。内部有效性指从某一实验中获得可靠性的原因和结论的可能性。外部有效性是指从试验研究的外部环境联系中归纳出可靠结论的可能性。内部有效性涉及的只是一个合适的实验控制、敏感度设计及正确的数据分析问题。相对而言，外部有效性的问题更为严重。批评者认为，把实验室的研究结论推广到实地中去，其可能性是非常值得怀疑的。我们认为，外部有效性主要涉及以下两个问题。第一，从一般意义上说，当归纳法原理成立时，外部有效性将会是较高的。根据这个原理，只要绝大部分相关的潜在条件保持不变，那么，行为规则在新环境中也会持续不变。存在这样一个事实，即便保持所有条件不变，也难以保证实验结果在现实环境中可以被完全复制。虽然这个说法是正确的，但是这种批评也不是仅仅针对实验研究。事实上，没有任何实证研究能够确保在同样的条件下复制出完全相同的结果。第二，实验研究是否抓住了现实中的主要条件。质疑者认为，某些实验因为忽略了现实中的许多关键性特征，从而不具有外部有效性，也就不符合实际情况。实验研究者的回答往往是我们将尽可能模拟出这些被忽略的条件。但是人们也应该认识到，从某种意义上来说，实验研究和经济学模型一样都是不太现实的，因为它们都是对现实的高度抽象。换个角度来讲，这种抽象也正是一种优点，因为唯有如此，才能够使人们增加对相关变量之间相互作用机制的理解。另外，对现实性的强调实际上取决于实验的目的。在很多情况下，实验研究的目的就是为了检验理论，或者理解理论失灵的原因。在这种目标下，实验证据对理论构建非常重要，但是对理解现实却不那么重要。

我们以实验经济学开拓者之一 Plott（1982）的观点作为小结："提问题的艺术取决于能够聚焦于与理解复杂问题有关的简单的特殊情形。一般性的理论和模型，按其定义能够应用到所有特殊情形。因此，一般性的理论和模型理应适用于实验室研究。当模型不能刻画在特殊情形中观察到的特征时，根据经验法则，他们要么被修正，要么被抛弃。实验方法的相关性因此被建立起来了。"此外，他（1982）补充道："尽管与自然发生的过程相比较，实验室过程是简单的，然而它们同样是真实的，因为在实验室研究中，人们参与的目的同样是为了获得真实的利润，也遵守着真实的规则。”

（三）增加实验研究现实性的途径

1. 实地实验

毋庸置疑，实验的可控性是其主要优势。然而关于实验室环境和现实生活环境是否一致的问题，可能将备受争议。可以说，实验室实验不是对传统的实证经济分析方法的替代，而是对它的有益补充。将二者有机结合的方法之一就是进行实地实验，让研究者在自然的环境中研究经济主体的行为。Falk 和 Ichino（2003）进行了一个典型的实地实验——将实验控制和现实环境的优点结合起来，研究同伴压力对工作行为的影响。实验是在日常工作环境中进行的，被试被分为处理组和控制组，其产出被分别测量。在处理组中，两个被试在相同的房间中一起工作；在控制组中，每个被试分别在一个房间内单独工作。从技术上来讲，实验被试所从事的任务彼此完全独立。研究结论之一显示，与被试单独工作情形下的产出相比，随机选择的配对被试工作时的产出有了显著的增加。在另一个实地实验中，Fehr 和 Götte（2002）研究了一个企业中员工的工作时间和努力的跨期替代问题。在某一段时期内，他们对公司的一半员工按照更高的计件工资给付薪酬，而对公司的另一半员工按照固定的计件工资支付。采用这种方式，他们创造一个控制组和一个处理组，用以测量计件工资的增加对劳动力供给的影响程度。

2. “真实努力”实验

使实验室实验环境更贴近现实的另一个途径是进行所谓的“真实努力”实验。在一个典型的实验室实验中，工作努力的选择由一个递增的货币函数来表示，被试不是选择真实的努力水平，而是选择一个有经济意义的数字。这种方法被广泛应用于锦标赛实验中（Bull 等，1987）和效率工资实验中（Fehr、Falk，1999）。然而在“真实努力”实验中，努力代表的是完成一种真实的任务。例如，在 Fahr 和 Irlenbusch（2000）的研究中，实验被试的任务是剥胡桃；van Dijk、Sonnemans 和 van Winden（2001）要求实验被试利用计算机解决难度较大的双变量优化问题；在 Gneezy（2003）的研究中，实验被试须在计算机上解决“迷宫”

难题。“真实努力”确实能够增强实验的现实性，然而需要指出的是，这是以失去可控性为代价的——因为如果实验者不了解员工的努力成本，那么也就不可能得出准确的数量预测。

3. 项目评价实验

实验技术在项目评价领域也具有很高的价值。不幸的是，基本上不能够获得来自随机的大规模社会项目实验的数据，尤其是在欧洲，政策制定者对实施这样的社会实验往往持犹豫不决的态度。尽管如此，研究者自己收集数据也是可能的。例如，Falk 等（2002）提出了一个新颖的项目评价方法，这个方法允许在弱假设条件下确认参加培训项目与被邀请参加面试的可能性之间是否存在因果关系。其基本思想是通过在较短的时间间隔内对参与项目的同一个体实施前测和后测，以此对项目进行评价。其程序如下：首先，研究者招募一些失业者参与一个特定的培训项目，然后在这些人完成培训课程之前，向外投递求职申请书。当这些人已经成功完成培训课程并获得证书后，又发出第二次求职申请。两次求职申请内容完全一样，只是第二次多了一个课程证书而已。由此可以检验参加培训项目对获邀参加面试的概率是否有影响。相似的方法已经应用于对女性员工的歧视（Weichselbaumer，2002）和失业粘性的（Oberholzer-Gee，2000）的研究。

（四）展望

回顾过去的三十多年，经济学领域的实验研究作为一种新的研究方法，获得了突飞猛进的发展，其应用也呈现出稳步增加的态势。并且可以预期，这种增加的趋势将持续下去。事实上，2002 年诺贝尔经济学奖授予 Daniel Kahneman 和 Vernon Smith，这可能使实验经济学家们获得更广阔的舞台。实验研究方法在诸多经济学领域都大有用武之地，其中很多领域都与劳动经济学相关。值得注意的是，经济理论与实验方法不可偏废，二者各有所长、相得益彰。经济理论使我们能够在制度或者参数族（如税率）的框架下对经济行为做出合理的预测，而实验方法能够为不同制度环境的运行效果提供经验证据，从而对经济理论进行检验。此外，在实验过程中对于人类行为的观察，也将促使研究者更严肃地对待个体动机和有限理性问题。从长期来看，这有助于我们对人的本性进行更现实的刻画。实验研究已经成功地应用于公平、互惠、损失规避、过分自信、非指数贴现等现实经济社会现象，通过研究它们对激励和契约的影响、对组织设计的影响以及对劳动力供给和需求的影响，可以大大增进对企业、家庭与劳动力市场运行机制的理解。

参考文献

[1] Bellemare C.，Kröger S.. On Representative Trust [R]. Working Paper，Tilburg University，2003.

[2] Bull C.，Schotter A.，Weigelt K.. Tournaments and Piece Rates：An Experimental Study [J]. Journal of Political Economy，1987（95）：1–33.

[3] Camerer C.F.，Hogarth R.M.. The Effects of Financial Incentives in Experiments：A Review and Capital–Labor–Production Framework [J]. Journal of Risk and Uncertainty，1999（19）：7–42.

[4] Cameron L.A.. Raising the Stakes in The Ultimatum Game：Experimental Evidence from Indonesia [J]. Economic Inquiry，1999（37）：47–59.

[5] Cooper D.J.，Kagel J.H.，Lo W.，Gu Q.L.. Gamint Against Managers in Incentive Systems：Experimental Results with Chinese Students and Chinese Managers [J]. American Economic Review，1999（89）：781–804.

[6] Fahr R.，Irlenbusch B.. Fairness as a Constraint on Trust and Reciprocity：Earned Property Rights in a Reciprocal Exchange Experiment [J]. Economic Letters，2000（66）：275– 282.

[7] Falk A.，Ichino A.. Clean Evidence on Peer Pressure [R]. CEPR Working Paper DP3834，2003.

[8] Falk A.，Lalive R.，Zweimüller J.. The Success of Job Applications：A New Approach to Program Evaluation [R]. Working Paper No. 131. Institute for Empirical Research in Economics，University of Zurich，2002.

[9] Fehr E.，Falk A.. Wage Rigidity in a Competitive Incomplete Contract Market [J]. Journal of Political Economy，1997（107）：106–134.

[10] Fehr E.，Götte L.. Do Workers Work More if Wages are High? Evidence from a Randomized Field Experiment [R]. WP 125. Institute for Empirical Research in Economics，University of Zurich，Zurich，2002.

[11] Fehr E., List J.. The Hidden Costs and Returns of Incentives—Trust and Trustworthiness among CEOs [R]. WP 134. Institute for Empirical Research in Economics, University of Zurich, Zurich, 2003.

[12] Fehr E., Tougareva E.. Do Competitive Markets with High Stakes Remove Reciprocal Fairness? —Evidence from Russia [Z]. Discussion Paper, University of Zurich, 1995.

[13] Friedman D., Sunder S.. Experimental Methods: A Primer for Economists [M]. Cambridge University Press, Cambridge, 1994.

[14] Gibbons R., Katz L.. Does Unmeasured Ability Explain Inter-Industry Wage Differentials [J]. Review of Economic Studies, 1992 (59): 515-535.

[15] Gneezy U.. Do High Wages Lead to High Profits? An Experimental Study of Reciprocity Using Real Effort [J]. The University of Chicago GSB, Chicago, 2003.

[16] Harbring C., Irlenbusch B.. An Experimental Study on Tournament Design [J]. Labour Economics, 2003 (10): 443-464.

[17] Harrison G.W., Lau M.I., Williams M.B.. Estimating Individual Discount Rates in Denmark: A Field Experiment [J]. American Economic Review, 2002 (92): 1606-1617.

[18] Hoffman E., McCabe K.A., Smith V. L.. On Expectations and the Monetary Stakes in Ultimatum Games [J]. International Journal of Game Theory, 1996 (25): 289-301.

[19] Holt C.A., Laury S.K.. Risk Aversion and Incentive Effects [J]. American Economic Review, 2002 (92): 1644-1655.

[20] Kahneman D., Knetsch J.L., Thaler R.. Fairness as a Constraint on Profit Seeking: Entitlements in the Market [J]. American Economic Review, 1986 (76): 728-741.

[21] Lazear E. P., Rosen S.. Rank-Order Tournaments as Optimum Labor Contracts [J]. Journal of Political Economy, 1981 (89): 841-864.

[22] List J.A.. Does Market Experience Eliminate Market Anomalies [J]. Quarterly Journal of Economics, 2003 (118): 41-71.

[23] Oberholzer-Gee F.. Unemployment Stigma and Rational Herding: Hiring Practices in Europe and in the United States, Mimeo [R]. University of Pennsylvania, 2000.

[24] Plott C.R.. Industrial Organization Theory and Experimental Economics [J]. Journal of Economic Literature, 1982 (20): 1485-1527.

[25] Slonim R., Roth A.E.. Learning in High Stakes Ultimatum Games: An Experiment in The

Slovak Republic [J]. Econometrica, 1998 (66): 569–596.

[26] Smith V. L.. An Experimental Study of Competitive Market Behavior [J]. Journal of Political Economy, 1962, 70 (3): 111–137.

[27] van Dijk F., Sonnemans J., van Winden F.. Incentive Systems in a Real Effort Experiment [J]. European Economic Review, 2001 (2): 187– 214.

[28] Weichselbaumer D.. Is It Sex or Personality? The Impact of Sex–Stereotypes on Discrimination in Applicant Selection [J]. Eastern Economic Journal, 2004, 30 (2): 159–186.

(本文发表于《商业研究》, 2010 年第 3 期,

作者: 闫威、陈长怀、韩美清)

五、企业创新竞争理论研究综述

第二次工业革命之后，科技日新月异，企业之间的竞争尤其是核心技术的竞争日趋激烈。这种竞争使得企业相关投入逐年增高，迫切需要一种理论来指导企业的创新活动和技术竞争，创新竞争理论因此应运而生。大量研究表明，创新竞争对于增强企业的核心竞争能力、实现企业的可持续发展具有重大作用。企业间的创新竞争大体上可以分为研发（Research and Development，R&D）竞赛和专利竞赛。研发竞赛通常指的是企业为了赢得竞争优势而在核心技术上的研发竞争；专利竞赛是技术创新理论和产业组织理论相结合的产物，是随着 20 世纪 70 年代以来产业组织理论第二次高潮的兴起而迅速发展起来的，一直被认为是促进创新和技术进步的重要政策工具。关于创新竞争的理论模型主要包括“无记忆”模型、“ε 先占”模型、两阶段模型、多阶段模型等。以下将分别阐述。

（一）研发经费投入与创新竞争

国外学者大多在研发经费数量决定创新成败的假设条件下，对研发经费投入与创新竞争问题进行研究。在此假设条件下，垄断者和挑战者谁愿意支付更多的研发经费，已成为此领域的核心问题之一。不少研究表明，这通常是由效率效应和替代效应决定的。Gilbert 和 Newbery（1982）的研究发现，由于效率效应的作用，垄断者比挑战者更可能投入较多的经费去赢得竞赛的成功，并指出对于一项技术创新或产品创新，即使此项创新将来不会应用于生产，垄断者也有意愿得到它的产权，以避免挑战者的竞争。然而在替代效应的影响下，如果挑战者比垄断者先获得专利，且边际成本低于垄断者，他将会取代垄断者成为新的垄断者，因此，挑战者有意愿投入更多的创新费用以获得专利。但是，Joanna Poyago-Theotoky（1996）利用一个非锦标赛寡头垄断模型来研究非对称企业在创新竞争中研发经费的投入问题，得出几乎相反的结论。非对称企业指的是：在获得专利权之前，企业产品的初始成本不相同，初始成本相对较高的是追随者，相反较低的是垄断者。研究表明，追随者与垄断者相比，谁会花费更多的研发经费，主要是受两个方面的影响：一是激励效果，在激励因素的影响下垄断者会投入更多的研发经费；二是效率因素使得高成本的企业更加注重研发。在研发竞争的背景下，大部分文献是研究规模相似前提下的创新模型，而对非对称企业间的创新竞争，很少有人对这一问题进行研究。非对称性使得公司在产品的成本上具有差异性，但此差异可以通过研发来改变，同时在均衡中，在相对安全的项目上，低成本的企业比高成本的企业会花费更多的研发经费，这个理论结果得到了实证证据支持。

关于研发经费投入与创新竞争的问题，有学者利用竞争模型来研究。Gilbert和Newbery（1982）利用一个拍卖竞争模型研究谁会为创新提供更多的研发经费，是垄断者还是挑战者。研究结果表明不管竞争是否激烈，垄断者总是会比挑战者投入更多。另外还有学者利用专利竞赛模型来研究此问题，此竞赛模型考虑的是在非确定性条件下的创新问题（Lee、Wilde，1980；Reinganum，1985）。这些学者通过研究发现，因存在非确定因素，挑战者往往比垄断者更加积极的投资于研发，并很可能进入这个新的市场成为新的垄断者。Czarnitzki和Kraft（2004）也研究过垄断者和挑战者在研发方面，哪个愿投入更多，通过研究1990~1995年大约3500家德国公司的数据，并明确询问在激励因素影响下进行创新竞赛的公司，发现挑战者为了进入一个新的市场比垄断者在研发上投入更多。以上两个关于研发投入经费问题的研究模型所得出的结论几乎是相反的，直到现在大部分文献都试图利用实证研究来缩短这两个结论的差距。Tirole（1988）通过实证研究发现，挑战者比垄断者在研发上投入更多，关于市场垄断者和挑战者在研发进程中的角色对创新理论具有非常重要的贡献作用。然而，正如 Reinganum（1984）所阐述的那样，由于以上竞争模型所描述的假设条件存在一定的限制性使得对公司行为的测试变得很困难，为了能够更现实而又直接地采用已有的数据，必须对两个竞争模型进一步扩展延伸。

Grishagin、Sergeyev 和 Silipo（2001）在以上模型的基础上进一步研究研发经费投入与创新竞争的问题，他们假定每个企业都能迅速了解对手研发工作的进展情况，并知道自己在竞争中所处的相对位置，在专利竞赛的每个阶段，企业选择是否投入固定数量经费进行研发，在以上条件下得出该动态博弈的子博弈完美均衡，并指出，当竞争中的两家企业拥有等量知识时，两家企业都投资；在技术公开延迟期结束之前，只有领先者投资而跟随者在此阶段不投资。根据以上结论，企业之间的竞争通常发生在取得研究成果之前，而在企业取得创新成果之后，且跟随者完全获取并吸收研究成果，竞争才会重新开始。Cantner、Nicklisch 和 Weiland（2005）通过实验来研究寡头垄断市场，公司获得竞争成功的原因，得出结论：首先，公司的相对经济地位对其所进行的“增量创新”活动有很大的影响，如果竞争的威胁大，即公司的累计资本相差不大，则公司将会投入更多的研发经费进行“增量创新”。其次，公司相对的竞争地位也会影响公司对“基础创新”的积极性，如果竞争威胁小，即公司的累计资本相差很大，公司会更倾向投资于“基础创新”中。在实验的整个过程中，如果把垄断者和追随者看成一个整体的话，在创新竞赛的任何阶段，公司之间的投资积极性没有什么显著的差异。

（二）专利保护与创新竞争

创新竞争通常和专利保护相联系，一旦创新成功，创新者通常会申请专利保护。由于创新中存在溢出效应，因此对于创新中专利保护期限的探讨成为研究的热点。溢出效应可分为有形溢出和无形溢出，所谓有形溢出指的是通过向其他企业颁发专利许可证形式的溢出；无形溢出指的是其他企业学习、模仿创新企业的技术或产品。

Dasgupta（1988）通过研究发现，在溢出效应足够大的前提下，企业愿意作为跟随者，因通过溢出效应可以减少创新投入，那么创新竞赛就变成了一场等待博弈而不是竞赛。Klaus 和 Tuomas（1998）建立一个溢出效应模型，该模型结合 Gallini（1992）的研究结果，指出专利权期限的存在导致模仿行为的发生，同样使得创新者对一项创新是要选择专利保护还是对创新保密。Takalo（1998）认为，研发的溢出是投资者模仿创新成果的结果，并指出增加专利权的期限会产生巨大的溢出效益，同样可以降低创新者的积极性，溢出效益的存在使得缩短专利权是最佳的选择。从 Nordhaus（1972）关于最佳专利权期限的学术研究之后，这个问题已经有广泛的研究，由 Denicolb（1996）提供的最佳专利权期限的调查表明，在不同的模型中得到的结果似乎是矛盾的，如 Gilbert 和 Shapiro（1990）的模型以及 Klemperer（1990）和 Gallini（1992）的模型。通常延长专利保护期限被认为是增加创新者的垄断期限，然而模仿模型明确表明增加专利期限会加速模仿者的投资，因为模仿者不再仅仅是等待和探望直到专利期限的到期，根据 Gallini（1992）的研究发现，短期的专利权保护被证实是社会最优的。

尽管有专利保护，然而专利保护期限的存在促进了工业领域的普遍模仿，新的技术和发明创造的扩散又有赖于模仿，当信息揭露时，专利权同样保护原始创新不会被直接复制。对于创新者来说获得一项专利并向对手暴露创新的详细内容，较创新保密更有益，专利权理论主要关注的是专利保护和溢出效益。在研究专利保护和模仿的溢出效应时，有学者建立了一个模仿者最优行为决定溢出水平的模型，发现增加专利保护期限总是会激励创新者选择专利保护。然而，增加专利保护期限可能会引起巨大的溢出效应，因较长的专利权保护期限会打破模仿者等待的局面，即模仿者会围绕创新成果积极的投资，结果在相对较大溢出效益的专利保护期限下，创新投资会相对减少。

（三）创新竞争中的经典模型

对企业创新竞争的研究模型，概括起来主要有“无记忆”模型、“ε 先占”模型、两阶段模型、多阶段模型等。

所谓“无记忆”模型，指的是一个企业在某时点上做出发明和获得专利的概率，仅取决于企业目前的研究开发费用，与其过去的研究开发经验无关，这样可以把两个企业研究开发的支出强度看作时间的函数，直到其中一个企业获得专利。在竞争的每一个时期，如果没有一个企业取得一项发明，此时博弈等于初始博弈。也就是说，该博弈是没有记忆的。“无记忆”模型的代表是以 Dasgupta 和 Stiglitz（1980）、Loury（1979）、Reinganum（1982）等人为主提出的竞赛模型。“无记忆”模型否定了经验、学习效应以及模仿效应在创新竞赛中的作用，只是强调创新经费的支出在竞赛中的作用。与此相关，Branch（1974）也指出：假如垄断企业所得的利润将是研究开发经费的主要来源，垄断企业所得的利润通常明显要高于跟随企业，在投资经费来源于企业利润的前提条件下，使得垄断企业的创新投资也相对高，按照投资费用决定创新竞赛成败的理论，垄断企业在专利竞赛中明显处于有利地位。

“ε先占”模型与“无记忆”模型相反，强调竞赛中经验的作用。例如，Harris 和 Vickers（1985）等认为，企业单位专利竞赛获胜的概率不是决定于当前的研究开发费用，而是取决于所积累的经验。在专利竞赛的每一阶段，企业的决策都依靠自身所积累的经验，最具有代表性的是“ε先占”模型，“ε先占”模型又分为“ε微弱先占”模型和“ε先占”模型。“ε先占”模型是在完全信息的条件下进行创新竞争，即企业能够准确掌握竞争对手的创新概况。“ε微弱先占”模型代表人物是 Fudenberg、Stiglitz、Tirole（1983）和 Gilbert、Newbery（1982）等，所谓“ε微弱先占”是指竞赛中的企业在某方面微弱领先于对手，即一个企业在竞争中处于一定的优势地位，而这种优势很微弱。“ε先占”指的是由 Fudenberg 等（1983）提出的关于两个企业间的竞赛，这两个企业如果没有任何一个退出竞赛，都只能得到负期望利润，而这些竞争中的企业往往会期望其中一个企业退出，假如企业都有相同的技术途径，并且有相同的专利价值，那么退出的企业将是相对缺乏经验的追随者，如果垄断者比追随者早进入竞赛，就会获得研发的垄断。对于创新竞赛中创新经验的积累决定企业创新成败的研究，Gilbert 和 Newbery（1982）假设企业进行研发投资所获取的经验是决定创新成功的唯一要素，因此，经验丰富的企业会取得创新的成功并受到专利保护。这些学者对创新竞争的研究具有一定的局限性，因其假设条件中创新竞争的影响因素就是投资经费或者创新经验积累，这些假设完全排除了创新的风险性，这显然不成立，技术创新活动通常具有一定的风险性，风险性是技术创新的基本特征之一，技术创新呈现出的高风险源于创新的各个阶段及其相关环节所包含的不确定因素。他们的分析中认为，创新经验是决定创新成功的唯一变量，这就排除了创新中其他不确定因素，在现实中影响创新成功的因素除了受创新经验和投资经费的影响之外，还有政治、经济环境等。

基于以上研究的局限性，Fudenberg 等（1983）应用多阶段研发研究模型，引入影响创新的随机变量，重点分析两阶段创新竞赛模型，认为研发成功与否与企业获取的经验及投入的研发经费之间是不确定的。他们假设两个拥有相同研究技术的企业，但开始研发时间不同，得出结论：当取得创新成功的概率在竞赛的第一阶段递增而在第二阶段保持不变时，领先的企业总要进行研发，除非追随者也进行研发并在其完成了第一阶段的研发工作时自己的累计经验值大于 ω（ω 指的是临界经验值，即企业完成第一阶段专利竞赛时，该企业在第一阶段所积累的经验值小于 ω 时自动退出竞赛，大于 ω 时继续参与竞赛）。Grossman 和 Shapiro（1987）在此基础上继续分析了两阶段双寡头专利竞赛中企业的创新行为，研究表明：一个企业赢得一个阶段竞赛的可能性取决于其创新支出，企业的期望利润是竞争者与竞争对手创新支出的函数，如果竞争对手增加创新支出，而竞争者没有增加，则竞争者获胜的概率降低，那么竞争者有更大的激励增加其自身创新支出以赢得该竞赛。同时，研究结果也表明，企业在技术创新过程中也存在一定的合作，即其中一家公司如果已经取得了一定的进展会采取协议许可的方式来合作。总而言之，当创新的奖励非常大时，企业之间的竞争会非常激烈。

在研究两阶段竞赛模型的同时，Grossman 和 Shapiro（1987）也研究了多阶段创新竞赛的情况。他们认为，一个创新竞赛包括创新的不同阶段，即使一个企业在当前阶段是领先的，跟随者后来仍有可能超越领先者。同时还指出，在多阶段的创新竞赛中，领先者比落后者会有更大的积极性投资于研发，这个结论和过去一些文献的研究结论是一致的，即在古诺双寡头市场中，初始成本较低的企业比对手企业有更大的积极性去从事降低成本的研发活动。Bloch 和 Markowitz

(1996)在多阶段专利竞赛的研究中发现，跟随者与领导者对待竞争的反应是不同的。当面临竞争时，领导者的创新积极性往往要高于跟随者，而跟随者只是在其是唯一的创新企业时才有更高的积极性去投资。Lim（1998）也研究过多阶段模型中的创新竞赛以及与此相关的专利政策，在每个阶段企业可以选择自己研发投资水平，同时也研究了在不同的研发竞争阶段，竞争是如何影响企业的研发投资水平。在对多阶段创新竞争模型的研究中，Lim 指出，此项研究主要讨论了均衡中企业的投资水平：当没有竞争且两个公司拥有相同的知识背景时，企业处于有效的投资阶段。如果这两个企业竞争，投资水平将高于有效的投资；当知识背景不对称时，领导者总是会投资并且投资水平会随着跟随者投资水平的增高而增高，领导者对激烈的竞争反应很强烈而跟随者面对激烈的竞争时往往倾向于退缩；此外，当快要接近披露日期时领导者会更加积极地投资，理由是领导者试图在跟随者的创新披露之前获得创新的专利权；然而，如果跟随者投资，通常会投资在专利早期而不是晚期，并且当领导者的投资水平增加时跟随者的投资水平会下降。

（四）总结和评论

对企业创新竞争领域的研究，主要探讨的是创新竞争中研发经费的投入问题，即垄断者和挑战者谁会在创新竞争中投入更多，针对这个问题，国外相关的研究在不同的假设和条件下得出了不同结论；此外，还有关于创新竞争成功之后专利权期限的研究，以及专利期限的存在如何影响创新者的积极性；最后本文对创新竞争的经典模型进行了梳理。

在企业创新竞赛领域，国外学者取得了一定的研究成果，但也存在不足之处。首先，对创新竞赛理论的研究，多数学者只从某一个方面来探讨企业创新竞赛成败的因素，并没有考虑不同的产业、经济环境、政治环境等。影响竞赛的因素是不同的，企业在竞赛中能否获胜，与其所在的产业特征、本身的经验、经费支出、企业的规模、是否有在位优势均有关，影响专利竞赛的因素是综合的，不只是某一个方面的因素。其次，对创新竞争研究中的假设条件也存在一定局限性，例如，创新竞争中假定信息是完全的，这些都是关于创新竞争研究的不足之处。当然，对此领域的研究，又会引起我们对专利权的高度重视，尤其是专利权期限问题。

从企业创新竞争的研究发展趋势上看，有以下几个问题值得探讨和研究。第一，创新竞争往往会涉及相关问题，最为典型的是社会福利问题、技术溢出问题、技术模仿问题等，怎么样使得社会福利最大、技术溢出最小、技术模仿的概率最小，同时企业所得的利润最大，根据以往的研究，以上几个条件很难同时满足，但我们能否建立一种机制使这几个条件达到帕累托最优，这是值得深入研究的问题；第二，对创新竞争的研究大部分是停留在理论研究阶段，而相关应用领域的研究很少，创新竞争的理论研究成果应用到企业实践中效果如何，尚有待实证检验；第三，在创新竞争中，政府应该如何刺激企业创新，如果税收的减免很有效地刺激企业创新，那么减免多少是最佳的，对待专利权政府又该如何去制定相应的政策，等等，由此引发的一系列问题都值得我们思考。

参考文献

[1] Bloch F.，Markowitz P.. Optimal Disclosure Delay in Multistage R&D Competition [J]. International Journal of Industrial Organization，1996 (14)：159–179.

[2] Branch B. S. Research and Development Activity and Profitability：A Distributed Lag Analysis [J]. Journal of Political Economy，1974，82 (5)：999–1011.

[3] Czarnitzki D.，Kraft K.. An Empirical Test of the Asymmetric Models Oninnovative Activity：Who Invests More Into R&D，the Incumbent or the Challenger? [J]. Journal of Economic Behavior & Organization，2004 (54)：153–173.

[4] Dasgupta P.，Stiglitz J.. Industrial Structure and the Nature of Innovative Acfivity [J]. Economic Journal，1980 (90)：266–293.

[5] Denicolo. Patent Races and Optimal Patent Breadth and Length [J]. Journal of Industrial Economics，1996 (44)：249–265.

[6] Dusgupta P.. Patents，Priority and Imitationor，the Economics of Race and Waiting Games [J]. Economic Journal，1988 (98)：66 –80.

[7] Fudenberg D.，Gilbert R.，Stigliz J.，Tirole J.. Preemption ，Leapfrogging and Competition

in Patent Races [J]. European Economic Review, 1983 (22): 3-31.

[8] Gallini N. T.. Patent Length and Breadth with Costly Limitation [J]. RAND Journal of Economics, 1992 (44): 52-63.

[9] Gilbert R., D. Newbery.Preemptive Patenting and the Persistence of Monopoly [J]. American Economic Review, 1982 (72): 514-526.

[10] Gilbert R., Shapiro C.. Optimal Patent Length and Breadth [J]. RAND Journal of Economics, 1990 (21): 106-112.

[11] Grishagin V.A., Sergeyev Y. D., Silipo D.B.. Firm'R&D decisions under Incomplete Information [J]. European Journal of Operational Research, 2001 (129): 414-433.

[12] Grossman G. M., Shapiro C.. Dynamic R&D Competition [J]. Economic Journal, 1987 (97): 372-387.

[13] Harrisc C., Vikers J.. Perfect Equilibriumina Model of Race [J]. Review of Economic Studies, 1985 (52): 193-209.

[14] Harriy C., Vickers J.. Racing with Uncertainty [J]. Review of Economic Studies, 1987 , 54 (1): 1-21.

[15] Jean Tirole. The Theory of Industrial Orgnization [M]. Massachusetts Insfifute of Technology, 1988.

[16] Jeffrey G. Covin, Dennis P. Slevin, Michael B. Heeley. Pioneers and Followers: Competitive Tactics, Environment and Firm Growth [J]. Journal of Business Venturing, 1999 (15): 175-210.

[17] Jennifer F. Reinganum. A Dynamic Game of R and D: Patent Protection and Competitive Behavior [J]. Econometrica, 1982 (50): 671-688.

[18] Jennifer F. Reinganum. Uncertain Innovation and the Persistence of Monopoly [J]. American Economic Review, 1983 (73): 741-748.

[19] Jennifer F. Reinganum. Practical Implications of Game Theoretic Models of R&D [J]. American Economic Review Papers and Proceedings, 1984 (74): 61-66.

[20] Joanna Poyago-Theotoky. R&D Competition with Asymmetric Firms[J]. Scottish Journal of Political Economy, 1996 (3): 143-150.

[21] John E. Ettlie. R&D and Global Manufacturing Performance [J]. Management Science, 1998 (44): 1-9.

[22] Josh Lerner. An Empirical Exploration of a Technology Race [J]. Rand Journal of Economics,

1997 (28): 228-247.

[23] Klaus K., Tuomas T.. R&D Spillovers and Information Exchange [J]. Economic Letters, 1998 (61): 121-123.

[24] Krishna K.. Auctions with Endogenous Valuations: The Persistence of Monopoly Revisited [J]. American Economic Review, 1993 (35): 607-627.

[25] Kukuk M., Stadler M.. Market Structure and Innovation Races: An Empirical Assessment Using Indirect Inference [J]. Journal of Economics and Statistics (Jahrbuecher fuer Nationaloe - Konomie und Statistik), 2005, 225 (4): 427-440.

[26] Lee T., Wilde L.. Market Structure and Innovation: A Reformulation [J]. Quarterly Journal of Economics, 1980 (94): 429-436.

[27] Loury G. C.. Market Structrue and Innovation [J]. Quarterly Journal of Economics, 1979 (93): 395-410.

[28] Mlkantz, Cshapiro. R&D Rivalry with Licensing or Innovation [J]. American Economic Riview, 1987 (77): 402-420.

[29] Nordhaus W. D. The Optirnum Life of a Patent: Reply [J]. American Economic Review, 1972, 62 (3): 428-431.

[30] Prabal Roy Chowdhury. Patents and R&D: The Tournament Effect [J]. Economics Letters, 2005 (89): 120-126.

[31] Reinganum J. F.. Innovation and Industry Evolution [J]. Quarterly Journal of Economics, 1985 (100): 81-89.

[32] Reinganum J. F.. Uncertain Innovation and the Persistence of Monopoly [J]. American Economic Review, 1984 (74): 243-246.

[33] Reinganum. Dynamic Games with R&D Rivalry [J]. Dissertation, Northwester University, 1979.

[34] Salant S.W.. Preemptive Patenting and the Persistence of Monopoly: Comment [J]. American Economic Review, 1984 (74): 247-250.

[35] Schmidt F.. Innovation Contests with Temporary and Endogenous Monopoly Rents [J]. Review of Economic Design, 2008, 12 (3): 189-208.

[36] Takalo T.. Innovation and Imitation under Imperfect Patent Protection [J]. Journal of Economics, 1988 (167): 229-241.

[37] Uwe Cantner, Andreas Nicklisch, Torsten Weiland.Innovation Races: An Experimental Study on Strategic Research Activities [M]. Jena Economic Research PaPer No. 2005-017.http://www.wiwi.uni-jena.de/Papers/wp-sw/705.pdf.

[38] Wei Shi Lira. Multistage R&D Competition and Patent Policy [J]. Journal of Economics, 1998 (68): 153-173.

[39] Yann Ménière, Sarah Parlane. Innovation in the Shadow of Patent Litigation [J]. Springer Science, 2008 (2): 95-111.

(本文发表于《科技进步与对策》, 2010 年第 6 期,

作者: 闫威、刘智慧)

六、奖金内生的序贯锦标赛模型

近三十多年来，锦标赛作为一种激励策略已被广泛研究。锦标赛有三个基本的原则：第一，薪酬事先固定，薪酬只取决于相对的绩效而不是绝对的绩效；第二，不同层级员工的薪酬差距越大，对较低层级员工付出更多努力的激励就越大；第三，存在一个最优的薪酬差距。锦标赛就其类型而言，有对称和不对称之分。当代理人能力完全相同，且锦标赛的规则公平时，称为对称锦标赛。不对称锦标赛有两种方式：一是代理人能力不相同，二是制定锦标赛的规则不公平，只对代理人的某一方有利。无论何种类型的锦标赛，竞争者努力水平的方差在所有锦标赛实验研究中都非常大，而且该方差在大量不同的锦标赛实验中都消除不了。[①] 同时观察到，有利被试的平均努力水平集中于理论预测的均衡水平，但是，不利被试的平均努力水平保持在他们的均衡努力水平之上。这与标准的经济理论结果相矛盾。在对激励薪酬方案中引入“歧视”[②] 的实验研究结果表明，只有对称锦标赛中的结果才支持锦标赛理论的预测。但是，在不对称锦标赛中，不管是有利的被试还是不利的被试，其努力水平都显著地大于理论预测的水平。Schotter 和 Weigelt（1992）的实验结果再次表明，这些结果惊人的稳定，而且过大的被试行为方差和过高的竞争者努力水平这两个趋势始终存在。因此，Bull 等

① 引人注意的是，代理人努力水平的方差在计件工资实验中却非常小。
② “歧视”是指锦标赛规则只对竞争者中的一方有利。

(1987) 认为，锦标赛理论的失灵非常明显，这不是一般假设的信息结构的原因而是它们博弈本质的原因。

综上所述，锦标赛中的参与者提供了过度的努力水平。为什么会出现这种令人迷惑的结果呢？ Kräkel (2007) 从感情① 的视角对这个问题进行了解释。与该研究不同，本文主要从交易成本的角度出发对问题进行分析。虽然交易成本这个思想可以追溯到休谟和亚当·斯密，但是，直到 1937 年，科斯“企业的性质”一文发表，它才第一次出现在经济分析中。交易成本被定义为罗宾逊经济中不存在的所有成本。它可以分为发现相对价格的成本、了解产品的信息成本、度量产品特征或者特性的成本和区分生产要素贡献的成本四类。在 20 世纪 60 年代以前，除了科斯以外，经济学家倾向于认为交易成本与运输成本或税收、佣金相似。当然，交易成本与运输成本并不相同。交易成本在一个维度或者另一个维度上的变化将从根本上导致合约或者组织的改变。张五常 (Cheung，1998) 提出了交易成本范式，并认为这个范式是最简单的经济分析工具。该范式由三个基本定理构成：约束的最大化、向下倾斜的需求曲线、成本是最高的价值选择。在这个传统里，交易成本范式集中在约束条件的变化。Alchian 和 Demsetz (1972) 通过处理交易费用约束和生产函数来研究经济组织，成为使用博弈方法研究合约的源头。

本文将交易成本引入锦标赛分析框架，建立一个两时期的动态模型。代理人在第一期通过努力工作提高产出，传递他能力高的信息，委托人根据这个信息减少对他们的监督，也减少了他们产出的度量成本。然后，在第二期，委托人把节约下来的交易成本，包括监督成本和度量成本，按照一定比例，如 50%，分给代理人。这样一来，委托人和代理人因为分得额外的交易成本，双方的处境都得到了改善。所以，代理人为了提高产出进而增加自己的收益，最优策略是在第一期更努力地工作，合理地解释了前述令人迷惑的实验研究结果。

---

① 他们分析了情感对代理人的激励和委托人期望利润的影响。积极的情感和消极的情感对代理人努力的净影响可能是正的。如果委托人能够确认代理人的类型，选择同质的代理人，那么，能够从委托人的视角制定最优的锦标赛组合。

（一）序贯锦标赛模型

1. 问题描述

为了简化起见，本文仅仅考虑两个时期。代理人在第一时期的产出会影响他们在第二时期的薪酬方案。代理人的产出[①]是一个随机变量。[②]委托人可以观察到产出，但是不能够确定产出是源于自身努力，或者由于好运气，还是二者兼而有之。代理人知道投入，也知道产出。代理人 j 的产出如式（6-1）所示：

$$q_j = u_j + \varepsilon_j \qquad (j = 1, 2) \tag{6-1}$$

其中，u_j 表示代理人 j 内生的努力水平；ε_j 是一个随机变量，[③]假定服从均值为 0，方差为 $\delta(\delta > 0)$ 的正态分布。首先，委托人在第一时期根据了解到的代理人的能力和预期产出制定最优的薪酬结构（w_H，w_L）。然后，代理人根据薪酬结构来确定最优努力水平。代理人在第一时期的期望收益如式（6-2）所示：

$$w_j^1 = p_j w_H + (1 - p_j) w_L$$

$$w_j^1 = p_j (w_H - w_L) + w_L \qquad (j = 1, 2) \tag{6-2}$$

其中，p_j 是员工 j 获胜的概率。我们假定随机变量 ε_1、ε_2 独立分布，于是得出式（6-3）：

$$p_j = p_j(q_j > q_k) = \int_{-\infty}^{u_j - u_k} \frac{1}{2} \times \frac{1}{\sqrt{2\pi}\,\delta} \times \exp(-\frac{x^2}{4\delta^2})dx \qquad (j \neq k) \tag{6-3}$$

从式（6-2）可以看出，在奖金既定的情况下，代理人获胜的概率越大，他的期望收益就越大。由式（6-3）可以看出，代理人获胜的概率取决于他与其他代理人的产出比较。一方面，代理人能力越强，产出就越大。代理人的产出越大，获胜的概率就越大，进而他的期望收益就越大。另一方面，在既定奖金支出

① 张五常（2002）认为，产出的度量可分为有质与委托的两大类，也有两者的合并。

② 效率工资假设生产率取决于工资。

③ O'Keeffe 等（1984）指出，随机波动不仅可以解释成为技术真正意义上的随机性，也可以解释成为委托人监督产出的随机度量误差。

和交易成本的情况下，代理人的能力越高，委托人的收益就越大。因此，委托人有激励花费成本收集代理人能力方面的信息。但是，他们事先并不知道代理人的能力。不过可以通过收集代理人的学历或者工作经历[①] 等信息来了解代理人的能力。然而，收集信息需要花费成本。这里出现的问题是，委托人要不要去搜集大量的关于求职者或者代理人能力方面的信息？如果要搜集，如何确定最优的信息成本？委托人有两种策略：一是花费成本收集信息，制定比较合理的薪酬方案；二是不收集信息，节约了信息成本，但是不能合理地确定代理人的能力。因此，委托人需要制定收集信息的最优决策。[②] 那么，委托人的收益等于总的收益减去薪酬成本 $w_H + w_L$ 与交易成本。这里，交易成本包括信息成本、产出度量成本和监督成本。

道德风险模型认为，代理人会隐藏私人信息。[③] 这个私人信息只对自己有利，对委托人不利。但是，如果代理人能够自愿地跟委托人交流，把自己的能力告诉委托人。那么，委托人就能避免去收集代理人能力的信息，节约信息成本。同时，也可以减少对代理人产出的度量，节约一部分度量成本。然后，委托人在第二期把节约的交易成本，包括信息成本、度量成本和监督成本，按照一定的比例，如 50%，分给代理人。这样，代理人和委托人的处境都得到了改善。代理人如果不告诉委托人关于自己的真实能力，委托人就不信任代理人，要采取严格的措施予以监督。这样，花费的交易成本就是租值消散，反而使委托人和代理人双方的处境更恶劣。当然，能力低的代理人不愿意把自己低能力的信息告诉委托人。但是，代理人乐意把能力高的信息传递给委托人。因此，委托人可以把代理人的产出当成是他们能力的一个信号，认为产出高的代理人能力就高。这样，代理人就可以通过产出来反映他们的能力，也可以通过增加产出来向委托人传递他能力高这样一个信号，而且是一个可以让委托人信任的信号。

---

① 信号博弈模型指出，只有能力高的人才会追求高学历。

② Lazear 和 Rosen（1981）假设委托人面临完全竞争型劳动力市场，隐含地假设收集信息不需要任何成本。

③ Prendergast（1999）对道德风险理论做了比较详细的综述。Johnson （1950）和 Cheung（1969）很早就对薪酬做了非常重要的分析。Ross（1973）、Mirrlees（1974）、Stiglitz（1975）、Bergson（1978）、Holmstrom（1979）提出了处理道德风险问题的现代方法。

第一时期结束后，委托人便知道了代理人的产出，然后对第二时期的薪酬结构做出如下调整：胜出的代理人分享薪酬结构（$w_H+\Delta w$，$w_L+\Delta w$）。同时，在第二时期，委托人不用去了解代理人的能力，也几乎不用度量产出，这样就节约了信息成本和度量成本。此时，我们来证明这个薪酬结构对委托人和代理人来说至少是帕累托改进。委托人知道代理人的产出排名后，他们的策略是认为产出高的代理人能力就高，产出低的代理人能力就低。能力低的代理人要么被解雇，要么被降级，要么没有机会去分享更高的奖金。委托人就不用去收集代理人能力的信息，同时，度量产出的成本也比较低。在奖金支出和产出一定的情况下，委托人节约的交易成本越多，增加的收益就越大。对代理人来说，这个策略也是帕累托改进的。因为如果代理人努力工作，就可以获得委托人按照一定比例分给的交易成本。如果代理人都偷懒，那他们的产出就低，那么，他们将面临被解雇或者降级的危险，而且失去加薪的机会。当然加薪要小于度量成本和监督成本之和。这里还需要指出的是，代理人在第一时期工作越努力，产出 q_1+q_2 越高，那么，他们在第二时期得到的加薪就越多。换句话说，加薪是代理人在第一时期总产出 q_1+q_2 的增函数。为了分析方便，我们假设加薪如式（6–4）所示：

$$\Delta w = 2r(q_1+q_2) \tag{6–4}$$

从式（6–4）可以看出，我们采用分成的方式来确定加薪。$0\leqslant r\leqslant 1$ 是一个固定的分成比例。[①] 代理人在第二时期的期望收益如式（6–5）所示：

$$\begin{aligned} w_j^2 &= p_j(w_H+\Delta w)+(1-p_j)(w_L+\Delta w) \\ &= w_j^1+\Delta w \qquad (j=1,\ 2) \end{aligned} \tag{6–5}$$

我们假设代理人 j 在第二时期的竞争环境与第一时期相同，[②] 即他在第二时期获胜的概率与第一时期获胜的概率相同，都为概率 p_j。那么，代理人两时期的期望收益如式（6–6）所示：

$$R = w_j^1+w_j^2$$

$$R = 2w_j^1+\Delta w \tag{6–6}$$

---

① Cheung（1969）对农业中的佃农分成做了详细的阐释。

② Monte Carlo 模拟方法来源于这个思想。

把式（6-2）、式（6-4）代入式（6-6），得到式（6-7）：

$$R = 2(w_H - w_L)p_j + 2w_L + 2r(q_1 + q_2) \tag{6-7}$$

这就是我们建立的序贯锦标赛模型。

2. 最优努力水平

我们假设两个竞争者的能力相同，在竞争的劳动力市场上，他们的工资率均为 w。代理人无法通过“共谋”、破坏活动或者其他不合作的形式来提高第一时期的收益，而是考虑如何使他们两时期的期望收益之和最大。所以，两时期的边际收益应该等于他们的工资率的 2 倍，如式（6-8）所示：

$$2(w_H - w_L)\frac{\partial p_j}{\partial u_j} + 2r = 2w \tag{6-8}$$

通过整理，得到式（6-9）：

$$(w_H - w_L)\frac{\partial p_j}{\partial u_j} = w - r \tag{6-9}$$

我们知道，代理人在第一时期努力的边际收益如式（6-10）所示：

$$\frac{\partial w_j^1}{\partial u_j} = (w_H - w_L)\frac{\partial p_j}{\partial u_j} \tag{6-10}$$

所以，可得出结论如式（6-11）所示：

$$\frac{\partial w_j^1}{\partial u_j} = w - r \tag{6-11}$$

图 6-1 是对式（6-11）的图形化描述，纵坐标表示代理人的工资率，横坐标表示代理人的努力水平。u_1 表示代理人的边际期望收益等于外部工资率时的均衡努力水平，u^* 是本文引入交易成本分析框架得出的均衡努力水平，即满足条件式（6-11）时的努力水平。

图 6-1 中有两点需要说明：①$u^* > u_1$，即本文提出的均衡努力水平大于标准的经济理论的均衡努力水平。②代理人的边际期望收益小于代理人外部选择的工资率 w_j。这与标准的经济理论相违背。[①] 我们首先来回答第一个问题。的确，如果代理人只考虑第一时期的期望收益最大化，那么，均衡努力水平是 u_1。但是，

① 企业支付给年轻员工的工资率小于年轻员工的边际生产率，支付给老员工的工资率大于他们的边际生存率。这一现象与标准的经济理论相矛盾。

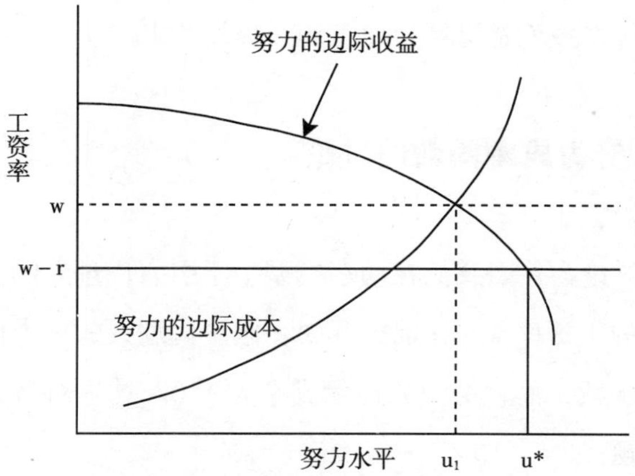

图 6–1 均衡努力水平

为什么会出现 $u^* > u_1$ 这种结果呢？这也是许多实验研究感到困惑的地方。其实，只是因为代理人在第一时期努力工作，把多余的努力水平 $u^* - u_1$ 作为礼物[①]“送”给委托人来节约交易成本，委托人到第二时期把节约的交易成本分成比例 r 分给代理人。这样一来，代理人在两期的期望收益 w 大于不引入交易成本下分析的两期利润之和。[②] 加薪是代理人努力工作提高了产出后，委托人“送”给代理人的礼物。当然，加薪越大，对代理人的激励就越大。然而，加薪取决于代理人的产出和分成比例 r 两个因素。囿于篇幅，本文不对分成比例之决定做详细分析。对于第二个问题，首先，代理人在第一时期不能获得分成奖金 Δw，在第一时期不会出现分成比例 r。那么，代理人为什么会工作到边际收益小于外部工资率时的水平？这与完全竞争市场的结论相违背。代理人努力工作到“不理性”的程度，是因为他们把高产出作为自己高能力的一个信号，传达给委托人，让委托人知道并相信他们是能力高的代理人。当他们之间建立了互信，委托人才会减少监督和度量产出的成本，把这些节约的交易成本按照分成比例“送”给代理人。如果代理人产出不高，委托人不但要损失薪酬，还要损失因为代理人产出的降低带来的损失。所以，委托人要建立声誉，来让代理人相信他们不会食言。这样一

① Akerlof（1982）认为劳动合约是一个部分礼物交换。

② 如果委托人不节约交易成本，代理人 j 在第一期和第二期获得的期望收益均为 w_j^1，那么他两期的期望收益总和为 $2w_j^1$。

来，代理人的最优选择就是更努力地工作，提高产出。

（二）关于努力成本函数的讨论

本部分主要讨论为什么我们在动态模型中不引入代理人的努力成本函数而是采用竞争条件下的工资率 w。在锦标赛中，假设代理人的努力成本函数 c（u）是努力水平 u 的凸函数，而且努力的边际成本大于 0。这里对努力成本函数的处理存在以下三个问题：

（1）努力成本的度量非常困难，度量成本非常大。

（2）不同的代理人有不同的努力成本函数，代理人给出的努力成本函数对委托人来说是不是可以置信？例如，代理人对委托人抱怨，他一天工作很辛苦，感觉努力成本花了 100 元。由于不同的人对相同的努力水平有不同的看法，即有不同的努力成本。此时，委托人可能认为代理人的努力成本函数不合理。于是，委托人与代理人对努力成本函数达成一致的沟通协调成本非常大。

（3）代理人的目标函数是追求期望收益减去努力成本后的期望利润最大化，还是只追求期望收益最大化？现有的文献认为，代理人的目标函数是追求期望收益减去努力成本后的期望利润最大化。本文认为这个目标函数的处理值得商榷。因为代理人通过出卖劳力来换取工资。代理人劳动力的机会成本是外部工资率和他们的休闲价值。代理人的目标应该是追求工资和休闲价值最大化。由于代理人之间的相互竞争，他们的外部工资率属于共同信息，所以搜集这个信息的代价不大，而且代理人和委托人对外部工资率这个信息比较认同，谈判成本比较低。鉴于此，我们采用外部工资率替代成本函数来建立序贯锦标赛模型。

（三）结论

在锦标赛（Rank-Order Tournament）中，竞争者的均衡努力水平被定义为他们的边际期望收益（财富）等于边际成本时的努力水平。一些实验研究表明，被试选择的努力水平显著地大于这个理论预测的努力水平，这与标准经济理论相矛盾。我们在锦标赛模型中引入交易成本，构建了一个两期动态模型。在第一时期，代理人通过努力工作提高产出，以传递他能力高这样一个信号，委托人就减少监督他们，同时减少了度量成本。然后，在第二时期，委托人把节约的监督成本和度量成本按照一定比例分给代理人。这样一来，委托人和代理人因为分得额外的交易成本，减少租值消散，双方的处境都得到了改善。所以，代理人为了提高产出进而增加自己的收益，最优策略是在第一时期更努力地工作，这就比较合理地解释了这些令人迷惑的实验研究结果。

参考文献

[1] 张五常. 经济解释 [M]. 香港：花千树出版有限公司，2002.

[2] Akerlof G.A.. Labor Contracts as Partial Gift Exchange [J]. The Quarterly Journal of Economics，1982，97 (4)：543-569.

[3] Alchian A. A.，Demsetz H.. Production，Information Costs，and Economic Organization [J]. The American Economic Review，1972，62 (5)：777-795.

[4] Arrow K.J.. Higher Education as a Filter [J]. Journal of Public Economics，1973，2 (3)：193-216.

[5] Bergson A.. Managerial Risks and Rewards in Public Enterprises [J]. Journal of Comparative Economics，1978 (2)：211-225.

[6] Bull C.，Schotter A.，Weigelt K.. Tournaments and Piece Rates：An Experimental Study [J]. Journal of Political Economy，1987 (95)：1-33.

[7] Cheung Steven N. S.. The Contractual Nature of the Firm [J]. Journal of Law and Economics，1983 (1)：1-21.

[8] Cheung Steven N. S.. The Theory of Share Tenancy：With Special Application to Asian Agriculture and the First Phase of Taiwan Land Reform [M]. Chicago：University of Chicago Press，1969.

[9] Cheung Steven N. S.. The Transaction Costs Paradigm：1998 Prdsidential Address Western Economic Association [J]. Economic Inquiry，1998，36 (4)：514-521.

[10] Cheung Steven N. S.. Transaction Costs，Risk Aversion，and the Choice of Contractual Arrangements [J]. Journal of Law and Economics，1969，12 (1)：23-42.

[11] Coase R.H.. The Nature of the Firm [J]. Economica, New Series, 1937, 4 (16): 386-405.

[12] Coase R.H.. The Problem of Social Cost [J]. Journal of Law and Economics, 1960 (3): 1-44.

[13] Dye R. A.. The Trouble with Tournaments [J]. Economic Inquiry, 1984, 22 (1): 147-150.

[14] Green J.R., Stokey N.L.. A Comparison of Tournaments and Contracts [J]. The Journal of Political Economy, 1983, 91 (3): 349-364.

[15] Hammersley J.M., Morton K.W.. Poor Man's Monte Carlo [J]. Journal of Royal Statistical Society.Series B (Methodological), 1954, 16(1): 23-38.

[16] Holmstrom B.. Moral Hazard and Observability [J]. Bell Journal of Economics, 1979 (10): 74-91.

[17] Johnson D. G.. Resource Allocation under Share Contracts [J]. Journal of Political Economy, 1950 (58): 111-123.

[18] Kräkel M.. Emotions in Tournaments[J]. Journal of Economic Behavior and Organization, 2007.

[19] Kreps D., Wilson R.. Reputation and Imperfect Information [J]. Journal of Economic Theory, 1982 (27): 253-279.

[20] Lazear E. P., Oyer P.. Personnel Economics [J]. NBER Working Paper No. 13480, October 2007.

[21] Lazear E. P., Rosen S.. Rank-Order Tournaments as Optimum Labor Contracts [J]. Journal of Political Economy, 1981, 89 (5): 841-864.

[22] Lazear E. P.. Pay Equality and Industrial Politics [J]. Journal of Political Economy, 1989, 97 (3): 561-580.

[23] Lazear E. P.. Why is There Mandatory Retirement? [J]. Journal of Political Economy, 1979, 87 (6): 1261-1284.

[24] Metropolis N., Ulam S.. The Monte Carlo Method [J]. Journal of the American Statistical Assosiation, 1949, 44 (247): 335-341.

[25] Milgrom P., Roberts J.. Predation, Reputation and Entry Deterrence [J]. Journal of Economic Theory, 1982 (27): 280-312.

[26] Mirrlees J.. Notes on Welfare Economics, Information and Uncertainty [J]. in Essays in Equilibrium Behavior under Uncertainty, eds. M. Balch, D. McFadden, and S. Wu, Amsterdam: North Holland, 1974.

[27] Nalebuff B.J., Stiglitz J.E.. Prizes and Incentives: Towards a General Theory of Compensation and Competition [J]. The Bell Journal of Economics, 1983, 14 (1): 21-43.

[28] O'Keeffe M., Viscusi K.W., Richard, J.Z.. Economic Contests: Comparative Reward Schemes [J]. Journal of Labor Economics, 1984 (2): 27-56.

[29] Prendergast C.. The Provision of Incentives in Firms [J]. Journal of Economic Literature, 1999, 37 (1): 7-63.

[30] Ross S.A.. The Economic Theory of Agency: The Principal's Problem [J]. American Economic Review, 1973, 63 (2): 134-139.

[31] Schotter A., Weigelt K.. Asymmetric Tournaments, Equal Opportunity Laws, and Affirmative Action: Some Experimental Results [J]. Quarterly Journal of Economics, 1992 (107): 511-539.

[32] Spence M.. Job Market Signaling [J]. The Quarterly Journal of Economics, 1973, 87 (3): 355-374.

[33] Stiglitz J.E.. Incentives, Risk, and Information: Notes Toward a Theory of Hierarchy [J]. Bell Journal of Economics and Management Science, 1975 (6): 552-579.

[34] Weigelt K., Dukerich J., Schotter A.. Reactions to Discrimination in an Incentive Pay Compensation Scheme: A Game-Theoretic Approach [J]. Organizational Behavior and Human Decision Process, 1989, 44 (1): 26-44.

[35] Yellen J.L.. Efficiency Wage Models of Unemployment [J]. The American Economic Review, 1984, 74 (2), Papers and Proceedings of the Ninety-Sixth Annual Meeting of the American Economic Association, 200-205.

（本文发表于《统计与决策》，2010年第8期，

作者：闫威、杨金兰）

七、代理人能力分布不均情形下首位晋升制与末位淘汰制的比较研究

经过三十多年的发展，经典锦标赛理论在不同方向上得到了扩展，其中之一就是将代理人异质性（即代理人能力高低不同）纳入研究框架。在代理人能力同质和异质两种不同的环境框架下，代理人的行为选择有着很大的不同（Christine Harbring 等，2004；Franke J.，2012）。O'Keeffe 等（1984）指出，在现实世界中，大多数竞赛都是在能力不同的竞争者之间进行的，因此非对称锦标赛更接近于组织管理实际。目前，现有文献大都集中在能力同质和能力异质情形下代理人努力水平的对比上（Oliver Gürtler，2010），鲜有文献对代理人能力分布不均匀（高能力代理人占多数或者低能力代理人占多数）条件下锦标赛机制的激励效应进行系统研究（李晓义等，2010）。[①] 本文将代理人能力分布不均作为核心变量，分析在高能力者占多数和低能力者占多数两种情形下首位晋升制和末位淘汰制的激励效果。

锦标赛机制在激发员工的努力行为时，也可能产生一种"副产品"——代理人之间的拆台行为。Crino（1994）指出，工作场所内的拆台是一种旨在"破坏、干扰或颠覆组织运作的行为"，拆台者的目标是制造一种不良氛围、对同事的羞辱、生产的延后、财产的损失、工作关系的破坏或对雇员及消费者利益的损害。

① 李晓义等（2010）对代理人能力分布不均匀进行过研究，但该文并未将代理人之间的拆台行为纳入研究视野。

Bratton 和 Kacmar（2004）也认为组织内部的拆台行为包括“对重要且必要的信息进行封锁或误导；对同事进行造谣中伤；故意延迟工作；推诿卸责；把别人的功劳占为己有”等。Yuji Yumoto（2003）认为锦标赛机制中的拆台行为是代理人采取的旨在减少竞争对手产出的非建设性行为，具体表现为故意封锁公共信息、传播错误信息、损坏竞争对手的劳动工具以及破坏对手的劳动成果等。Lazear（1989）认为潜在的“共谋”、相互拆台或者其他形式的不合作行为将会抵消薪酬差距过大的激励价值，使得锦标赛激励机制的有效性降低。许多学者在研究锦标赛激励机制时，将拆台行为纳入研究范围（Cason 等，2010）。为了使研究更加接近现实，本文在首位晋升制和末位淘汰制的激励效果对比过程中，加入对代理人之间拆台行为的分析。

本文将在以往研究的基础上，从委托人收益角度出发，在代理人能力分布不均匀且存在相互之间的拆台可能时，对首位晋升制和末尾淘汰制两种激励机制的激励效果进行对比分析，从而为委托人制定有效的激励机制提供参考。

（一）文献综述

锦标赛理论自提出以来，锦标赛规模与结构就一直被广泛研究。Christine Harbring 和 Bernd Irlenbusch（2003）验证了不同的代理人数目（锦标赛规模）和不同的奖金结构（获胜者比例）对代理人努力水平的影响。他们选取了代理人数量为 2 个、4 个和 6 个时的三种情况，同时通过变动获胜者的人数来改变奖金结构，即获胜的比例分别为 1/3、1/2 和 2/3。研究结果表明，在获奖比例为 1/2 和 2/3 的情况下，代理人的平均努力水平高于获奖比例为 1/3 的情况。这也说明，较高的获胜比例可以在一定程度上激励代理人付出更多的努力。但是 Orrison 等（2004）对不同规模、不同奖金结构的系列锦标赛进行了实验研究，研究结果表明，如果锦标赛中获胜比例较高，则代理人的努力程度会降低，这与 Christine Harbring 和 Bernd Irlenbusch 的研究结论相反。曾馨逸和闫威（2010）在锦标赛的组织成本和实验设计中的重新启动效应方面扩展了 Orrison 等的研究，并得出与之不同的结论：代理人的平均努力水平随着获胜者比例的增加而增大，而赛事规模的改变不会导致努力水平的变化。此外，许多学者也在存在拆台行为的情况下研究不同锦标赛规模和结构的激励效果。Konrad（2000）认为，在参赛者人数较少的情况下，锦标赛中的拆台行为将更为激烈，而在存在多位参赛者的锦标赛模型中，拆台行为并不那么频繁发生。因为如果对某位参赛者进行“阴谋”设计，那么受益的会是其他多位参赛者。K.P.Chen（2003）研究了晋升人数的不同（即锦标赛结构）对拆台对象产生的影响。他以两个晋升名额为例，当排名第一的代理人业绩额处于明显优势的时候，其他代理人则倾向于对排名第二的代理人进行拆台。Harbring 和 Irlenbusch（2008）也研究了锦标赛规模和结构对代理人拆台行为的影响，研究结论与 Konrad 相反，表明代理人的拆台行为与参加比赛的代理人人数和获胜者的比例均无关系，但拆台行为是确实存在的，且获胜后得到的奖励越高或者输后得到的惩罚越严厉，员工就越有动力实施拆台行为。本文将锦标赛规模设定为 4 位代理人竞赛小组，选取了锦标赛结构中两种常用的极端情形——首位晋升制与末位淘汰制进行研究，讨论在存在拆台的情形下，两种激励机制在不同情形下的优劣。本文的研究重点不在于激励机制对拆台行为的影响，而是对两种激励机制进行比较。

在对同质代理人进行锦标赛激励机制研究的同时，一些学者还研究了能力异质性对代理人的行为及锦标赛激励机制的影响，并取得了重要的成果。K.P.Chen（2003）和 Munster（2006）构建了一个参赛者能力不同的锦标赛模型，表明在每个参赛者的拆台能力和工作能力都不相同的假设前提下，工作能力突出的参赛者经常遭受其他参赛者实施的拆台行为。Harbring 等（2007）研究了代理人能力异质时的行为，让三名被试进行一个两阶段的“塔洛克”竞赛，第一阶段代理人可以针对另两个代理人选择拆台水平，第二阶段选择各自的努力水平。研究结果表明，随着高能力者比例的增加，低能者选择了放弃比赛或者与其他低能力者形成同盟共同对高能力者进行拆台；但是在拆台者身份信息泄露时，参与者之间的拆台行为将会减少。闫威等运用实验研究的方法，招募在校大学生作为被试进行研究，其研究结果与 Harbring 的发现不同，认为代理人能力的异质性不一定会减少他们的努力水平和拆台水平，有可能会让他们之间的竞争更为激烈；当高能力者所占比例较大时，低能力者并没有放弃对高能力者进行拆台，而且低能力者也没有形成同盟共同对高能力者进行拆台。Petra Nieken 和 Michael Stegh（2010）利用德国曲棍球联赛的数据研究代理人能力异质性对竞赛的影响，发现当团队代理人异质时，竞争强度会变低，但只是高能力团队的努力水平会降低，而低能力团队没有变化；如果奖金差距变大则低能力团队的努力水平也会降低。以上文献研究表明，代理人能力异质性对锦标赛机制的激励效应是有影响的，但并没有对能力分布的不同情形进行对比研究。另外，以上几篇文献基本都在探讨代理人异质下不同能力代理人的努力和拆台水平，而没有对委托人的总收益进行研究。李晓义等（2010）是唯一从委托人的角度出发，研究代理人能力分布不同时，两种锦标赛组织形式——首位晋升制和末位淘汰制——对委托人收益的影响的。该研究表明，对于委托人来说，当高能力代理人占多数时，首位晋升制优于末位淘汰制，当低能力者占多数时，末位淘汰制优于首位晋升制。但其研究并未考察代理人之间的拆台行为。与之相比，本文最大的创新在于我们纳入了对代理人拆台行为的分析。

（二）理论模型

为方便分析，假设参与竞赛的代理人只有 4 个，两种能力分布分别为：3 个高能力者和 1 个低能力者（高能力者占多数）；3 个低能力者和 1 个高能力者（低能力者占多数）。我们从 Christine Harbring 和 Bernd Irlenbusch（2011）提出的锦标赛模型出发，对首位晋升制和末位淘汰制进行模型描述并推导相应的结果。

1. 模型描述

在锦标赛机制中，代理人获得的收益是基于相对绩效的函数，即代理人的收益只取决于他在所有代理人中的绩效排名，而与绩效的绝对水平或者代理人之间的绩效差距大小无关。锦标赛机制的规则为：每个人获得 1 个基本报酬 m，在首位晋升机制中，产出最高的 1 个人获得额外报酬 w；在末位淘汰机制中，产出相对较高的 3 个代理人分别获得额外报酬 w/3，而排名最后的只获得基本报酬。在两种机制中，委托人为代理人支付的报酬总额保持不变且都为（4m + w），以免报酬的大小对代理人的努力和拆台水平产生影响。若用 Δ 表示报酬差距，则在首

位晋升机制下 $\Delta_1 = w$，在末位淘汰机制下 $\Delta_2 = w/3$。

因为小组中有两种能力类型的代理人，用代理人 i 表示高能力类型代理人，代理人 j 表示低能力类型代理人。每一个代理人根据给定的报酬机制选择努力水平 e、拆台水平 s 以及拆台对象。

假设代理人是风险中性的，每一个代理人都知道自己和其他代理人的能力水平，而委托人不知道每个人的具体能力水平，但是委托人知道代理人的能力分布情况。

用 y 表示代理人的产出，则代理人的产出函数如式（7–1）所示：

$$y_i = e_i - S_{-i} + \varepsilon_i$$

$$y_j = e_j - S_{-j} + \varepsilon_j \tag{7–1}$$

其中，e_i 代表代理人 i 的努力水平，S_{-i} 代表代理人 i 被拆台的水平；e_j 代表代理人 j 的努力水平，S_{-j} 代表代理人 j 被拆台的水平。ε_i、ε_j 为服从均匀分布的独立随机变量，分布区间为［$-\bar{\varepsilon}$，$\bar{\varepsilon}$］，随机变量的意义是衡量生产技术或测量的误差。

代理人不但可以选择自身的努力水平，还可以选择除自己以外的拆台对象和拆台水平；假设努力成本函数 C（e）和拆台成本函数 C（s）都是递增的凸函数，即 $C'(e) > 0$，$C''(e) > 0$ 且 $C'(s) > 0$，$C''(s) > 0$；可把满足条件成本的函数简单假设为：高能力者 i 为 $C_i(e) = e^2/c_e$，$C_i(s) = s^2/c_s$；低能力者 j 为 $C_j(e) = \alpha e^2/c_e$，$C_j(s) = s^2/c_s$。其中，$\alpha > 1$，$c_e > 0$，$c_s > 0$。可知高能力者的努力成本比低能力者要低，而拆台成本无差异。

代理人 i 和代理人 j 的期望收益分别如式（7–2）所示：

$$Ez_i(e_i,\ e_{-i},\ s_i,\ s_{-i}) = m + \varphi^i(e_i,\ e_{-i},\ s_i,\ s_{-i})\Delta - e_i^2/c_e - s_i^2/c_s$$

$$Ez_j(e_j,\ e_{-j},\ s_j,\ s_{-j}) = m + \varphi^j(e_j,\ e_{-j},\ s_j,\ s_{-j})\Delta - \alpha e_j^2/c_e - s_j^2/c_s \tag{7–2}$$

$\varphi(e_i, e_{-i}, s_i, s_{-i})$ 代表代理人获胜的概率，其中，e_{-i} 表示除代理人 i 以外其他人的努力水平，s_{-i} 表示除代理人 i 以外其他人的拆台水平。式（7–2）可以解释为每个代理人一定会获得基本报酬 m，同时还有一定概率获得额外报酬，但是其必须承担努力和拆台的成本。

委托人的期望收益如式（7–3）所示：

$$Ez_p(e, s)=\tau\left[E\left(\sum_{u}^{i,j}y_u\right)\right]-\theta(w+4m)=\tau\left(\sum_{u}^{i,j}e_u-\sum_{u}^{i,j}S_{-u}\right)-\theta(w+4m) \tag{7-3}$$

其中，$\tau>0$ 表示代理人每一单位的产出对委托人的效用，θ（$0<\theta<1$）表示为代理人支付报酬为委托人带来的负效用的比例。

对于代理人，假设存在纯策略的内部均衡，则两种类型的代理人的一阶条件满足式（7–4）：

$$\frac{\partial\varphi^i(e_i, e_{-i}, s_i, s_{-i})}{\partial e_i}\cdot\Delta=\frac{2e_i}{c_e};\quad \frac{\partial\varphi^i(e_i, e_{-i}, s_i, s_{-i})}{\partial s_i}\cdot\Delta=\frac{2s_i}{c_s}$$

$$\frac{\partial\varphi^j(e_j, e_{-j}, s_j, s_{-j})}{\partial e_j}\cdot\Delta=\frac{2\alpha e_j}{c_e};\quad \frac{\partial\varphi^j(e_j, e_{-j}, s_j, s_{-j})}{\partial s_j}\cdot\Delta=\frac{2s_j}{c_s} \tag{7-4}$$

2. 模型推导

（1）在低能力者占多数的情形下，即 1 个高能力者，3 个低能力者。假设四个代理人分别为 i、j_1、j_2、j_3。在首位晋升制下，根据 Christine Harbring 和 Gabriele K. Lünser（2008）的计算方法，可以求得不同类型代理人的获胜概率（证明见附录 A1），如式（7–5）所示：

$$\varphi_1^i(e_i, e_{-i}, s_i, s_{-i})=\frac{1}{4}+\frac{e_i-e_j+S_{-j}-S_{-i}}{2\bar{\varepsilon}}-\frac{[(e_j-e_i)+(S_{-i}-S_{-j})]^4}{64\bar{\varepsilon}^4}$$

$$\varphi_1^j(e_j, e_{-j}, s_j, s_{-j})=\frac{1}{4}-\frac{e_i-e_j+S_{-j}-S_{-i}}{6\bar{\varepsilon}}+\frac{[(e_j-e_i)+(S_{-i}-S_{-j})]^4}{192\bar{\varepsilon}^4} \tag{7-5}$$

$\varphi_1^i(e_i, e_{-i}, s_i, s_{-i})$ 和 $\varphi_1^j(e_j, e_{-j}, s_j, s_{-j})$ 分别代表在低能力者占多数时，首位晋升制下代理人 i 和代理人 j 的获胜概率。

那么，可得式（7–6）：

$$\frac{\partial\varphi_1^i(e_i, e_{-i}, s_i, s_{-i})}{\partial e_i}=\frac{1}{2\bar{\varepsilon}}+\frac{[(e_j-e_i)+(S_{-i}-S_{-j})]^3}{16\bar{\varepsilon}^4}$$

$$\frac{\partial\varphi_1^j(e_j, e_{-j}, s_j, s_{-j})}{\partial e_j}=\frac{1}{6\bar{\varepsilon}}+\frac{[(e_j-e_i)+(S_{-i}-S_{-j})]^3}{48\bar{\varepsilon}^4} \tag{7-6}$$

在末位淘汰制的激励制度下，运用同样方法，可以求得获胜概率（证明见附录 A2），如式（7–7）所示。

$$\varphi_2^i(e_i, e_{-i}, s_i, s_{-i}) = \frac{3}{4} - \frac{e_j - e_i + S_{-i} - S_{-j}}{2\bar{\varepsilon}} + \frac{[(e_j - e_i) + (S_{-i} - S_{-j})]^4}{64\bar{\varepsilon}^4}$$

$$\varphi_2^j(e_j, e_{-j}, s_j, s_{-j}) = \frac{3}{4} + \frac{e_j - e_i + S_{-i} - S_{-j}}{6\bar{\varepsilon}} - \frac{[(e_j - e_i) + (S_{-i} - S_{-j})]^4}{192\bar{\varepsilon}^4} \qquad (7\text{–}7)$$

$\varphi_2^i(e_i, e_{-i}, s_i, s_{-i})$ 和 $\varphi_2^j(e_j, e_{-j}, s_j, s_{-j})$ 分别代表在低能力者占多数时，末位晋升制下代理人 i 和代理人 j 的获胜概率。

假设报酬差距足够大，[①] 分 $e_i - S_{-i} > e_i - S_{-j}$ 和 $e_i - S_{-i} = e_j - S_{-j}$ 两种情况讨论。[②]

当 $e_i - S_{-i} = e_j - S_{-j}$ 时，在首位晋升制下可得式（7–8）：

$$\frac{\partial\varphi_1^i(e_i, e_{-i}, s_i, s_{-i})}{\partial e_i} = \frac{1}{2\bar{\varepsilon}},\quad \frac{\partial\varphi_1^j(e_j, e_{-j}, s_j, s_{-j})}{\partial e_j} = \frac{1}{6\bar{\varepsilon}} \qquad (7\text{–}8)$$

把式（7–8）代入式（7–4）可求得努力的均衡解，如式（7–9）所示：

$$e_j^* = \frac{c_e\Delta_1}{12\alpha\bar{\varepsilon}},\quad e_i^* = 3\alpha e_j^* = \frac{c_e\Delta_1}{4\bar{\varepsilon}} \qquad (7\text{–}9)$$

因为在均衡情况下，代理人 j 的策略相同，代理人 i 对每一个低能力者的策略也相同，以 j_1 为例求 s_i^* 和 s_j^*。

因为 $S_{-j_1} = s_{ij_1} + \sum_{j' \neq j_1} s_{j'j_1}$，其中 $j' = j_2, j_3$，$S_{-i} = \sum_{j''} s_{j''i}$，其中 $j'' = j_1, j_2, j_3$，将其代入式（7–5）并分别对其求 s_{ij_1} 和 s_{j_1i} 的导数，可得式（7–10）和式（7–11）：

$$\frac{\partial\varphi_1^i(e_i, e_{-i}, s_i, s_{-i})}{\partial s_{ij_1}} = \frac{1}{2\bar{\varepsilon}},\quad \frac{\partial\varphi_1^{j_1}(e_j, e_{-j}, s_j, s_{-j})}{\partial s_{j_1i}} = \frac{1}{6\bar{\varepsilon}} \qquad (7\text{–}10)$$

$$\frac{\partial\varphi_1^i(e_i, e_{-i}, s_i, s_{-i})}{\partial s_i} = \frac{\partial\varphi_1^i(e_i, e_{-i}, s_i, s_{-i})}{\partial 3s_{ij_1}} = \frac{1}{6\bar{\varepsilon}} \qquad (7\text{–}11)$$

将式（7–11）代入式（7–4）可得到代理人 i 拆台的均衡解 $s_i^* = \frac{c_s\Delta_1}{12\bar{\varepsilon}}$。

在均衡状态下，根据对称性，代理人 i 对所有代理人 j 的拆台水平是相同的，

---

① 当报酬差距不够大时，低能力代理人因为无法取得胜利而放弃努力，则在只有一个高能力代理人的情况下努力和拆台的均衡为 0，从而使得锦标赛机制失效。

② 当代理人能力差异不大时，会存在 $e_i - S_{-i} = e_j - S_{-j}$ 均衡，当能力差距大时，会存在 $e_i - S_{-i} > e_j - S_{-j}$ 均衡，能力差距的具体数值会在后面的分析中得到。根据博弈论知识可知，不存在 $e_i - S_{-i} < e_j - S_{-j}$ 的均衡，其证明从略。

所以 $s^*_{ij_1} = \frac{c_s\Delta_1}{36\bar{\varepsilon}}$。

将式（7–10）代入式（7–2）并对 s_{j_1i} 求导可得 $s^*_{j_1i} = \frac{c_s\Delta_1}{12\bar{\varepsilon}} - \sum_{j'} s_{j_1j'}$。

因为在均衡状态下所有低能力代理人的策略是相同的，所以低能力者之间的相互拆台在数量上是相等的。我们用 $s_{jj'}$ 来表示。

把所得各项结果代入 $e_i - S_{-i} = e_{j_1} - S_{-j_1}$ 可得 $s^*_{jj'} = \frac{8\alpha c_s - 3\times(3\alpha-1)c_e}{288\alpha\bar{\varepsilon}}\Delta_1$。

当 $8\alpha c_s < 3\times(3\alpha-1)c_e$，即 $c_s < \frac{9\alpha-3}{8\alpha}c_e$ 时，$s^*_{jj'} < 0$ 不符合假设情况，均衡不存在。①

当 $8\alpha c_s \geqslant 3\times(3\alpha-1)c_e$，即 $c_s \geqslant \frac{9\alpha-3}{8\alpha}c_e$ 时，把所得几项结果代入式(7–3)可得：②

委托人的预期收益如式（7–12）所示：

$$Ez_p(e,\ s) = \tau\left(\sum_u^{i,j} e_u - \sum_u^{i,j} S_{-u}\right) - \theta(w+4m)$$

$$= \tau\left[\frac{3(\alpha+1)c_e - 4\alpha c_s}{12\alpha\bar{\varepsilon}}\Delta_1\right] - \theta(w+4m) \tag{7–12}$$

同理，在末位淘汰制下委托人的预期收益如式（7–13）所示：

$$Ez_p(e,\ s) = \tau\left[\frac{3(\alpha+1)c_e - 4\alpha c_s}{12\alpha\bar{\varepsilon}}\Delta_2\right] - \theta(w+4m) \tag{7–13}$$

可知，当 $3(\alpha+1)c_e - 4\alpha c_s > 0$ 时，锦标赛机制才会有效，③ 因为此时 c_s 需要满足 $\frac{9\alpha-3}{8\alpha}c_e \leqslant c_s < \frac{3(\alpha+1)}{4\alpha}c_e$，可得 $1<\alpha<3$。此时 $Ez_p(e,\ s)$ 是关于 Δ 的增函数。由于首位晋升制下的 $\Delta_1 = w$ 大于末位淘汰制的 $\Delta_2 = w/3$，所以首位晋升制下委托人的收益大于末位淘汰制下委托人的收益，即首位晋升制优于末位淘汰制。

---

① 之所以出现这种情况，是因为在该假设条件下，低能力者之间的拆台必须存在或不存在，而不会为负数。

② 因为低能力代理人的策略是相同的，所以 j_2、j_3 的拆台策略与 j_1 相同。

③ 此条件是锦标赛机制有效的必要条件，否则，委托人的收益为负数。本文的重点不在于是否采用锦标赛机制，而在于对首位晋升制与末位淘汰制进行对比，因此本文不考察锦标赛机制的有效性问题。

当 $e_i-S_{-i}>e_j-S_{-j}$ 时，即代理人能力差距较大，由上可知此时 $\alpha\geqslant3$。

在首位晋升制下代理人 i 的获胜概率增大，代理人 j 的获胜概率减小。由式（7–2）和式（7–4）可知，代理人 i 的努力和拆台会同步增加，代理人 j 的努力和拆台都会减少，且努力减少的更多，使得委托人总的收益比在 $e_i-S_{-i}=e_j-S_{-j}$ 时的收益更低，继而成为负数。在末位淘汰制下，代理人 j 的占优策略不是对高能力者进行拆台，而是对其他低能力者拆台。此情形下，代理人 j 之间的竞争就成为同质代理人之间的均衡（Alannah Orrison 等，2004），可得其均衡为 $e_j^*=\frac{c_e\Delta_2}{4\alpha\bar{\varepsilon}}$，$s_j^*=\frac{c_s\Delta_2}{4\bar{\varepsilon}}$；且代理人 i 的均衡产出大于代理人 j 的均衡产出，此时末位淘汰制优于首位晋升制。

综上所述，我们可以得出结论，低能力代理人占多数时，在锦标赛机制有效的前提下，代理人之间的能力差距对委托人激励机制的选择具有重要影响。当代理人能力差距不大时（$1<\alpha<3$），首位晋升制优于末位淘汰制；当代理人能力差距较大时（$\alpha\geqslant3$），末位淘汰制优于首位晋升制。

（2）在高能力者占多数的情形下，即 1 个低能力者，3 个高能力者。假设四个代理人分别为 j、i_1、i_2、i_3。在首位晋升制下，根据同样的计算方法，可以求得代理人 i 和代理人 j 的获胜概率，如式（7–14）所示（证明从略）：

$$\varphi_3^j(e_j,\ e_{-j},\ s_j,\ s_{-j})=\frac{1}{4}+\frac{e_j-e_i+S_{-i}-S_{-j}}{2\bar{\varepsilon}}-\frac{[(e_i-e_j)+(S_{-j}-S_{-i})]^4}{64\bar{\varepsilon}^4}$$

$$\varphi_3^i(e_i,\ e_{-i},\ s_i,\ s_{-i})=\frac{1}{4}-\frac{e_j-e_i+S_{-i}-S_{-j}}{6\bar{\varepsilon}}+\frac{[(e_i-e_j)+(S_{-j}-S_{-i})]^4}{192\bar{\varepsilon}^4} \tag{7–14}$$

那么，可得式（7–15）：

$$\frac{\partial\varphi_3^j(e_j,\ e_{-j},\ s_j,\ s_{-j})}{\partial e_j}=\frac{1}{2\bar{\varepsilon}}+\frac{[(e_i-e_j)+(S_{-j}-S_{-i})]^3}{16\bar{\varepsilon}^4}$$

$$\frac{\partial\varphi_3^i(e_i,\ e_{-i},\ s_i,\ s_{-i})}{\partial e_i}=\frac{1}{6\bar{\varepsilon}}+\frac{[(e_i-e_j)+(S_{-j}-S_{-i})]^3}{48\bar{\varepsilon}^4} \tag{7–15}$$

$\varphi_3^j(e_j,\ e_{-j},\ s_j,\ s_{-j})$ 和 $\varphi_3^i(e_i,\ e_{-i},\ s_i,\ s_{-i})$ 分别代表在高能力者占多数时，首位晋升制下代理人 j 和代理人 i 的获胜概率。

在末位淘汰制下两种类型代理人获胜的概率如式（7–16）所示：

$$\varphi_4^j(e_j,\ e_{-j},\ s_j,\ s_{-j})=\frac{3}{4}+\frac{e_j-e_i+S_{-i}-S_{-j}}{2\bar{\varepsilon}}+\frac{[(e_i-e_j)+(S_{-j}-S_{-i})]^4}{64\bar{\varepsilon}^4}$$

$$\varphi_4^i(e_i,\ e_{-i},\ s_i,\ s_{-i})=\frac{1}{4}-\frac{e_j-e_i+S_{-i}-S_{-j}}{6\bar{\varepsilon}}-\frac{[(e_i-e_j)+(S_{-j}-S_{-i})]^4}{192\bar{\varepsilon}^4} \tag{7-16}$$

$\varphi_4^j(e_j,\ e_{-j},\ s_j,\ s_{-j})$ 和 $\varphi_4^i(e_i,\ e_{-i},\ s_i,\ s_{-i})$ 分别代表在高能力者占多数时，末位淘汰制下代理人 j 和代理人 i 的获胜概率。

假设报酬差距足够大，分两种情况讨论，即 $e_i-S_{-i}>e_j-S_{-j}$ 和 $e_i-S_{-i}=e_j-S_{-j}$。

当 $e_i-S_{-i}=e_j-S_{-j}$ 时，在首位晋升制下如式（7–17）所示：

$$e_j^*=\frac{c_e\Delta}{4\alpha\bar{\varepsilon}}$$

$$e_i^*=\frac{\alpha}{3}e_j^*=\frac{c_e\Delta}{12\bar{\varepsilon}} \tag{7-17}$$

因为在均衡情况下，代理人 i 的策略相同，代理人 j 对每一个代理人 i 的策略均相同，以 i_1 为例求 s_i^* 和 s_j^*。

因为 $S_{-i_1}=s_{ji_1}+\sum_{i'\neq i_1}S_{i'i_1}$，其中 $i'=i_2$，i_3，$S_{-j}=\sum_{i''}S_{i''j}$，其中 $i''=i_1$，i_2，i_3。

代入式（7–12）可求得式（7–18）和式（7–19）：

$$\frac{\partial\varphi_3^j(e_j,\ e_{-j},\ s_j,\ s_{-j})}{\partial s_{ji_1}}=\frac{1}{2\bar{\varepsilon}},\quad \frac{\partial\varphi_3^{i_1}(e_i,\ e_{-i},\ s_i,\ s_{-i})}{\partial s_{i_1j}}=\frac{1}{6\bar{\varepsilon}} \tag{7-18}$$

$$\frac{\partial\varphi_3^j(e_j,\ e_{-j},\ s_j,\ s_{-j})}{\partial s_j}=\frac{\partial\varphi_3^j(e_j,\ e_{-j},\ s_j,\ s_{-j})}{\partial 3s_{ji_1}}=\frac{1}{6\bar{\varepsilon}} \tag{7-19}$$

将式（7–19）代入式（7–4）可得到代理人 j 拆台的均衡解 $s_j^*=\frac{c_s\Delta_1}{12\bar{\varepsilon}}$。

因为在均衡状态下，代理人 j 对所有代理人 i 的拆台水平是一致的，所以 $s_{ji_1}^*=\frac{c_s\Delta_1}{36\bar{\varepsilon}}$。

将式（7–18）代入式（7–2）可得 $s_{i_1j}^*=\frac{c_s\Delta}{12\bar{\varepsilon}}-\sum_{i'}s_{i_1i'}$。

因为在均衡状态下所有高能力代理人的策略是相同的，所以低能力者之间的相互拆台在数量上是相等的。我们用 $s_{ii'}$ 来表示。

把所得各项结果代入 $e_{i_1}-S_{-i_1}=e_j-S_{-j}$ 可得 $s^*_{ii'}=\frac{8\alpha c_s-3\times(3-\alpha)c_e}{288\alpha\bar{\varepsilon}}\Delta_1$。

当 $c_s<\frac{9-3\alpha}{8\alpha}c_e$ 时，$s^*_{ii'}<0$ 不符合实际情况，均衡不存在。

当 $c_s\geqslant\frac{9-3\alpha}{8\alpha}c_e$ 时，把所得几项结果代入式（7–3）可得：

委托人的预期收益如式（7–20）所示：

$$Ez_p(e,\ s)=\tau\left(\sum_u^{i,j}e_u-\sum_u^{i,j}S_{-u}\right)-\theta(w+4m)$$

$$=\tau\left[\frac{3(\alpha+1)c_e-4\alpha c_s}{12\alpha\bar{\varepsilon}}\Delta_1\right]-\theta(w+4m) \tag{7–20}$$

同理，在末位淘汰制下委托人的预期收益如式（7–21）所示：

$$Ez_p(e,\ s)=\tau\left[\frac{3(\alpha+1)c_e-4\alpha c_s}{12\alpha\bar{\varepsilon}}\Delta_2\right]-\theta(w+4m) \tag{7–21}$$

可知，当 $3(\alpha+1)c_e-4\alpha c_s>0$ 时，即 $c_s<\frac{3(\alpha+1)}{4\alpha}c_e$ 锦标赛机制才会有效。此时 c_s 与 c_e 需满足 $\frac{9-3\alpha}{8\alpha}c_e\leqslant c_s<\frac{3(\alpha+1)}{4\alpha}c_e$，$Ez_p(e,\ s)$ 是关于 Δ 的增函数。由于首位晋升制下的 $\Delta_1=w$ 大于末位淘汰制的 $\Delta_2=w/3$，所以首位晋升制下委托人的收益大于末位淘汰制下委托人的收益，即首位晋升制优于末位淘汰制。

当 $e_i-S_{-i}>e_j-S_{-j}$ 时，在首位晋升制下，代理人 j 的获胜概率变小，从而努力水平和拆台水平都变小直至放弃努力，但是随着能力差距的扩大，代理人 i 的努力水平和拆台水平会慢慢变大，直至形成均衡 $e^*_i=\frac{c_e\Delta_1}{4\varepsilon}$，$s^*_i=\frac{c_s\Delta_1}{4\varepsilon}$。在末位淘汰制下，代理人 j 的获胜概率变小，从而努力水平和拆台水平都变小，且每个高能力代理人的最优策略都是对低能力代理人进行拆台，使得低能力者迅速放弃比赛。代理人 i 的努力也会维持在较低的水平。此时首位晋升制优于末位淘汰制。

综上所述，高能力代理人占多数时，在锦标赛机制有效的前提下，首位晋升制优于末位淘汰制。

（三）结论与研究不足

1. 结论

本文从最大化委托人收益的角度出发，研究了在代理人能力分布不均匀的情况下，首位晋升制和末位淘汰制的激励效果。为了使得研究更加接近现实，本文把代理人之间的拆台行为引入模型。通过对 4 人小组的竞赛进行数理模型分析，得到以下结论：

第一，在低能力者占多数的竞争中，代理人之间的能力差距对激励机制的选择有着重要的影响：当代理人之间的能力差距在一定范围内时，首位晋升制为委托人带来的收益大于末位淘汰制；当代理人之间的能力差距大到一定程度时，末位淘汰制优于首位晋升制。此结论与李晓义等（2010）的研究结论存在显著不同，后者认为在低能力者占多数的情形下，末位淘汰制始终优于首位晋升制。

第二，在高能力者占多数的竞争中，如果锦标赛机制是有效的，首位晋升制优于末位淘汰制。此结论与之前不存在拆台情况下的研究结论（李晓义等，2010）类似。

2. 研究不足和建议

第一，本文的模型假设代理人是风险中性的理性经济人，而现实中有些代理人是风险规避的，并且很多人都是有限理性的社会人，会受到人际间相互作用的影响。这种假设可能具有一定的局限性。后续的研究工作可以假设代理人是风险规避且只是有限理性的，探索假设的改变是否会对结论产生影响。

第二，本文仅研究了 4 人锦标赛的情况，没有在其他的锦标赛规模情形下进行分析。后续的研究工作或可扩展至一般化的 N 人锦标赛，探索不同锦标赛规模下本文的研究结论是否依然适用。

第三，本文仅从数理模型出发分析了代理人的行为以及委托人的收益，后续研究或可通过现场实证或实验的方法对本文的研究结论进行检验。

附录 A1

求在首位晋升制下代理人 i 和代理人 j 的获胜概率：

代理人 i 和代理人 j 的产出函数分别为：

$y_i = e_i - S_{-i} + \varepsilon_i$；$y_j = e_j - S_{-j} + \varepsilon_j$

因为在均衡状态下，代理人 j_1、j_2、j_3 面临的情形是完全相同的，所以其均衡策略是相同的。

代理人 i 获胜即：$y_i > y_j \Leftrightarrow e_i - S_{-i} + \varepsilon_i > e_j - S_{-j} + \varepsilon_j \Leftrightarrow \varepsilon_j < e_i - e_j + S_{-j} - S_{-i} + \varepsilon_i$

即需要同时满足 ε_{j_1}、ε_{j_2}、ε_{j_3} 小于 $e_i - e_j + S_{-j} - S_{-i} + \varepsilon_i$，而 ε_{j_1}、ε_{j_2}、ε_{j_3} 相互独立，

则 $P(\text{代理人 i 获取}|\varepsilon_i) = \left(\int_{-\bar{\varepsilon}}^{e_i - e_j + S_{-j} - S_{-i} + \varepsilon_i} \frac{1}{2\bar{\varepsilon}} d\varepsilon_j\right)^3 = \left(\frac{1}{2} + \frac{e_i - e_j}{2\bar{\varepsilon}} - \frac{S_{-i} - S_{-j}}{2\bar{\varepsilon}} + \frac{\varepsilon_i}{2\bar{\varepsilon}}\right)^3$

为了求解代理人 i 获胜的无条件概率，需要把 ε_i 的分布区间进行适当划分。已经知道 ε_i 的分布区间为 $[-\bar{\varepsilon}, \bar{\varepsilon}]$，当 $\varepsilon_i > e_j - e_i + S_{-i} - S_{-j} + \bar{\varepsilon}$ 时，代理人 i 就必然获胜，即 $\varepsilon_i \in [e_j - e_i + S_{-i} - S_{-j} + \bar{\varepsilon}, \bar{\varepsilon}]$ 时 i 获胜概率为：

$$P(\text{代理人 i 获胜}|\varepsilon_i > e_j - e_i + S_{-i} - S_{-j} + \bar{\varepsilon}) = \int_{e_j - e_i + S_{-i} - S_{-j} + \bar{\varepsilon}}^{\bar{\varepsilon}} \frac{1}{2\bar{\varepsilon}} d\varepsilon_i = \frac{e_i - e_j + S_{-j} - S_{-i}}{2\bar{\varepsilon}}$$

在 $\varepsilon_i \in [-\bar{\varepsilon}, e_j - e_i + S_{-i} - S_{-j} + \bar{\varepsilon}]$ 时 i 的获胜概率为：

$$P(\text{代理人 i 获胜}|\varepsilon_i < e_j - e_i + S_{-i} - S_{-j} + \bar{\varepsilon}) = \int_{-\bar{\varepsilon}}^{e_j - e_i + S_{-i} - S_{-j} + \bar{\varepsilon}} \left(\frac{1}{2} + \frac{e_i - e_j}{2\bar{\varepsilon}} - \frac{S_{-i} - S_{-j}}{2\bar{\varepsilon}} + \frac{\varepsilon_i}{2\bar{\varepsilon}}\right)^3 \frac{1}{2\bar{\varepsilon}} d\varepsilon_i = \frac{1}{4} - \frac{[(e_j - e_i) + (S_{-i} - S_{-j})]^4}{64\bar{\varepsilon}^4}$$

所以，代理人 i 获得胜利的概率可以表示为：

$$\varphi_1^i(e_i, -e_{-i}, S_i, S_{-i}) = P(\text{代理人 i 获胜}|\varepsilon_i > e_j - e_i + S_{-i} - S_{-j} + \bar{\varepsilon}) + P(\text{代理人 i 获胜}|\varepsilon_i < e_j - e_i + S_{-i} - S_{-j} + \bar{\varepsilon}) = \frac{1}{4} + \frac{e_i - e_j + S_{-j} - S_{-i}}{2\bar{\varepsilon}} - \frac{[(e_j - e_i) + (S_{-i} - S_{-j})]^4}{64\bar{\varepsilon}^4}$$

附录 A2

因为三个低能力代理人在均衡状态时获胜的概率是相等的，所以代理人 j 的获胜概率为：

$$\varphi_1^j(e_j,\ e_{-j},\ s_j,\ s_{-j})=\frac{1}{3}(1-\varphi^i(e_i,\ e_{-i},\ s_i,\ s_{-i}))=\frac{1}{4}-\frac{e_i-e_j+S_{-j}-S_{-i}}{6\bar{\varepsilon}}+\frac{[(e_j-e_i)+(S_{-i}-S_{-j})]^4}{192\bar{\varepsilon}^4}$$

求在末位淘汰制下代理人 i 和代理人 j 的获胜概率：

代理人 i 失败即：$y_i<y_j\Leftrightarrow e_i-S_{-i}+\varepsilon_i<e_j-S_{-j}+\varepsilon_j\Leftrightarrow\varepsilon_j>e_i-e_j+S_{-j}-S_{-i}+\varepsilon_i$

即需要同时满足 ε_{j_1}、ε_{j_2}、ε_{j_3}大于 $e_i-e_j+S_{-j}-S_{-i}+\varepsilon_i$，而 ε_{j_1}、ε_{j_2}、ε_{j_3}相互独立，

则 $P(\text{代理人失败}|\varepsilon_i)=\left(\int_{e_i-e_j+S_{-j}-S_{-i}+\varepsilon_i}^{\bar{\varepsilon}}\frac{1}{2\bar{\varepsilon}}d\varepsilon_j\right)^3=\left(\frac{1}{2}-\frac{e_i-e_j}{2\bar{\varepsilon}}+\frac{S_{-i}-S_{-j}}{2\bar{\varepsilon}}-\frac{\varepsilon_i}{2\bar{\varepsilon}}\right)^3$

为了求解代理人 i 失败的无条件概率，需要把 ε_i 的分布区间进行适当划分。已经知道 ε_i 的分布区间为 $[-\bar{\varepsilon},\ \bar{\varepsilon}]$，当 $\varepsilon_i>e_j-e_i+S_{-i}-S_{-j}-\bar{\varepsilon}$时，代理人 i 就必然失败，即 $\varepsilon_i\in[-\bar{\varepsilon},\ e_j-e_i+S_{-i}-S_{-j}-\bar{\varepsilon}]$ 时 i 失败的概率为：

$$P(\text{代理人 i 失败}|\varepsilon_i<e_j-e_i+S_{-i}-S_{-j}-\bar{\varepsilon})=\int_{-\bar{\varepsilon}}^{e_j-e_i+S_{-i}-S_{-j}-\bar{\varepsilon}}\frac{1}{2\bar{\varepsilon}}d\varepsilon_i=\frac{e_j-e_i+S_{-i}-S_{-j}}{2\bar{\varepsilon}}$$

在 $\varepsilon_i\in[e_j-e_i+S_{-i}-S_{-j}-\bar{\varepsilon},\ \bar{\varepsilon}]$ 时 i 失败的概率为：

$$P(\text{代理人 i 失败}|\varepsilon_i>e_j-e_i+S_{-i}-S_{-j}-\bar{\varepsilon})=\int_{e_j-e_i+S_{-i}-S_{-j}-\bar{\varepsilon}}^{\bar{\varepsilon}}\left(\frac{1}{2}-\frac{e_i-e_j}{2\bar{\varepsilon}}+\frac{S_{-i}-S_{-j}}{2\bar{\varepsilon}}-\frac{\varepsilon_i}{2\bar{\varepsilon}}\right)^3\frac{1}{2\bar{\varepsilon}}d\varepsilon_i=\frac{1}{4}-\frac{[(e_j-e_i)+(S_{-i}-S_{-j})]^4}{64\bar{\varepsilon}^4}$$

所以，代理人 i 失败的概率可以表示为：

$\varphi^i_{\text{失败}}(e_i,\ e_{-i},\ s_i,\ s_{-i})=P(\text{代理人 i 失败}|\varepsilon_i<e_j-e_i+S_{-i}-S_{-j}-\bar{\varepsilon})+P(\text{代理人 i 失

败 $|\varepsilon_i < e_j - e_i + S_{-i} - S_{-j} - \bar{\varepsilon}) = \frac{1}{4} + \frac{e_j - e_i + S_{-i} - S_{-j}}{2\bar{\varepsilon}} - \frac{[(e_j - e_i) + (S_{-i} - S_{-j})]^4}{64\bar{\varepsilon}^4}$

所以，代理人 i 获得胜利的概率可以表示为：

$$\varphi_2^i\ (e_i,\ e_{-i},\ s_i,\ s_{-i}) = 1 - \varphi^i_{失败}\ (e_i,\ e_{-i},\ s_i,\ s_{-i}) = \frac{3}{4} - \frac{e_j - e_i + S_{-i} - S_{-j}}{2\bar{\varepsilon}} + \frac{[(e_j - e_i) + (S_{-i} - S_{-j})]^4}{64\bar{\varepsilon}^4}$$

因为三个低能力代理人在均衡状态时失败的概率是相等的，所以代理人 j 失败的概率为：

$$\varphi^j_{失败}(e_j,\ e_{-j},\ s_j,\ s_{-j}) = \frac{1}{3}(1 - \varphi^i_{失败}(e_i,\ e_{-i},\ s_i,\ s_{-i})) = \frac{1}{4} - \frac{e_j - e_i + S_{-i} - S_{-j}}{6\bar{\varepsilon}} + \frac{[(e_j - e_i) + (S_{-i} - S_{-j})]^4}{192\bar{\varepsilon}^4}$$

代理人 j 获胜的的概率为：

$$\varphi_2^j\ (e_j,\ e_{-j},\ s_j,\ s_{-j}) = 1 - \varphi^j_{失败}\ (e_i,\ e_{-i},\ s_i,\ s_{-i}) = \frac{3}{4} + \frac{e_j - e_i + S_{-i} - S_{-j}}{6\bar{\varepsilon}} - \frac{[(e_j - e_i) + (S_{-i} - S_{-j})]^4}{192\bar{\varepsilon}^4}$$

参考文献

［1］李晓义，李维安，李建标，郑巴音. 首位晋升与末位淘汰机制的实验比较［J］. 经济学(季刊)，2010，10（1）：227-248.

［2］魏光兴，蒲勇健. 首位晋升制与末位淘汰制比较研究［J］. 科学管理研究，2006（6）：230-232.

［3］闫威，刘艳春，邓鸿. 能力异质性对代理人拆台行为的影响：实验的证据［J］. 系统工程理论与实践，2013，33（2）：396-404.

［4］曾馨逸，闫威. 锦标赛规模与结构对员工努力水平的影响：一项实验研究［J］. 经济科学，2010（1）：62-70.

［5］Alannah Orrison，Andrew Schotter，Keith Weigelt. Multiperson Tournaments：An Experimental Examination［J］.Management Science，2004，50（2）：1-10.

［6］Bratton V. K.，M. K. Kacmar. Extreme Careerism：The Dark Side of Impression on

Management [J]. Jossey-Bass: San Francisco, 2004: 291-308.

[7] Cason T. N., Masters W. A., Sheremeta R. M.. Entry into Winner-take-all and Proportional-prize Contests: An Experimental Study [J]. Journal of Public Economics, 2010, 94 (9): 604-611.

[8] Chen K. P.. Sabotage in Promotion Tournaments [J]. Journal of Law, Economics and Organization, 2003, 19 (1): 119-139.

[9] Christine Harbring et al.. Sabotage in Asymmetric Contests: An Experimental Analysis [J]. Bonn Econ. Discussion Papers, Bonn, 2004 (12).

[10] Christine Harbring, Bemd Irlenbush. How Many Winners are Good to Have? On Tournaments with Sabotage [J]. Journal of Economic Behavior & Organization, 2008 (65): 682-702.

[11] Christine Harbring, Bernd Irlenbusch. An Experimental Study on Tournament Design [J]. Labour Economics, 2003, 10 (4): 443-464.

[12] Christine Harbring, Bernd Irlenbusch. Sabotage in Tournaments: Evidence from a Laboratory Experiment [J]. Management science, 2011, 57 (4): 611-627.

[13] Christine Harbring, Gabriele K. Lünser. On the Competition of Asymmetric Agents [J]. German Economic Review, 2008, 9 (3): 373-395.

[14] Crino M. D.. Employee Sabotage: A Random Or Preventable Phenomenon? [J]. Journal of Manageriallssues, 1994 (6): 311-330.

[15] Franke J. Affirmative Action in Contest Games [J]. European Journal of Political Economy, 2012, 28 (1): 105-118.

[16] Harbring C., Irlenbusch B., Krakel M., Selten R.. Sabotage in Corporate-Contests An Experimental Analysis [J]. International Journal of the Economics of Business, 2007, 14 (9): 367-392.

[17] Konrad K.. Sabotage in Rent-Seeking Contests [J]. Journal of Law, Economics and Organization, 2000 (16): 155-165.

[18] Lazear E.P., S. Rosen. Rank-order Tournaments as Optimum Labor Contracts [J]. Journal of Political Economy, 1981 (89): 841-864.

[19] Lazear E.P.. Pay Equality and Industrial Politics [J]. Journal of Political Economy, 1989, 97 (3): 561-580.

[20] Munster J.. Selection Tournaments, Sabotage, and Participation [Z]. Journal of Economics

& Management Strategy，2007，16（4）：943-970.

［21］ O'Keeffe M.，Viscusi W.K.，Zeckhauser R.J.. Economic Contests：Comparative Reward Schemes［J］. Journal of Labor Economics，1984，2（1）：27-56.

［22］ Oliver Gürtler. Collusion in Homogeneous and Heterogeneous Tournaments［J］. J. Econ.，2010（100）：265-280.

［23］ Orrison A.，Schotter A.，Weigelt K.. Multiperson Tournaments：An Experimental Examination［J］. Management Science，2004，50（2）：268-279.

［24］ Petra Nieken，Michael Stegh. Incentive Effects in Asymmetric Tournaments -Empirical Evidence from the German Hockey League［J］. Discussion Paper，Bonn.，2010（2）.

［25］ Yuji Yumoto. Risk Preference，Correlation Choice. Sabotage，and the Design of Promotion Tournaments［D］. Noah Carolina State University，2003.

（本文发表于《经济与管理》，2013 年第 2 期，

作者：闫威、程永亮）

八、任务难度、能力差别和薪酬差距

过去对任务难度的研究，大多在目标设定和社会心理学的研究领域，研究者主要从两个方面入手：一个是任务的特点（Campbell，1984），另一个是任务的认知过程（Shaw，1984）。由于认知和动机过程的影响，对任务难度的研究有助于改善任务绩效。可见，任务难度的系统性研究是非常必要的。然而，究竟哪些特性能够影响任务难度，研究者们几乎没有共识。一些研究者强调完成任务所需的技术和知识，另一些研究者强调一个任务中性能尺度的数目，还有些研究者强调任务难度的心理影响。到目前为止，任务难度至少在三种文献中被研究过：一是信息处理和决策的文献中（Wood，1986）；二是任务和工作设计的文献中（Schwab、Cummings，1976）；三是目标设定的研究文献中（Campbell、Gingrich，1986）。本文认为，考察一个任务的难度情况主要从以下三方面考虑：一是心理经验；二是任务和个人特点的相互作用；三是客观任务特点函数。

本文从经济学和社会心理学相关理论出发，着重探讨了任务难度、能力差别与薪酬差距间的相互关系，并尝试在标准锦标赛模型下，引入代理人能力异质性、任务难度这两个特殊变量，从两个代理人的团队委托关系来分析委托人与每个代理人之间的博弈行为。

（一）文献回顾

20世纪80年代以来，锦标赛（Lazear、Rosen，1981）机制作为一种激励策略引起了广泛的研究兴趣。Müller和Schotter（2003）设计了一个实验，研究不对称锦标赛里奖金差距对被试行为的影响。他们的发现与理论预测不完全一致：能力低的员工将退出竞赛或者仅仅付出一点努力，然而，能力高的员工则努力过度。不过，他们构建的竞赛模型与锦标赛机制有着很大差别。从理论角度来说，竞赛者的异质性将会降低努力水平，Sunde（2003）分析了来自职业网球联合会中职业网球手的数据，研究结果与理论预测完全一致。

目前，大多学者将锦标赛理论与社会心理学联系起来。更多地关注代理人在行动过程中心理因素对整个竞赛以及团队绩效的影响。Christian Grund和Dirk Sliwka（2002）在锦标赛研究中，考虑代理人嫉妒、内疚两种心理影响，研究表明，在给定薪酬结构下，厌恶不公平的代理人努力程度要高于纯自利偏好的代理人。Tor Eriksson等（2009）把自我选择这一因素引入锦标赛中，通过实验研究发现，自愿选择相对绩效机制的被试者与将这种薪酬机制强加给被试者相比，前者的平均努力水平要高，绩效方差也较小；另外还表明，在风险规避的基础上，对被试者分类，增强了被试者间的同质性，能够提高努力水平。Kräkel M.（2007）把代理人的绩效进行相互比较时，引入情感这一概念。在假定代理人同质的情况下，分析情感的相互作用对激励效应的影响，发现委托人会从代理人的情感中受益。还有些学者将锦标赛理论延伸到了对代理人恶意性、代理人破坏行动、代理人能力异质性等研究中，逐渐将行为学、社会心理学、经济学结合起来，让锦标赛理论发挥更大效应。

然而，行为锦标赛机制研究中基本上都没有考虑任务难度的影响。过去关于任务难度的研究，大多集中在彩票等一次性决策的问题上。Mador等（2000）、Huck和Weizäcker（1999）认为，任务难度是以下两个因素的函数：一是对于给定彩票，可能中奖的数目；二是收益概率向量中，不同元素的数目。他们认为预期值最大化的偏差会随着以上两个因素的增加而增加。Bruce和Johnson（1996）

在赛马中研究决策博弈。他们认为，任务难度是马的数量与是否设置障碍的函数。从赛马的数据得出结论：可供选择马的数量并不影响收益绩效；但是，在比赛中设置障碍（即加大任务难度），在一定程度上降低了绩效。Pelham 和 Neter（1995）发现，在简单任务中，高水平的激励提升了绩效；但是，在复杂的任务中却降低了绩效。Wilcox （1993）构建了复杂多级彩票的简化形式，得出了与 Pelham 和 Neter 相反的结论：随着预期值的最大化，强大的激励仅仅只能够在复杂的任务中才能够提高绩效。

一些学者对任务的特点也展开了研究，Rosenbaum 等（1980）证实，当团队任务为高度独立的任务时，采用将团队报酬与个人相对报酬结合的薪酬机制会降低团队产出，即使个人相对报酬所占比例很小，也会影响产出。Springkle（2000）试图调和任务难度对竞争结果的影响，发现只有当任务是努力敏感性时，才会产生激励效果。在重复性的任务中，反馈信息和经验能够使任务变成努力敏感性。Vandegrift 和 Brown （2003）采用基于一定技能的预测任务，测试了任务难度的变化对锦标赛结果的影响。他们发现，当任务简单时，强大的激励不一定能够增加绩效；然而，在简单的任务中，被试人员更倾向于采取大方差策略。2005 年，Corts 主要分析在多任务条件下，将代理人组合起来共同承担责任，或者让每个代理人单独负责多项业务，哪种生产方式对委托人而言是最优的。他发现，在多任务难题较为严重并且代理人风险规避程度较低的情况下，采用团队更有利于委托人福利水平的提升。以上这些文献大多都是对任务特点的实证研究，对任务难度进行实证研究的文献更是少之又少，国内基本上没有这种类似的文章。在国外，大多也是实证检验，没有从模型理论上探讨任务难度与薪酬差距间的相互关系。

（二）理论模型

本部分以标准锦标赛模型假定为基础，结合目前关于公司治理结构以及所处的环境、面临的问题，构造了引入任务难度兼顾能力异质性的锦标赛模型。

假定 8-1：模型包括一个委托人与两个代理人的静态模型，参与者都是风险中性，且代理人的保留效用为零。委托人对两个代理人实行基于相对绩效比较的排序工资制（锦标赛机制），委托人不能直接观测代理人努力水平，能观测到的只是产出。每个代理人拥有相同形式的效用函数，如式（8-1）所示：

$$u(p,\ e_k)=w(p)-\frac{D}{\theta_k}c(e_k) \tag{8-1}$$

其中，p 表示对代理人的非负收益，e_k 表示代理人 k 的非负努力水平，效用函数 $w(\cdot)$ 是正递增凹函数。D 表示代理人所要完成任务的难度系数，为一个正数，即 $D>0$。D 越大表示任务越难；相反，D 越小则表示任务越简单。θ_k 表示代理人 k 的能力，当完成同一个任务时，能力越强其努力成本会越低，即 θ_k 越大代理人能力越强。

成本函数 $c(\cdot)$ 是正递增凸函数。我们假定其具体形式如式（8-2）所示：

$$c(e_k)=\frac{e_k^2}{c},\ c(0)=0,\ c'(e_k)>0,\ c''(e_k)>0 \tag{8-2}$$

其中，c 是一个规模尺度因素，用来确保合理的收益规模。

假定 8-2：代理人的产出由代理人生产性努力水平（e_k）、个体能力（θ_k）、所处共同环境随机因素（u_c）以及与代理人本身特点相关的随机因素（ξ_k）共同决定。具体产出表示形式如式（8-3）所示：

$$y_k=\theta_k\times e_k+u_c+\xi_k \qquad (k=i,\ j) \tag{8-3}$$

其中，e_k 代表的是一个非负努力水平，即 $e_k\in[0,\ \bar{e}]$。$\bar{e}$ 表示代理人的努力水平极限；该努力水平除了代理人 k 自己之外，任何人都观察不到（或者监督成本非常大）。θ_k 表示代理人 k 的能力水平，即 $\theta_k\in[0,\ \bar{\theta}]$。$\bar{\theta}$ 表示一定时间、地点代理人的能力极限。

本模型讨论的是在同一个团队中，故将影响代理人随机因素分成了两部分。其中一个是他们共同所处的大环境，我们假定为独立随机变量 u_c，并且假定它服从 N（0，σ^2）正态分布。另一个是与代理人自身特点相关的独立随机变量 ξ_k，ξ_k 服从区间在 $[-a,\ a](a>0)$ 的均匀分布。

假定 8-3：在两人锦标赛实验中，委托人设置两种奖金：M 或者 m，其中 $M>m$。锦标赛的规则如下：两位代理人的产出被确定后，产出大的代理人获得一个大奖金 M，而产出小的代理人获得小奖金 m。

假定 8-4：团队产出收益形式，我们用式（8-4）描述：

$$Y = \lambda \times f(D) \times (y_i + y_j) \tag{8-4}$$

其中，λ 表示代理人相互合作对产出的一个影响。$\lambda > 1$ 表示代理人间合作成功，提高了团队产出；$\lambda = 1$ 表示团队成员间并无发生关系；$1 > \lambda > 0$ 表示团队成员间发生了拆台行为，对团队产出不利。f（D）表示收益与团队面对任务的特点相关，并且有 $\frac{\partial f}{\partial D} > 0$，表示随着任务难度加大，收益是递增的。现实生活中，高难度任务需要更多的专业知识和技能，意味着带来的收益更多。

假定 8-5：代理人 k 的期望收益如式（8-5）所示：

$$E_k = \pi_k \times M + (1 - \pi_k) \times m - \frac{D}{\theta_k} c(e_k) \qquad (k = i,\ j) \tag{8-5}$$

其中，π_k 表示假定另一个代理人努力水平保持不变，代理人 k 赢得大奖金 M 的概率。

对以上假定的几点说明：

（1）与传统锦标赛基础模型的假定相比，本模型引入了任务难度系数，这其实将企业所处环境、所要解决的问题也部分地融入到本模型中，使得模型更具有现实意义。

（2）代理人产出函数采用把非负努力水平 e_k 与其能力 θ_k 乘积形式，这更贴近了代理人的自身特点，更符合实际情况。并且将随机因素分成共同随机因素和自身随机因素两部分，这使得与团队的概念联系更紧密。

（3）成本函数在原有基础上引入代理人能力、所要完成任务的难度情况，使得成本函数更具有现实意义。

（4）团队的收益函数与任务难度相关，这印证了现实管理中，难度越大的任务一般而言收益越大，将团队收益与任务的特点联系了起来，更贴近现实。

（5）本文采用锦标赛基础模型中的部分假定，不仅有利于与其进一步进行比较，而且由于这些假设也被该领域的大量相关研究所采用，这还能够使得本文研究与锦标赛领域的其他研究相融合。

上述锦标赛模型定义了一个博弈，由式（8-5）给出代理人收益，策略集合是努力水平选择的可行集，我们假定策略集合是定义在实集上的一个闭区间。锦标赛理论聚焦于纯策略纳什均衡。通过限定随机波动的分布和代理人的效用函数，在本文的所有实验中，将会存在唯一确定的纯策略对称纳什均衡。

我们考虑一个两阶段的博弈：第一阶段，委托人选择锦标赛奖金（M，m），或者说确定一个合适的薪酬差距，以便最大化自己的预期收益；第二阶段，在给定奖金及薪酬差距下，每个代理人选择合适的努力水平以最大化自己的预期效用。

（三）模型求解及结果分析

我们采用逆向求解的方法解决这个博弈问题。首先考虑第二阶段博弈，即在奖金固定的情况下，两个代理人进行相互间的竞争；然后进入第一阶段博弈，委托人在预期代理人的均衡努力情况下进行最优奖金的设置。

1. 锦标赛的激励阶段（即第二阶段博弈）

按照本文对模型提出的基本假定，并依据锦标赛机制下团队成员报酬只依赖于其相对绩效高低这一基本原理，可知团队成员 i 赢得高报酬 M 的概率 π_i：

$$\pi_i = Prob(y_i > y_j) = Prob(\theta_i e_i + u_c + \xi_i > \theta_j e_j + u_c + \xi_j)$$

$$=Prob(\theta_i e_i - \theta_j e_j > \xi_j - \xi_i)$$

同理：$\pi_j = Prob(\theta_j e_j - \theta_i e_i > \xi_i - \xi_j)$

代理人 i 和代理人 j 的期望收益 E_i、E_j 如式（8–6）所示：

$$E_i = \pi_i \times M + (1 - \pi_i)m - \frac{D}{\theta_i} \times \frac{e_i^2}{c}$$

$$E_j = \pi_j \times M + (1 - \pi_j)m - \frac{D}{\theta_j} \times \frac{e_j^2}{c} \quad (8\text{–}6)$$

整理得式（8–7）：

$$E_i = m + \pi_i \times (M - m) - \frac{D}{\theta_i} \times \frac{e_i^2}{c}$$

$$E_j = m + \pi_j \times (M - m) - \frac{D}{\theta_j} \times \frac{e_j^2}{c} \quad (8\text{–}7)$$

在唯一的局部纯策略纳什均衡上，每一位代理人的一阶条件满足式（8–8）：

$$\theta_i \times \frac{\partial \pi_i}{\partial e_i} \times (M - m) = \frac{2De_i}{c\theta_i}$$

$$\theta_j \times \frac{\partial \pi_j}{\partial e_j} \times (M - m) = \frac{2De_j}{c\theta_j} \tag{8-8}$$

我们对上面的方程做个简单的解释。左边是锦标赛参与者增加他或者她的努力水平的边际收益。显然，它等于获胜的边际概率乘以获胜的净收益。方程的右边为努力的边际成本。

这里的二阶条件能够确保存在一个最大值。假定 ξ_i 和 ξ_j 服从均匀分布，则获胜概率函数如式（8-9）所示：

$$\frac{\partial \pi_i}{\partial e_i} = \begin{cases} \dfrac{\theta_i e_i - \theta_j e_j + 2a}{4a^2}, & -2a \leqslant \theta_i e_i - \theta_j e_j \leqslant 0 \\ \dfrac{2a - \theta_i e_i + \theta_j e_j}{4a^2}, & 0 < \theta_i e_i - \theta_j e_j \leqslant 2a \end{cases}$$

$$\frac{\partial \pi_j}{\partial e_j} = \begin{cases} \dfrac{\theta_j e_j - \theta_i e_i + 2a}{4a^2}, & -2a \leqslant \theta_j e_j - \theta_i e_i \leqslant 0 \\ \dfrac{2a - \theta_j e_j + \theta_i e_i}{4a^2}, & 0 < \theta_j e_j - \theta_i e_i \leqslant 2a \end{cases} \tag{8-9}$$

把式（8-9）代入式（8-8）中，求解 e_i^* 和 e_j^*，[①] 得到式（8-10）：

$$e_i^* = \frac{2ac\theta_i^2(M - m)}{8a^2D + c(\theta_j - \theta_i)(\theta_i^2 + \theta_i\theta_j + \theta_j^2)(M - m)}$$

$$e_j^* = \frac{2ac\theta_j^2(M - m)}{8a^2D + c(\theta_j - \theta_i)(\theta_i^2 + \theta_i\theta_j + \theta_j^2)(M - m)} \tag{8-10}$$

观察均衡方程式（8-10）可知，均衡努力水平与薪酬差距、任务难度 D 以及代理人的能力有关系。

（1）将式（8-10）做一个变形得式（8-11）：

$$e_i^* = \frac{2ac\theta_i^2}{\dfrac{8a^2D}{M - m} + c(\theta_j - \theta_i)(\theta_i^2 + \theta_i\theta_j + \theta_j^2)}$$

① 注意此处得到结论有假定：$\theta_j - \theta_i = \Delta\theta \geqslant 0$。由于两个代理人面对同一任务时，能力的高低是可以区分的，并且二者是对称的。故这种假定是合理的，对结果的分析没有影响。

$$e_j^* = \frac{2ac\theta_j^2}{\frac{8a^2D}{M-m} + c(\theta_j - \theta_i)(\theta_i^2 + \theta_i\theta_j + \theta_j^2)} \tag{8-11}$$

由式（8-11）可知，随着 M－m 值的增大，即薪酬差距的扩大，有利于提高代理人的生产性努力水平，此时激励强度取决于薪酬差距的大小，通过扩大薪酬差距促使代理人之间进行相互竞争，从而更加努力地工作。

（2）当任务难度 D 较小，即任务比较简单时，即使薪酬差距较小，代理人也会付出较多的努力。任务简单时，无须较大的薪酬差距来提升代理人的努力水平；相反，任务难度大时，需要增大薪酬差距以便于提高代理人的努力水平。

员工在执行任务时，会有心理上和物质上两方面的满足感。任务简单时，员工能在工作中寻求到满足，创造积极性高，给予员工较大无形的内在激励；任务难度大时，员工能够从工作中寻求到的内在激励减少，需要给予更多的外在激励来弥补这些消失的无形激励。

任务难度对代理人的自我效能感产生影响，进而影响员工努力水平。Gist 认为自我效能感反映的是个体在从事特定水平的特定任务时的能力信念，所以，有时又被称作特定的自我效能感（Special Self-Efficacy），特定的自我效能感是一种暂时的期待，意味着在投入努力之前对于成功的可能性的判断。大量研究证明，特定的自我效能感是员工绩效的可靠预测指标，可以解释与工作行为相关的绩效来源部分的 28%。并且有大量的实证研究表明，在组织情境中对自我效能感进行干预会显著地促进任务绩效。

（3）外界条件一定的情况下，代理人的能力差距越大，即 $\Delta\theta$ 越大，努力水平却越小。代理人能力差距较大时，不利于增加薪酬差距以便提升代理人的生产性努力水平。

将能力高的员工和能力低的员工组成同一个团队，在表面上会提高低能力员工的能力，却有可能是没有效率的。假定相对绩效比较肯定会使能力强的员工赢得竞争，能力弱的员工就不会与之合作，因为合作只能让对手更加有利，自己更加不利。此外，对于高能力员工而言，既然与一个弱手竞争肯定会赢，为什么还要努力呢？对于低能力员工而言，与一个高手竞争肯定会失败，那么为什么还要参与这样的比赛呢？告诫企业管理人员，最优策略可能是对不同能力层次的员工进行分类，让同类型的员工彼此进行竞赛。能力相差悬殊的员工一起工作不但会降低他自己的努力水平，而且降低了其同伴的努力水平，从而降低了雇主的收益。团队中若存在龟兔赛跑的现象，对整个团队的产出是不利的。

（4）当 $\theta_j=\theta_i=\theta$ 时，即两个代理人的能力相等时，均衡努力水平达到最大而且相等。如式（8–12）所示：

$$e_i^*=e_j^*=\frac{c\theta^2(M-m)}{4aD} \tag{8–12}$$

式（8–12）中代理人最优努力水平与能力水平和薪酬差距成正比，与任务难度成反比。

2. 锦标赛奖金的设置（即博弈的第一阶段）

在信息不对称的情况下，委托人不能够观测到代理人的努力水平，其不能使用对称信息条件下的强制合同。委托人考虑如何去设置合适的奖金制度来达到自己利益的最大化。

下面我们在代理人能力相等的情况下，即 $\theta_j=\theta_i=\theta$ 时，进入博弈的第一阶段。讨论任务难度 D 对委托人收益的影响。因为委托人风险中性，所以委托人的期望效用等于期望收益：

$$E(U)=E(Y)$$

为方便起见，记 E(Y) 为 E_z，故有式（8–13）：

$$E_z=\lambda\times f(D)\times(y_i+y_j)-M-m \tag{8–13}$$

由于 u_c 和 ξ_k 是两个独立的随机变量，可大可小，可正可负。为方便起见，我们假定二者都取零。将式（8–12）值代入式（8–13）得式（8–14）：

$$E_z=\lambda\times f(D)\times\frac{c\theta^3(M-m)}{2aD}-M-m \tag{8–14}$$

考虑到代理人的参与约束和激励相容约束，并依假定其保留效用为 0，故须满足以下条件，如式（8–15）所示：

$$\begin{aligned} & m+\pi_i\times(M-m)-\frac{D}{\theta}\times\frac{e_i^{*2}}{c}\geqslant 0 \\ & m+\pi_j\times(M-m)-\frac{D}{\theta}\times\frac{e_j^{*2}}{c}\geqslant 0 \\ & M>m\geqslant 0 \end{aligned} \tag{8–15}$$

由于此时代理人能力相同并且均衡努力水平相同，故有 $\pi_i = \pi_j = \frac{1}{2a}$；令上述参与约束条件不等式取等号，并记 $M - m = \Delta$，可得式（8-16）：

$$m = \frac{c\theta^3\Delta^2}{16a^2D} - \frac{\Delta}{2a}$$

$$M = m + \Delta \tag{8-16}$$

将式（8-16）代入式（8-14）并求 $\max E_z$ 得式（8-17）：

$$\max E_z = \frac{\lambda cf(D)\theta^3\Delta}{2aD} - \left(\frac{c\theta^3\Delta^2}{8a^2D} - \frac{\Delta}{a} + \Delta\right)$$

$$= \frac{\lambda cf(D)\theta^3 + 2D(1-a)}{2aD}\Delta - \frac{c\theta^3}{8a^2D}\Delta^2 \tag{8-17}$$

记 $\max E_z$ 为 U，则对 Δ 求一阶导数，得式（8-18）：

$$\frac{\partial U}{\partial \Delta} = \frac{\lambda cf(D)\theta^3 + 2D(1-a)}{2aD} - \frac{c\theta^3}{4a^2D}\Delta \tag{8-18}$$

令一阶条件为零，则可以求得最优薪酬差距① 如式（8-19）所示：

$$\Delta^* = 2a\lambda f(D) + \frac{4aD(1-a)}{c\theta^3}$$

$$\frac{\partial \Delta^*}{\partial D} = 2a\lambda f'(D) + \frac{4a(1-a)}{c\theta^3}$$

$$= \frac{2a(c\lambda\theta^3 f'(D) + 2 - 2a)}{c\theta^3} > 0 \tag{8-19}$$

观察式（8-19）可知，对于委托人而言，薪酬差距和任务难度 D 之间存在一个最优关系。任务难度较大时，需要较大的薪酬差距；任务较简单时，需要较小的薪酬差距。

（1）令其一阶条件小于零，$\Delta > 2a\lambda f(D) + \frac{4aD(1-a)}{c\theta^3}$。即任务难度小于薪酬差距（Δ）某个倍数时，$\frac{\partial U}{\partial \Delta} < 0$，Δ 增加反而会使 E_z 减少。任务较简单时，增

① 由于 $c\lambda\theta^3 f'(D)$ 表示的是外界各种因素以及个人能力综合作用，可以认为它是远远大于自身特点随机因素 a 作用的。

加薪酬差距不但不会增加委托人的收益，反而造成收益下滑；这就需要减少薪酬差距，降低激励力度。这可能是由于现实生活中，任务简单时，能够完成的人太多，但是最高的薪酬又只能够一个人拿到，大家就把更多的努力浪费在对对手的拆台上。薪酬差距的加大，进一步加大了员工相互拆台的积极性。员工个人能够完成的任务，为什么非要合作，让其他员工得利呢？大家互相争利，内部人员产生不和谐、钩心斗角，导致团队收益下降，委托人受损。

（2）令其一阶条件大于零，$\Delta < 2a\lambda f(D) + \frac{4aD(1-a)}{c\theta^3}$。即任务难度大于薪酬差距（Δ）某个倍数时，$\frac{\partial U}{\partial \Delta} > 0$；此时 Δ 增加会使 E_z 增加。当任务较困难时，增加薪酬差距能够起到提高整体绩效的作用。遇到困难时，能力低者感觉根本就不可能单独完成任务，为了获得奖励，安安心心协助能力高者，配合团队工作；能力高者，发现别人为自己提供帮助时，心情愉快，没有了顾虑及防范，把更多的心思放在了任务上，因而更加努力。薪酬差距的加大，更进一步激励了能力高的代理人奋发图强。这就需要委托人根据不同任务特点，制定不同的薪酬差距，充分地发挥团队优势，大大提高团队绩效，增加自身收益。

（四）结论与讨论

1. 研究结论及现实意义

本文向标准锦标赛中引入任务难度这一特殊变量，并考虑了代理人的异质性，通过模型的理论分析得出了以下结论：

（1）在外界条件一定的情况下，代理人的能力差距越大，即 Δθ 越大，努力水平反而越小。能力一致时，代理人努力水平达到最大。对企业来说，一方面，可以将员工按其能力高低不同进行分组，让同类型的员工彼此进行竞赛，这有利于提高努力水平进而促进团队绩效；另一方面，企业可以将敢于挑战压力、乐于上进的少数低能力员工与多数高能力员工进行混合组队。极大地发挥同伴（群体）（Kandel、Lazear，1992；Barron、Paulson Gjerde，1997）压力的作用。企业可以设置一个集体奖金，该奖金不仅依靠个人的努力，而且需要整个集体的优秀表现才能获得。此时高能力员工不仅会相互间进行竞争，也同时会带动低能力的员工努力工作。

（2）任务比较简单时，即使薪酬差距较小，代理人也会付出较多的努力。换句话说，任务简单时，无须较大的薪酬差距来提升代理人的努力水平；相反，任务较难时，此刻就需要增大薪酬差距以便于提高代理人的努力水平。现实生活亦是如此，当任务简单、代理人认为做某件事成功的可能性很大时，往往会有一个乐观积极的心态，情绪饱满，主动性也更高，也就不需要更多的物质激励。这就告诉薪酬制度的制定者，需要根据任务特点合理地制定薪酬差距，以便达到既能强有力地激励又能够节约成本的效果。

（3）对于委托人而言，薪酬差距和任务难度 D 之间存在一种相互关系。任务难度较大时，需要较大的薪酬差距；任务难度较小时，需要较小的薪酬差距。就委托人自身利益而言，需要考虑任务难度以便制定合理的薪酬差距。

员工对于工作本身除了有外在物质需求，还寻求内在心理需求。员工希望能在工作中获得满足感，充分满足其创造性需求和实现个人满足的内容，工作成绩得到上级的认可，个人在工作中获得成长。然而，任务难度通过自我效能感的中介作用对员工的内在需求产生了影响。班杜拉（Bandura）与其他研究者反复指出，任务难度可调节自我效能感与工作绩效之间的关系。Stajkovic 和 Luthans 在他们的元分析报告中指出，不同水平（低、中、高）的任务当中都反映出自我效能感与工作绩效的显著相关，但任务难度越大，自我效能感与工作绩效之间的关系越弱。因为自我效能感作用的前提是行为者必须获得关于他所从事任务的相关信息，而不同的任务在难度性水平上的差异很大，高难度的任务要求更多的知识、认知加工、坚持与个体的投入，所以不同的任务难度影响到自我效能感的判断。在高难度情况下，个体可能仅仅是由于对自己能力的不全面知觉而导致对自己做出不能胜任的判断，由此对自己的效能感产生消极的影响。进而影响了员工的内在需求，内在激励的作用就削弱了，此时，我们就要扩大外在激励作用，扩大薪酬差距以采取更多的外部激励。

综上所述，不仅薪酬水平的制定需要考虑任务、能力因素，在薪酬差距制定的过程中，任务特点、能力差别也是两个值得慎重考虑的因素。

2. 后续研究的建议

本文以上研究结论有助于进一步厘清薪酬差距的决定机理，对现代公司在不同任务条件下如何解决问题、提高绩效具有积极的指导意义。然而，所有的结论都是基于模型的数学推导与逻辑思考，存在一定的局限性，对任务难度的描述相对模糊，有待进一步将任务特点细化。下一步的研究将试图把任务依赖性、薪酬机制以及代理人的合作与拆台结合起来，对任务特点进行系统性研究。

参考文献

[1] Barron J.M.，Paulson Gjerde K.. Peer Pressure in an Agency Relationship [J]. Journal of Labor Economics，1997（15）：234-254.

[2] Bruce A.C.，Johnson J.E.. Decision Making under Risk：Effect of Complexity on Performance [J]. Psychological Reports，1996（79）：67-76.

[3] Campbell D. J.，Gingrich K.. The Interactive Effects of Task Complexity and Participation on Task Performance：A Field Experiment [J]. Organizational Behavior and Human Decision Processes，1986（38）：162-180.

[4] Campbell D.J.. The Effects of Goal-Contingent Payment on the Performance of a Complex Task [J]. Personnel Psychology，1984（37）：23-40.

[5] Christian Grund，Dirk Sliwka. Envy and Compassion in Tournaments [R]. Discussion Paper No. 647，November 2002.

[6] Corts K.. Teams VS Individual Accountability [R]. University of Toronto，Working Paper，2005.

[7] Gist M.E.. The Influence of Training Method on Self-Efficacy and Idea Generation among Manageers [J]. Personnel Psychology，1989，76（42）：787-805.

[8] Huck S.，Weizäcker G.. Risk，Complexity，and Deviations from EV-maximization Results of a Lottery Choice Experiment [J]. Journal of Economic Psychology，1999（20）：699-715.

[9] Kandel E.，Lazear E.P.. Peer Pressure and Partnerships [J]. Journal of Political Economy，1992（100）：801-817.

[10] Kräkel M.. Emotions in Tournaments [J]. Journal of Economic Behavior and Organization，

2007.

[11] Lazear E. P., Rosen S.. Rank-Order Tournaments as Optimum Labor Contracts [J]. Journal of Political Economy, 1981 (89): 841-864.

[12] Mador G., Sonsino D., Benzion U.. On Complexity and Lotteries' Evaluation-three Experime-ntal Observations [J]. Journal of Economic Psychology, 2000 (21): 625- 637.

[13] Müller W., A. Schotter. Workaholics and Drop Outs in Optimal Organizations [Z].Discussion Paper, Tilburg University and New York University, 2003.

[14] Ozer E.M., Bandura A.. Mechanism Governing Empowerment Effects: A Self-Efficacy Analysis [J]. Journal of Personalty and Social Psychology, 1990 (58): 472-486.

[15] Pelham B.W., Neter E.. The Effect of Motivation of Judgment Depends on the Difficulty of the Judgment [J]. Journal of Personality and Social Psychology, 1995 (68): 581-594.

[16] Rosenbaum M. E., Moore D. L., Cotton J. L., et al.. Group Productivity and Process: Pure and Mixed Reward Structures and Task Interdependence [J]. Journal of Personality and Social Psycholgy, 1980 (39): 626-642.

[17] Schwab D., Cummings L.. A Theoretical Analysis of the Impact of Task Scope on Employee Performance [J]. Academy of Management Review, 1976 (1): 23-35.

[18] Shaw K.. The Relationship among Goals, Strategies and Task Performance [J]. Paper Presented at the American Institute for Decision Sciences Conference, Toronto, Canada, 1984.

[19] Sprinkle G.B.. The Effect of Incentive Contracts on Learning and Performance [J]. The Accounting Review, 2000 (75): 299-326.

[20] Stajkovic A. D., Luthans F..Self-Efficacy and Work-Related Performance: A Meta-Analysis [J]. Psychological Bulletin, 1998, 124 (2): 294-261.

[21] Sunde U.. Potential, Prizes and Performance: Testing Tournament Theory with Professional Tennis Data [R]. IZA Discussion Paper, 2003 (947).

[22] Tor Eriksson, Sabrina Teyssier, Marie-Claire Villeval. Self-Selectiong and the Efficiency of Tournaments [J]. Economic Inquiry, 2009 (47): 530-548.

[23] Vandegrift D., Brown P.M.. Task Difficulty, Incentive Effects, and the Selection of High-Variance Strategies: An Experimental Examination of Tournament Behavior [J]. Labour Economics, 2003 (10): 481-497.

[24] Wilcox N.T.. Lottery Choice: Incentives, Complexity and Decision Time [J]. The

Economic Journal, 1993 (103): 1397-1417.

[25] Wood R., Bandura A.. Impact of Conceptions of Orgnizational Management [J]. Academy of Manage ment Review, 1986 (14): 361-384.

[26] Wood R.. Task Complexity: Definition of the Construct [J]. Organizational Behavior and Human Decision Processes, 1986 (37): 60-82.

(本文发表于《软科学》, 2011 年第 1 期,
作者: 闫威、王波)

第二部分

实证与实验研究

九、努力行为、拆台行为与团队绩效
——基于足球世界杯数据的实证研究

在团队锦标赛中，一个团队要获得最终的胜利，一方面可以选择提高努力水平，提升本团队产出；另一方面可以通过拆台来减少竞争团队的产出。[①] 政治锦标赛是一种典型的团队锦标赛机制，地方政府官员的最终晋升往往取决于各地区经济发展绩效的相对比较或排序竞争，而地方政府业绩目标（如国内生产总值增长、充分就业等）的实现则有赖于多个政府部门作为一个“团队”的共同努力。因此，在地方政府的“团队生产”中，地方官员为了提高自己的政绩位次，同时降低其竞争对手的位次，有时会采取“以邻为壑”的政策，造成市场割裂和“诸侯经济”。例如，我国自 20 世纪 80 年代中期以来各地区间不断上演的产业大战、开发区建设热以及吸引外资的“让利竞赛”，就是这个问题的集中表现。国际上，最近美国在不断炒作人民币汇率问题，欧洲对于中国产品也进行了多项反倾销调查和制裁，然而正如现实所表明的，这种设置贸易壁垒的做法未必就能使本国从中获益。[②] 以上事实，引发了我们浓厚的研究兴趣。实际上，我们关心的一个核

① 在团队锦标赛中，拆台行为主要包括故意封锁一些公共信息、传播错误的信息、损害对手的工作工具以及破坏对手的劳动成果等行为。很明显，这种拆台行为会影响到竞争团队的产出总和，进而降低委托人的收益。

② 最近，美国方面不断炒作人民币汇率问题，但此举并未获得广泛认同，不少国际机构、媒体及行业人士认为，由于产业结构的差异，单纯压迫人民币升值的做法未必能改善美国的国际收支状况。无独有偶，欧盟近年来对中国和越南皮鞋征收反倾销关税，这项措施虽然限制了两国皮鞋进入欧洲市场，但并没能真正挽救欧洲制鞋企业，空出的市场空间又被其他国家产品所挤占。从长远看，国家或地区间的贸易壁垒和贸易保护，虽有“损人”之实，却未收“利己”之效。

心问题是，“以邻为壑”，或者更正式的学理表述——拆台行为，是否真的能促进团队的绩效表现呢？换句话讲，“损人”真的会“利己”吗？

企业内的晋升体系往往呈金字塔形，越往上走，晋升机会越小。为了鼓励有能力者有足够的激励去继续争取晋升，越往上的工作阶梯，报酬差额也越大。那么这种随着晋升层次的不断上升，团队的努力水平、拆台水平是否也会不断地提高，抑或是发生其他的变化呢？例如，在公司组织内部，是基层员工之间的拆台行为频繁，还是越往上走，高层员工的拆台行为会越来越严重呢？努力水平又伴随着怎样的变化呢？

目前，囿于数据可得性（拆台行为是代理人刻意隐藏的行动和信息）和控制外生变异的限制，关于锦标赛中拆台行为的现场实证研究较小。据我们的文献调查，只发现两篇实证论文。Garicano 和 Palacios-Huerta（2005）利用西班牙足球联赛的数据做蓝本，研究三分制的引入对职业球员行为的影响。结果发现，胜负之间的报酬差距扩大导致球员的努力行为和拆台行为均有增加。Drago 和 Garvey（1998）在对澳大利亚公司的一项问卷调查中发现，加大晋升的激励会减少员工之间的相互帮助。这两篇文献提供了有价值的发现，但是由于研究视角的不同，并未对前述问题给出明确的答案。

本文力图在相关研究的基础上，利用代表世界足球最高水平的男子足球世界杯技术统计数据，结合多阶段锦标赛晋升模型，[①] 对努力行为、拆台行为与团队绩效、竞赛层次之间的关系进行探讨。

（一）文献评述与假设提出

1. 努力水平、拆台水平与团队绩效

基于相对绩效评价的锦标赛机制面临着两个潜在问题：第一，参赛者之间有可能达成某种默契，例如，都降低努力程度，以便能从协作“偷懒”中得到好

① 所谓多阶段锦标赛模型是将代理人分为若干个小组，每个小组内部成员相互竞争从而产生一个胜利者。这些胜利者将组成另一个小组在下一个阶段继续进行竞争，如此循环下去，直至最终的胜利者产生。这种比赛的核心规则是如果代理人在某一个阶段失败，那么他获胜的可能性为零。

处，即所谓的“共谋”问题（Harbring、Irlenbusch，2003；Z.Chen，2006）。第二，参赛者之间还可能相互拆台，为他人的成功设置障碍，从而不利于团队工作。在锦标赛机制中，每名员工的所得只依赖于他在所有代理人中的排名，而与他的绝对绩效表现无关。员工为了赢得竞争，可以努力工作，提高自己的产量，也可以通过拆台行为来减少竞争对手的产量（Lazear，1989；Konrad，2000；Chen，2003；Kräkel，2005）。

在团队锦标赛中，团队同样有两种行为选择：提升本身努力水平；对竞争团队拆台。那么，努力行为与拆台行为都对本团队的绩效表现有着显著的促进作用吗？基于团队资源的有限性，这两种行为又该如何配置呢？ 基于以上分析，本文提出以下两个假设：

H1a：团队锦标赛中，团队努力水平与团队绩效正相关。

H1b：团队锦标赛中，团队拆台水平与团队绩效正相关。

2. 竞赛层次与努力水平、拆台水平

Leonard（1990）基于1981~1985年的439家公司中20000个管理者的报酬数据，分析了人力资本、组织等级结构和管理者报酬的关系。结果发现，随着组织层次的提高，相邻层级间的报酬差距逐渐扩大。Conyon（2001）选取英国1997~1998年的100家上市公司数据，通过回归分析发现，薪酬差距与组织内部的等级结构之间呈现凸的线性关系，即等级越高，那么相邻的两个等级之间的薪酬差距越大。目前，大多企业的晋升体系都呈金字塔形，越往上晋升机会越小。为了鼓励员工有足够的激励去继续争取晋升，越往上的相邻工作阶梯之间，报酬差距也越大。早在1981年，Lazear和Rosen在其对于锦标赛理论模型的开创性研究中提出，代理人的努力水平取决于“成功者”和“失败者”之间的报酬差距，且随着报酬差距的扩大而增加。后期几乎所有研究都得出一个结论：提高报酬水平和增大报酬差距有利于提升代理人的努力水平（Bull等，1987；Becker、Huselid，1992；Qiu，2006）。

Lazear（1989）也是第一位对锦标赛中的拆台行为进行理论性研究的学者，其研究表明，在存在拆台行为的锦标赛中，赢家、输家之间的最佳奖金差距要低于无拆台行为的锦标赛。Harbring和Irlenbusch（2003）就对称锦标赛中的拆台行为进行了实验研究，结论表明增大奖金差距在诱导出较高的努力水平的同时，也会加强同质竞赛者之间的拆台行为。Gurtler（2008）利用数理经济学模型证明了由于存在报酬递减和互补效应，每一个团队都会对竞争团队中的能力最低者实施拆台行为，据笔者的文献调查，该文是迄今为止唯一研究团队间拆台行为的理论研究。

以上研究表明，随着比赛往后走即竞赛层次的提升，报酬差距不断扩大，同时，报酬差距越大（小），代理人的努力水平就越高（低），拆台的动机也越强（弱）。结合以上两点，本文提出另两个假设：

H2a：竞赛层次与团队努力水平正相关。

H2b：竞赛层次与团队拆台水平正相关。

3. 竞赛层次的调节效应

在努力水平、拆台水平与团队绩效的关系中，竞赛层次可能发挥着调节作用。但是，关于竞赛层次的调节效应，目前在理论研究和实证研究中尚无明确的结论。根据竞赛层次与努力水平、拆台水平关系的分析，随着竞赛层次的上升，胜负之间的奖金差距在扩大；就同一场比赛而言，两支参赛队伍的努力水平和拆台水平都可能上升，因此其对比赛结果的影响程度大小在理论上难以进行清晰的预测。鉴于竞赛层次方面的研究十分稀少，我们只能从奖金差距变化（主要是三分制的引入）方面的少数研究中获得一些启发。Brocas 和 Carrillo（2004）利用一个博弈模型证明，当获胜的价值增加时，参赛队伍倾向于在比赛后半段采取更具进攻性的战术，以打破比赛的僵局。但是，实力相对较弱的队伍会采取更保守的防守策略，避免在比赛一开始就被对手领先。因此，从理论上预测，平均来讲，随着获胜价值的增加，参赛队伍会更以防守为重，同时，有理由相信这些防守行为将有一部分转化为拆台行为（Julio del Corral 等，2010）。Palacios-Huerta（2003）、Dilger 和 Geyer（2009）分别对英格兰足球联赛、德国联赛的实证研究发现，随着三分制的引入，各支参赛队伍采取了更加重视防守的战术，并抵消了加强进攻对比赛结果的影响，进而间接地证实了上述理论观点。

综上所述，竞赛层次可能在努力水平、拆台水平与团队绩效的关系中发挥了调节作用，但这种调节效应的大小、方向及作用机理在理论上尚无法做出准确的判断。为了验证可能存在的竞赛层次的调节作用，本文提出以下假设，以作为实证分析的标靶：

H3a：随着竞赛层次的提升，努力水平对团队绩效的正向作用增强。

H3b：随着竞赛层次的提升，拆台水平对团队绩效的正向作用增强。

（二）研究方法

1. 研究样本

自 1930 年开始，每四年一届的足球世界杯赛事经过长达八十多年的专业化运营，国际足球联合会建立起了一套十分完备的球队技术统计系统，通过众多的技术指标对每支球队在世界杯比赛中的表现进行了精确的量化评价。根据数据可得性和研究需要，我们使用了“国际足球联合会”（FIFA）网站提供的 2006 年德国世界杯以及 2010 年南非世界杯两届比赛共 256 份球队的观测数据。①

2. 变量测量

由于球队的努力水平和拆台水平是无法精确测度的，我们根据 FIFA 官方网站提供的技术统计数据，并借鉴 Garicano 和 Palacios-Huerta（2005）研究中所选取的指标，利用因子分析的方法，对相关变量做了如下处理：

（1）球队努力水平。在衡量球队努力水平时，我们从众多的技术指标中选择了以下 4 个指标来反映球队的努力水平：①射门次数（Shots）。每场比赛球队的射门次数是反映球队进攻表现最为直观的指标，同时也是衡量球队努力水平最为重要的依据。②射正次数（Shots on Goals）。这项指标可以近似地理解为球队的射门有效率，反映了一支球队进攻的效率。③进球个数（Goals Scored）。每场比赛球队最终进球的个数，也是他们的最终成绩，很大程度上反映了球队所付出的努力水平。④角球个数（Corner Kicks）。这项指标从侧面反映了球队攻入对方半场，并对对方球门进行有效射击的次数。

① FIFA 官方网站上仅提供了 2006 年、2010 年两届世界杯每场比赛的详细技术统计数据。对于 2006 年之前的历届世界杯数据，该网站未全部提供。考虑到数据的权威性，我们只用了最近两届的数据。

除了以上 4 个主要技术统计指标外，控球率［Possession（%）］是衡量一支球队相对于另一支球队的技术水平的很好指标，但是它不能很好地反映球队的努力水平，只能说明球队的能力相对高低；前锋（Attacker）个数也是衡量一支球队进攻意愿的很好指标，但由于每支球队都有自己习惯性的踢法，加上每支球队前锋数目基本上也差不多，所以它并不能够很好地反映球队的努力水平，故这两个指标未加考虑。

（2）球队拆台水平。在衡量球队拆台水平时，我们选择以下两个指标来反映球队拆台水平：①犯规次数（Fouls Committed）。每场比赛球队的犯规次数是反映本方球队对对方进行破坏最为直观的指标，同时也是衡量球队拆台水平的重要依据。②黄牌个数（Yellow Cards）。这项指标大致反映了每场比赛球队拆台行为的严重或厉害程度，是对拆台程度进行量化的一个很好指标。

除了上述两个主要技术指标外，红牌（Red Cards）个数也反映了球队的拆台水平。但是，一方面由于红牌的来源比较难以界定（有的是累计被罚两张黄牌后成为红牌，有的是直接被罚红牌），另一方面由于红牌张数相对较少，造成了数据处理方面的困难，故没有考虑在列。另外，后卫（Defender）个数只是反映了球队的防守战术意图，与拆台行为的发生没有直接关系，同时由于后卫个数也与球队的习惯性踢法有关，加之每支球队的后卫个数基本上差异不大，因此也没有对其加以考虑。

（3）团队绩效。在运用定序选择模型（Ordered Choice Model）分析数据时，我们根据世界杯球队积分规则，计分方式如下：每场比赛中，赢的球队记为 3 分，持平的球队记为 1 分，输的球队为 0 分。

在剔除两届世界杯中踢平的比赛后，运用二元选择模型（Binary Choice Model）进行数据分析时，鉴于此时只有输、赢两种情况，特约定如下：赢的一方记为 1 分，输的一方记为 0 分。[①]

（4）竞赛层次。由于每届世界杯共可划分为小组赛、16 强争夺赛、8 强争夺赛、4 强争夺赛、冠亚季军争夺赛 5 个阶段，我们把竞赛层次设置为分类变量，

---

① 选择以上两种模型的原因会在后文予以详细解释。

记为 Level。并分别记这 5 个阶段的取值为 1、2、3、4、5，以便于考查竞赛层次对努力水平、拆台水平以及团队绩效的影响。

（5）地理位置。由于参加世界杯比赛的各支球队来自不同的地区，可能在整体风格、战术特点、球员性格等诸多方面存在差异。例如，不同地区的人或球队可能有着不同的集体性格倾向，[①] 有的强于防守，有的偏好进攻。为了对这些因素进行有效的控制，以消除可能存在的异方差性问题，本文依据世界杯组织规则，将所有参赛球队按其地区属性分为欧洲、南美洲、中北美洲及加勒比海地区、非洲、亚洲[②] 5 组，并依此设置 4 个虚拟变量，分别记为 D_1、D_2、D_3、D_4，赋值方式如下：

$$D_1 = \begin{cases} 1，\text{欧洲球队} \\ 0，\text{非欧洲球队} \end{cases} \qquad D_2 = \begin{cases} 1，\text{南美洲球队} \\ 0，\text{非南美洲球队} \end{cases}$$

$$D_3 = \begin{cases} 1，\text{中北美洲及加勒比海地区球队} \\ 0，\text{非中北美洲及加勒比海地区球队} \end{cases} \qquad D_4 = \begin{cases} 1，\text{非洲球队} \\ 0，\text{非非洲球队} \end{cases}$$

3. 分析方法

在数据的分析中，本文主要采用了因子分析、定序选择模型（Ordered Choice Model）分析、二元选择模型（Binary Choice Model）分析等方法，分析软件采用 SPSS17.0 和 EViews6。

（三）数据分析结果

1. 努力水平和拆台水平对团队绩效的影响

（1）努力行为和拆台行为的因子分析。我们首先以反映球队努力水平的 4 个

---

① 例如，鲁迅先生曾言："北人憨厚，南人精明。"这句话精辟地概括了国人南北性格的不同。欧人、葛山和陈金川（2003）主编的《性格地图》也详细勾画了我国各个地方人群不同的性格特征，比如上海人"时尚"，江浙人"灵性"，湖北人"小聪明"等。可见，不同地区可能孕育出不同性格的人。又比如在竞技足球领域，南美球队往往以技术华丽、艺术足球著称，但同时球员的小动作也比较多；欧洲球队（特别是英格兰队）则多以高举高打、长传冲吊见长。

② 由于大洋洲参赛球队极少（只有新西兰和几个岛国，澳大利亚已于 2006 年 1 月加入亚足联），我们将大洋洲和亚洲并为一组。

指标、拆台水平的 2 个指标为基础，采用因子分析（Factor Analysis）的方法，对球队的努力水平和拆台水平进行数量刻画。分析工具为 SPSS17.0，具体步骤如下：

第一步，分别对努力水平的 4 个指标、拆台水平的 2 个指标做 KMO 检验（Kaiser–Meyer–Olkin）和巴特利特球度检验（Bartlett's Test of Sphericity）。KMO 值分别为 0.616、0.500，均大于或等于 0.500，因此，这几个指标基本适合做因子分析。巴特利特球度检验显示对应的相伴概率值极小（$p \leqslant 0.01$），可认为相关系数矩阵不太可能是单位阵，适合做因子分析。

第二步，选用主成分分析法（Principal Component Analysis）得到因子分析初始解，以方差极大法（Varimax）进行因子旋转，利用回归法（Regression）计算因子得分。具体情况如下：通过对努力水平的 4 个指标进行因子分析，得到 2 个公共因子，其方差贡献率分别为 54.017%、28.383%，这 2 个公共因子可以解释原变量总方差的 82.4%；接着，对拆台水平的 2 个指标做因子分析，得到一个公共因子，其方差贡献率为 69.011%，即可以解释原变量总方差的 69.011%。它们对原变量的解释力度都远超过 60%，可认为这些因子基本上反映了原变量的绝大部分信息。

第三步，我们以各公共因子的方差贡献率作为权数，分别计算努力水平、拆台水平的综合得分，于是得到下面的计算公式：

努力水平（Effort）$= 0.54017F_1 + 0.28383F_2$，其中，$F_1$、$F_2$ 为反映努力水平的两个公共因子。

拆台水平（Sabotage）$= 0.69011F_3$，其中，F_3 为反映拆台水平的公共因子。

（2）变量的描述性统计与相关性分析。变量的描述性统计与相关性分析如表 9–1 所示。

各变量均值、标准差与相关系数矩阵如表 9–1 所示。从表 9–1 可以发现，首先，射门次数（Shots）、射正次数（Shots on Goals）、进球个数（Goals Scored）、角球个数（Corner Kicks）、犯规次数（Fouls Committed）这些初始指标与团队绩效（Scores）的相关系数均显著，表明了它们对团队绩效存在一定影响。其次，通过因子分析得到的两个因子——努力水平（Effort）和拆台水平（Sabotage），

表 9–1 变量的描述性统计与相关性分析

变量	均值	标准差	1	2	3	4	5	6	7	8	9
1.Scores	1.380	1.326									
2.Shots	13.06	5.269	0.291***								
3.Shots on Goals	5.300	2.901	0.474***	0.720***							
4.Goals Scored	1.460	1.851	0.399***	0.318***	0.365***						
5.Corner Kicks	4.690	2.881	0.123**	0.416***	0.404***	–0.136**					
6.Fouls Committed	17.020	5.504	–0.187***	–0.198***	–0.179***	–0.102	–0.150**				
7.Yellow Cards	2.160	1.350	–0.041	–0.081	–0.070	–0.003	–0.164***	0.380***			
8.Level	1.470	0.970	0.008	0.071	0.047	0.435***	–0.164***	0.082	0.062		
9.Effort	0	0.610	0.491***	0.787***	0.819***	0.782***	0.189***	–0.187***	–0.050	0.278***	
10.Sabotage	0	0.690	–0.137**	–0.168***	–0.150	–0.063	–0.189***	0.831***	0.831***	0.087	–0.143**

注：**、*** 分别表示参数在 5%、1%的水平下显著。

其与团队绩效（Scores）间也有显著的相关性；不过，努力水平与团队绩效间呈正相关关系（相关系数为 0.491，1%的显著性水平），而拆台水平与团队绩效间呈负相关关系（相关系数为-0.137，5%的显著性水平），显示 H1b 未获得支持。最后，努力水平（Effort）与竞赛层次（Level）呈正相关关系（相关系数为 0.278，1%的显著性水平）；虽然拆台水平（Sabotage）与竞赛层次（Level）之间的相关性在统计上并不显著，但其数值上仍为正（相关系数为 0.087），符号符合预期。以上相关分析结果初步支持了前文提出的 H1a 和 H2a。由于两个变量之间的简单相关系数容易受其他变量的影响从而导致虚假相关，因此还需要利用回归分析模型进一步验证本文提出的相关假设。

（3）定序选择模型（Ordered Choice Model）分析。为了说明团队绩效与努力水平、拆台水平、竞赛层次之间的关系，我们选取了 2006 年、2010 年两届世界杯共 256 组观测数据做定序选择模型分析，因变量是团队绩效。之所以运用定序选择模型，是因为对于一支球队而言，一场比赛的结果只存在三种可能的情况赢、平或输，即因变量团队绩效的取值是离散而且受限的。

在团队锦标赛中，团队为了使自己获得更大“蛋糕”，有两种行动可供选择：努力工作和对竞争团队拆台。故努力水平、拆台水平可能直接影响了团队的绩效。又考虑到世界杯比赛性质自身的特性，竞赛层次可能对团队绩效也会产生一定影响，如小组赛和淘汰赛在竞争的激烈程度、战术和人员安排等诸多方面也许是不一样的，为了控制这些因素，我们在模型中纳入竞赛层次变量。所以，在模型 1 中，我们选取了努力水平（Effort）、拆台水平（Sabotage）、竞赛层次（Level）3 个自变量。同时，考虑到在努力水平、拆台水平与团队绩效的关系中，竞赛层次可能发挥着调节作用，因此在模型 1 的基础上纳入两项交互项（Effort × Level，Sabotage × Level），以检验是否存在调节效应，构成模型 2。另外，为了控制球队的地区差异因素，我们在模型 1 的基础上加入了地区虚拟变量（D_1、D_2、D_3 和 D_4），构成模型 3。最后，将所有可能的影响因素都列为自变量，构成一个全变量模型，即为模型 4。限于篇幅，我们在此仅以模型 4① 为例，如式（9-1）所示：

$$y_i^* = \beta_0 + \beta_1 Effort_i + \beta_2 Sabotage_i + \beta_3 Level_i + \beta_4 ZLevel_i\ ZEffort_i + \beta_5 ZLevel_i ZSabotage_i + \beta_6 D_1 + \beta_7 D_2 + \beta_8 D_3 + \beta_9 D_4 + \xi_i \quad (9-1)$$

其中，y_i 代表团队绩效，y_i^* 代表一个未被观察到的潜在变量。y_i 与 y_i^* 关系是，如果连续性随机变量 y_i^* 超过某个临界值，则对应 y_i 的一个确定性选择。团队绩效的 3 种结果为输、平、赢，则 y_i 依赖于 y_i^* 与临界值 c_1、c_2 的关系：

$$\begin{pmatrix} 输 & 平 & 赢 \\ y_i^* \leqslant c_1, & c_1 < y_i^* \leqslant c_2, & y_i^* > c_2 \end{pmatrix}$$

y_i 与 y_i^* 的具体关系如式（9-2）所示：

$$y_i = \begin{cases} 0, & y_i^* \leqslant c_1 \\ 1, & c_1 < y_i^* \leqslant c_2 \\ 3, & y_i^* > c_2 \end{cases} \quad (9-2)$$

其中，临界值关系满足 $c_1 < c_2$。上述 y_i 的取值，我们是依据世界杯计分规则而设定的。

以 EViews6 为工具，采用定序选择模型分析，选择最大似然法估计上述 4 个模型方程中的参数，② 分析结果如表 9-2 所示。结果显示，在以上 4 个模型中，努力水平（Effort）对球队在赛场上的表现，即球队的最终绩效，均起到了显著的正向影响（$p \leqslant 0.01$）。这一结论证实了 H1a，努力行为对团队绩效存在积极的促进作用。拆台水平（Sabotage）的系数均为负值且在统计上均不显著（$p>0.05$），H1b 未获支持；竞赛层次分类变量（Level）对球队赛绩也未体现出显著的影响。同时，两个交互项在统计上均不显著，表明在努力水平、拆台水平与团队绩效的

---

① Effort、Sabotage、Level 分别代表努力水平、拆台水平和竞赛层次；D_1、D_2、D_3、D_4 代表四个地区虚拟变量；ZLevel、ZEffort、ZSabotage 分别为努力水平、拆台水平、竞赛层次的标准化变量；ξ 是误差项，满足标准正态分布。之所以在交互项中采用标准化变量，是因为这样能消除可能存在的多重共线性问题（Collinearity）。

② 为了克服可能存在的异方差性（Heteroscedasticity），在选择协方差矩阵以作为后续计算的基础时，利用 Huber/White 的方法对原始数据进行了处理。

关系中，竞赛层次变量并未起到调节作用，即 H3a、H3b 均未得到支持。综合以上分析，可以认为拆台行为对团队绩效并无显著影响，H1b 未获支持。另外，在含有地区虚拟变量的模型 2 和模型 4 中，欧洲虚拟变量（D_1）和南美洲虚拟变量（D_2）的系数为正且在统计上是显著的，反映欧洲和南美洲球队的整体成绩要更好一些，这一点与近两届世界杯的实际情况是相符的。

（4）二元选择模型（Binary Choice Model）分析。在现实生活中，个体在面临不同选择时，每一个选择是不同因素影响的结果或相同因素不同程度影响的结果。考虑踢平的比赛结果在各影响因素上难以体现出差异性，为了保证本文研究结论的稳健性（Robustness），我们特意剔除了这两届世界杯中踢平的比赛场次，共得到 194 组数据，然后对新的数据集再次进行计量分析。考虑此时作为因变量的团队绩效只有输、赢两种情况，故我们在此部分应用二元选择模型（Binary Choice Model）中的 Probit 模型。

同之前的定序选择模型一样，首先我们选取了努力水平（Effort）、拆台水平（Sabotage）、竞赛层次（Level）3 个自变量，构建模型 5；接着，在模型 5 的基础上放入两项交互项（Effort × Level，Sabotage × Level），以检验是否存在着调节效应，构成模型 6；然后，在模型 5 的基础上纳入地区虚拟变量（D_1、D_2、D_3 和 D_4），构成模型 7；最后，将所有可能的影响因素都列为自变量，构成一个全模型，即为模型 8，如式（9-3）所示：

$$\tilde{y}_j = \alpha_0 + \alpha_1 Effort_j + \alpha_2 Sabotage_j + \alpha_3 Level_j + \alpha_4 ZLevel_j\, ZEffort_j + \alpha_5 ZLevel_j\, ZSabotage_j + \alpha_6 D_1 + \alpha_7 D_2 + \alpha_8 D_3 + \alpha_9 D_4 + \xi_j \tag{9-3}$$

其中，$\tilde{y}_j$ 代表一个潜在变量，是不可观测的；其余变量含义同式（9-1）。y_j 是可观测的，它代表该团队的胜负情况，即团队绩效。y_j 表示取值为 0 和 1 的离散型随机变量：①

① 即 $\tilde{y}_j$ 大于临界值 0 时，$y_j=1$，小于或等于 0 时，$y_j=0$。这里把临界值选为 0，但事实上只要 x_j 包含常数项，临界值的选择就是无关的，所以不妨设为 0。详见：高铁梅. 计量经济分析方法与建模 EViews 应用及实例［M］. 北京：清华大学出版社，2006：200-201.

$$y_j=\begin{cases}1，\tilde{y}_j>0 \text{（表示团队在比赛中胜利）}\\ 0，\tilde{y}_j\leqslant 0 \text{（表示团队在比赛中失败）}\end{cases}$$

y_j 的响应概率如式（9-4）所示：

$$p=(y_j=1)=\text{Probit\_distribution}(\tilde{y}_j>0) \tag{9-4}$$

利用 EViews6，选择最大似然估计法估计其中参数即可。

运用二元选择模型对数据进行分析（详细结果见表 9-2），得出的结论与定序选择模型下的分析结果相同：①努力水平对团队绩效有着显著的积极促进作用；②拆台水平、竞赛层次对团队绩效并无显著的影响。由于两个模型中的参数估计是高度一致的，因此，可认为上述研究结论具有较好的稳健性(Robustness)。

表 9-2　团队绩效对努力水平、拆台水平、竞赛层次的回归结果

	第一组模型（定序选择模型）				第二组模型（二元选择模型）			
	模型 1	模型 2	模型 3	模型 4	模型 5	模型 6	模型 7	模型 8
C（常数项）					0.096 (0.499)	0.226 (0.691)	0.104 (0.535)	0.245 (0.733)
Effort	1.003*** (6.529)	0.934*** (6.045)	1.024*** (6.690)	0.961*** (6.216)	1.387*** (5.472)	1.366*** (5.456)	1.416*** (5.931)	1.409*** (5.971)
Sabotage	−0.097 (−0.815)	−0.066 (−0.538)	−0.062 (−0.514)	−0.029 (−0.229)	−0.069 (−0.470)	−0.0156 (−0.099)	−0.047 (−0.315)	0.013 (0.080)
Level	−0.113 (−1.315)	−0.174* (−1.955)	−0.083 (−0.952)	−0.154* (−1.671)	−0.048 (−0.478)	−0.126 (−1.224)	−0.055 −0.511	−0.138 (−1.230)
ZLevel × ZEffort			−0.060 (−0.710)	−0.032 (−0.372)			0.046 (0.324)	0.081 (0.546)
ZLevel × ZSabotage			−0.108 (−1.570)	−0.110 (−1.586)			−0.110 (−1.219)	−0.123 (−1.345)
D_1		0.514*** (2.666)		0.492** (2.544)		0.253 (0.752)		0.253 (0.743)
D_2		0.471* (1.908)		0.463* (1.863)		−0.024 (−0.066)		−0.021 (−0.055)
D_3		0.026 (0.096)		0.012 (0.044)		−0.443 (−0.982)		−0.474 (−1.052)
D_4		0.039 (0.390)		0.016 (0.163)		−0.708 −1.720		−0.727 (−1.774)

续表

	第一组模型（定序选择模型）				第二组模型（二元选择模型）			
	模型 1	模型 2	模型 3	模型 4	模型 5	模型 6	模型 7	模型 8
LR①	62.144	70.618	65.501	73.570	64.492	74.331	66.029	76.338
Pseudo R^2	0.113	0.128	0.119	0.133				
McFadden R^2					0.240	0.276	0.246	0.284
$\hat{c}_1$	−0.551*** (−3.501)	−0.321 (−1.636)	−0.531*** (−3.412)	−0.326* (−1.669)				
$\hat{c}_2$	0.177 (1.207)	0.425 (2.240)	0.204 (1.391)	0.426** (2.238)				

注：其中第一组模型为定序选择模型（Ordered Choice Model）运行结果；第二组模型为二元选择模型（Binary Choice Model）中的 Probit 模型运行结果； *、**、*** 分别表示参数在 10%、5%、1%的水平下显著；系数估计值下面括号中的值为其对应的 Z 统计值；$\hat{c}_1$、$\hat{c}_2$ 表示 Ordered Choice Model 运行中两个临界值的估计值；表中的数字采用四舍五入的方法保留 3 位小数。

2. 竞赛层次对努力行为、拆台行为的影响

接下来，我们对 H2a 和 H2b 进行检验。首先，以努力水平（Effort）为因变量，拆台水平（Sabotage）、竞赛层次（Level）为自变量，构建模型Ⅰ；接着，依次分别加入交互项、地区虚拟变量构建模型Ⅱ、模型Ⅲ；最后是考虑所有因素的全变量模型Ⅳ。限于篇幅，计量方程不再列举，下同。计量分析结果如表 9-3 所示：

表 9-3　努力水平的线性回归结果

Variable	模型Ⅰ	模型Ⅱ	模型Ⅲ	模型Ⅳ
C（常数项）	−0.175 (−2.595)	−0.322*** (−3.629)	−0.170** (−2.525)	−0.320*** (−3.623)
Level	0.119*** (3.104)	0.084** (2.151)	0.113*** (2.940)	0.078** (2.001)
Sabotage	−0.174*** (−3.233)	−0.167*** (−3.101)	−0.186*** (−3.417)	−0.180*** (−3.322)
ZLevel × ZSabotage			0.044 (1.422)	0.047 (1.546)
D_1		0.276*** (2.862)		0.280*** (2.914)
D_2		0.328*** (2.759)		0.322*** (2.716)

① LR 统计量用来检验模型斜率系数的整体显著性。检验的零假设是除常数项外的所有系数都为 0。该统计量的定义为$-2[l(\tilde{\beta})-l(\hat{\beta})]$。其作用类似于线性回归中的 F 统计量。

续表

Variable	模型Ⅰ	模型Ⅱ	模型Ⅲ	模型Ⅳ
D_3		-0.087 (-0.619)		-0.081 (-0.575)
D_4		0.120** (2.303)		0.127** (2.438)
F	9.242	6.206	6.860	5.690
R^2	0.068	0.130	0.075	0.138
Ad.R^2	0.061	0.109	0.064	0.114

注：表中的数字为非标准化回归系数；系数估计值下面括号中的值为其对应的 t 统计值；其他标注含义均同表 9-2。

然后，以拆台水平（Sabotage）为因变量，同上述步骤构建模型Ⅴ、模型Ⅵ、模型Ⅶ、模型Ⅷ。其计量分析结果如表 9-4 所示。

表 9-4 拆台水平的线性回归结果

Variable	模型Ⅴ	模型Ⅵ	模型Ⅶ	模型Ⅷ
C（常数项）	-0.127 (-1.636)	-0.167 (-1.596)	-0.113 (-1.412)	-0.159 (-1.508)
Level	0.086* (1.950)	0.109** (2.409)	0.073 (1.526)	0.098** (1.971)
Effort	-0.228*** (-3.233)	-0.223*** (-3.100)	-0.223*** (-3.144)	-0.221*** (-3.055)
ZLevel × ZEffort			0.031 (0.686)	0.025 (0.557)
D_1		-0.051 (-0.450)		-0.045 (-0.396)
D_2		-0.049 (-0.350)		-0.039 (-0.274)
D_3		0.094 (0.575)		0.093 (0.569)
D_4		0.171*** (2.844)		0.172*** 2.856
F	6.229	4.019	4.301	3.480
R^2	0.047	0.088	0.049	0.089
Ad.R^2	0.039	0.066	0.037	0.064

注：表 9-4 中所有标注含义同表 9-3。

表 9-3、表 9-4 中的所有方程都通过了 F 检验。回归分析结果显示，除模型Ⅶ中竞赛层次对拆台水平的影响在统计上并不显著（但其符号依然为正）外，总

体而言，竞赛层次分类变量（Level）对球队的努力水平、拆台水平都起到了显著的正向影响（$p \leqslant 0.05$）。这一结果基本证实了 H2a、H2b：随着竞赛层次的上升，努力水平、拆台水平均显著提高。另外，我们从表 9–3 和表 9–4 中还可以得出这样一个结论：团队自身的拆台水平、努力水平存在明显的负相关性。因此，在团队资源有限的情况下，如何将资源合理优化分配于这两项任务中，是一个值得慎重考虑的问题。

（四）结论和讨论

1. 研究结论及现实意义

本文利用男足世界杯的技术统计数据，对努力行为、拆台行为、竞赛层次与团队绩效之间的关系进行了研究，获得的研究结论主要包括以下几个方面内容：

（1）在团队锦标赛中，团队的努力水平对团队的整体绩效产生积极影响，而团队拆台水平对团队的整体绩效却没有显著的促进作用。从直觉上讲，团队为了赢得竞赛，也许可以通过对竞争团队的拆台提升自己的地位，即俗话所说的“损人利己”。但是我们的实证研究却发现，损人未必利己。在现实生活中，每个企业就是一个团队，一方面由于团体活动的明显性，对竞争团队实施拆台，很容易暴露在公众眼前，导致企业声誉下降，这很大程度上抑制了团队绩效的提升；另一方面在拆台者信息泄露的情况下，被拆台者更倾向于对拆台者施以“报复行为”（Harbring 等，2007），导致双方拆台加剧，其他团队坐收“渔翁之利”，结果只会两败俱伤。另外，在有限资源约束下，团队更应该把主要精力聚焦于提高自身实力、加强团队内部建设，强化团队间的相互协作性，共同提高团队绩效，这样做远比相互拆台更能带来令人满意的结果。这也是构建“和谐社会”的应有之义。

（2）在团队锦标赛中，团队的努力行为、拆台行为随竞赛层次的上升而增加。即随着竞赛层次的提升，薪酬差距进一步扩大，团队努力水平得到大幅度提升，但同时也加剧了团队间的拆台行为。这点符合 Lazear（1989）的预测：随着竞赛层次（奖金差距）的提高，拆台行为是逐渐增加的。

对企业而言，高层管理者是通过层层选拔后脱颖而出的，相较于基层员工，他们往往有更强烈的竞争意识，[①] 拆台行为的激烈程度和后果可能也更加严重。同时，鉴于高层管理者所负责的工作往往是具有很强的互补性的，例如，市场总监需要为销售总监提供第一手的市场情报，研发部门在进行新产品开发时也需要听取生产部门和售后服务部门的意见。因此，高层管理者及其所辖团队之间的合作，无疑对企业发展的成败起着关键的作用。因此，正如我们在现实中看到的，基于相对绩效比较的锦标赛机制在基层员工激励与管理体系中十分常见（末位淘汰就是一个典型的例子）；但是对高层管理者而言，应用更多的却是基于绝对绩效评价的激励方案（年薪制等），以避免他们之间的相互拆台。总之，竞赛层次的高低，任务之间相互依赖性的强弱，都是企业在进行激励机制设计时需要考虑的重要因素。

（3）从以上结论引发的一个思考是，尽管拆台行为并不能显著提高团队绩效，但各团队仍然忙于对竞争团队拆台，且随着竞赛层次的提升，拆台越厉害。这实际上使得各团队陷入了一种“囚徒困境”。各团队之所以做出“非理性的理性选择”，内在根源是为了各自的利益，然而团队在追逐自身利益的时候，却不一定得到最大的利益。被称为全球三大顶级赛事之一的国际足联世界杯本来是一场极富欣赏价值、品位高超球技的赛事，然而比赛中球员的许多“恶劣行径”让球赛失去不少色彩。[②] Garicano 和 Palacios-Huerta（2005）曾以西班牙足球联赛数据说明，频繁的拆台行为大大减少了观众数量。观众数量的减少，意味着收益减少，这对于主办方和国际足联而言显然是不利的。基于动态博弈的声誉机制和对拆台行为的严厉惩罚机制或许是解决“囚徒困境”问题的可行之道。实际上，诸多体育赛事均设置“公平竞赛奖”，不少跨国公司对于企业价值观和企业文化的

---

① Lazear（1995）按照员工性格特点，将员工分成了鹰派和鸽派，两派员工的合作、拆台意识是截然不同的。按照他的观点，高层管理者往往是鹰派，富有进攻性。详见：爱德华·拉齐尔. 人事管理经济学[M]. 刘昕译. 北京：北京大学出版社，1995：263-265.

② 2010 年南非世界杯冠亚军决赛创下了 12 张黄牌和 1 张红牌的历史纪录，荷兰单队就拿下了 7 张黄牌，可结果却仍屈居亚军。球赛中如此多的犯规动作，也令许多观众和媒体大失所望。著名记者 Cassandra James 于 2010 年 7 月 11 日在雅虎旗下 Associated Content 网站上发表专栏评论“The Netherlands Play a Dirty Game in World Cup Final 2010：Disgrace the World Cup and Deserve to Lose”，对此问题提出了尖锐的批评（http：//www.associatedcontent.com/article/5576190/the_netherlands_play_a_dirty_game_in.html?cat=9）。

高度重视，在某种程度上体现了试图解决“肮脏比赛”(Dirty Play) 或“办公室政治”(Office Politics) 此类拆台问题的实践努力。①

2. 本文不足及后续研究方向

囿于研究手段和笔者自身水平的限制，本文也存在着一些不足。首先，由于搜集数据十分困难，我们只在 FIFA 官方网站上找到了近两届男足世界杯赛事的详细数据，样本量稍显不足。其次，我们在衡量团队努力水平、拆台水平时，由于技术统计数据方面的限制，指标选择的周全性存在一定的缺陷，如对于一个球队，教练的作用也是一个不可忽视的因素。最后，本文所针对的对象是一种特殊的团队，譬如世界杯中各球队之间的拆台行为就是完全暴露在裁判及公众眼前的，并会及时给予相应的惩罚；但现实生活中，拆台行为往往有着很强的隐蔽性。

在后续研究中，宜继续围绕团队间拆台行为的行为模式及其对团队绩效的影响这一主题，就团队报酬分配机制、团队内外沟通机制对团队拆台行为的影响以及团队成员个体层面的拆台主体和拆台对象的选择问题等方面开展深入研究。例如，在代理人异质的情况下，本团队是针对竞争团队中能力最强的成员拆台，抑或是向能力最差的成员下手？拆台行为如果成为各团队的现实选择，那么它对社会福利的影响又是如何？对于上述问题，或许还可以引入任务依赖性这一特质，将相关研究推向深入。

参考文献

[1] 邱伟年. 锦标赛理论与高管团队的激励 [J]. 现代管理科学，2006 (8)：84-86.

[2] Alexander Dilger，Hannah Geyer. Are Three Points for a Win Really Better Than Two? [J]. Journal of Sports Economics，2009，10 (3)：305-318.

---

① 目前，足球、篮球、网球等诸多领域的世界级赛事几乎无一例外地设置了“公平竞赛奖”，此奖项授予在竞赛中经常保持公平竞技或在指定事件中体现公平竞技的个体或团队。2010 年南非世界杯上，国际足联技术研究小组以挺进 16 强国家为对象，对犯规、警告、退场等行为进行评估，给得分最高的国家颁发公平竞赛奖。最终，西班牙队骄傲地以最文明的方式拿到了最有价值的世界杯冠军，这也是该队继 2006 年德国世界杯后第二次蝉联这一殊荣。在企业界，宝洁公司（P&G）的五项价值观依次是诚实、领导力、主人翁意识、进取心和信任，Google 公司将“不作恶”(Don't do evil) 作为公司的信条，阿里巴巴“六脉神剑”价值体系作为该公司所有员工必须恪守的道德规范和行为准则，其中就包含团队合作（共享共担，以小我完成大我）与诚信（诚实正直，信守承诺）。

[3] Becker B. E., Huselid M. A.. The Incentive of Effects of Tournament Compensation System [J]. Administrative Science Quarterly, 1992.

[4] Brocas, Isabelle and Juan D. Carrillo. Do the Three-Point Victory and Golden Goal Rules Make Soccer More Exciting [J]. Journal of Sports Economics, 2004 (5): 169-185.

[5] Chen K.P.. Sabotage in Promotion Tournaments [J]. Journal of Law, Economics and Organization, 2003, 19 (1): 119-139.

[6] Chen Zhijun. Fighting Collusion in Tournaments [R]. MPRA Paper, 2006 (872).

[7] Clive Bull, Andrew Schotter, Keith Weigelt. Tournaments and Piece Rates: An Experimental Study [J]. The Journal of Political Economy, 1987 (2): 1-33.

[8] Drago R. W., Garvey T.. Incentives for Helping on the Job: Theory and Evidence [J]. Journal of Labor Economics, 1998 (16): 1-15.

[9] Garicano Luis, Ignacio Palacios-Huerta. Sabotage in Tournaments: Making the Beautiful Game a Bit Less Beautiful [R]. Centre for Economic Policy Research Discussion Paper, 2005 (5231).

[10] Gurtler O.. On Sabotage in Collective Tournaments [J]. Journal of Mathematical Economics, 2008 (44): 383-393.

[11] Harbring C., Irlenbusch B., et al.. Sabotage in Corporate Contests: An Experimental Analysis [J]. International Journal of the Economics of Business, 2007: 367-392.

[12] Harbring C., Irlenbusch B.. An Experimental Study on Tournament Design [J]. Labour Economics, 2003, 10 (4): 443-464.

[13] Harbring, Irlenbusch. On the Influence of Wage Compression on Sabotage [R]. Discussion Paper, University of Bonn and University of Erfurt, 2003.

[14] Julio del Corral, Juan Prieto-Rodriguez, Rob Simmons. The Effect of Incentives on Sabotage: The Case of Spanish Football [J]. Journal of Sports Economics, 2010, 11 (3): 243-260.

[15] Konrad K.. Sabotage in Rent-seeking Contests [J]. Journal of Law, Economics and Organization, 2000, 16 (1): 155-165.

[16] Kräkel M.. Helping and Sabotaging in Tournaments [J]. International Game Theory Review, 2005, 7 (2): 211-228.

[17] Lazear E. P.. Pay Equality and Industrial Politics [J]. Journal of Political Economy, 1989

(97): 561-580.

[18] Lazear E. P., Rosen S.. Rank-Order Tournaments as Optimum Labor Contracts [J]. Journal of Political Economy, 1981 (89): 841-864.

[19] Leonard K., Rousseeuw, Peter J.. Finding Groups in Data: An Introduction to Cluster Analysis [M]. Wiley: New York, 1990.

[20] Martin J. Conyon, Simon I. Peck, Grahan V. Sadler. Corporate Tournaments and Executive Compensation: Evidence from UK [J]. Strategic Management Jouarnal, 2001 (22): 805-815.

[21] Palacios-Huerta, Ignacio. Professionals Play Minimax [J]. Review of Economic Studies, 2003 (70): 395-415.

(本文发表于《管理工程学报》,2013 年第 1 期,

作者:闫威、王波)

十、能力异质性对代理人拆台行为的影响
——实验的证据

过去三十几年来，锦标赛机制作为一种基于相对绩效评价的激励策略已被广泛研究。Lazear 和 Rosen（1981）首先提出了锦标赛理论，其基本观点为锦标赛机制提供的激励取决于“成功者”和“失败者”之间的报酬差距，而最高的报酬水平超过了代理人的生产力。同基于边际产出的激励合同相比，锦标赛机制具有四个潜在的好处：首先，薪酬是基于代理人边际产出的排序，而不是具体的边际产出，边际产出的排序要比边际产出的准确度量简单，因此可降低成本。其次，薪酬差距可以鼓励基层员工参与排序竞争，从而提供激励，降低监控的必要性，参赛的员工更关心能否击败对手，而不是仅关注于自身的绝对绩效。再次，锦标赛中的奖金是事先确定的，可以减少委托人或监督人员的道德风险或机会主义行为，增加企业激励承诺的可信度。最后，相对绩效比较可以有效地排除外部干扰因素的影响，减少代理人的附加风险，提高绩效评价的准确性。目前，锦标赛机制在企业员工薪酬与晋升管理（Conyon、Peck、Sadler，2001）、专利与研发竞赛（Terwiesch、Xu，2008）、公共部门与地方官员竞争（周黎安，2007）等诸多领域有着广泛的应用。

但是，锦标赛机制也面临着以下两个潜在问题：第一，参赛者之间有可能达成某种默契，如都降低努力程度，以便能从协作“偷懒”中得到好处，即所谓的“共谋”问题（Harbring、Irlenbusch，2003；Chen，2006）；第二，参赛者之间还

可能相互拆台，为他人的成功设置障碍，从而不利于团队工作。为了赢得竞争，员工可以努力工作，提高自己的产量，也可以通过拆台行为来减少竞争对手的产量（Lazear，1989；Konrad，2000；Chen K.P.，2003；Kräkel，2005）。

非对称锦标赛系指代理人的异质性，即代理人的能力不同。现实中，组织中代理人的能力千差万别，因此非对称锦标赛更接近于组织管理实际。由于在非对称锦标赛中能力高的代理人一般是不太愿意与低能力者“共谋”的（因为前者本身有较大的概率赢得锦标赛的胜利从而获得较高的收益），所以本文主要探讨非对称锦标赛中代理人的拆台行为问题，更确切地讲，我们尝试利用实验经济学的研究方法分析异质代理人的不同比例对其拆台行为的影响。

（一）文献综述

在理论研究方面，Lazear（1989）是第一位对锦标赛中的拆台行为进行系统研究的学者，其研究表明，在存在拆台行为的锦标赛中，赢家与输家之间的最佳奖金差距要低于无拆台行为的锦标赛。Konrad（2000）认为，在参赛者人数较少的情况下，锦标赛中的拆台行为将更为激烈。在存在多位参赛者的锦标赛模型中，拆台行为并不那么频繁。因为如果对某位参赛者进行“阴谋”设计，那么受益的则会是其他多位参赛者。Chen K.P.（2003）和 Munster（2006）构建了一个参赛者具有不同能力的锦标赛模型。在每个参赛者的拆台能力和工作能力都不相同的假设前提下，研究表明，工作能力突出的参赛者经常遭受其他参赛者实施的拆台行为。Kräkel（2005）认为，拆台行为与团队协作行为均可作为评估非对称锦标赛竞争程度的指标。Gurtler（2008）利用数理经济学模型研究了团队锦标赛中的拆台行为。团队锦标赛系指以团队为单位进行的竞赛，如科研团队的研发竞赛及足球队、篮球队之间的体育竞赛等。该研究证明，由于存在报酬递减和互补效应，每一个团队都会对竞争对手团队中的能力最差者实施拆台行为。

目前，囿于数据可得性和控制外生变异的限制，关于锦标赛中拆台行为的现场实证研究甚为少见。Garicano 和 Palacios-Huerta（2005）利用西班牙足球联赛的数据做蓝本，研究三分制的引入对职业球员行为的影响。结果发现，胜负之间的奖金差距扩大，导致球员的努力行为和拆台行为均有所增加。Drago 和 Garvey（1998）在对澳大利亚公司的一项问卷调查研究中发现，加大晋升的激励会减少员工之间的相互帮助行为。

为了克服现场数据难以收集的弊端及保证研究的内部效度，逐渐有学者利用实验研究方法研究了锦标赛机制中的拆台行为，但这些研究主要集中于分析非对称锦标赛中相对报酬机制对代理人努力水平的影响以及对称锦标赛中代理人的拆台行为。Schotter 和 Weigelt（1992）及 Van Dijk、Sonnemans 和 Van Winden（2001）发现，在非对称锦标赛中，低能力的代理人将选择很低的努力水平或直接退出竞争。Harbring C.、Irlenbusch B.、Kräkel M. 和 Selten R.（2007）通过实验对团队锦标赛中异质参赛者的拆台行为进行研究，研究结果表明，随着高能力者比例的增加，低能力者选择了放弃比赛或者与其他低能力者形成同盟共同对高能力者进行拆台；但是在拆台者身份信息泄露时，参与者之间的拆台行为将会减少。曾馨逸、闫威（2010）从锦标赛的组织成本和实验设计中的重新启动效应方面扩展了 Orrison 等（2004）的研究，并获得了不同的结论：代理人的平均努力水平随着获胜者比例的增加而增大，赛事规模的改变不会导致努力水平的变化。同时，"共谋"现象在小规模锦标赛中是容易出现的。闫威、陈长怀采用实验研究的方法评价机会公平规则和倾斜政策对员工努力水平及雇主总产出的影响，研究结果表明，实施倾斜政策并没有增加员工的总产出，也没有提高雇主的收益。Jeffrey C.、Peter Hans M.和 John S.（2010）在对称锦标赛环境下实施了一个真实努力实验，对计件工资制和锦标赛机制下被试的努力水平和拆台水平（办公室政治）进行了比较分析。在该研究中，被试被要求打印一封信，并将其装入一个信封。拆台的维度包括数量（少计数量）和质量（低估质量）两个方面。实验结果表明，在锦标赛机制下，被试之间的相互拆台行为会更多，同时每名被试的产出比计件工资情况下要少得多。当员工预测到自己对公司的贡献不能被真实地反映时，这种预期也会导致员工努力水平降低。只有在不存在拆台问题的环境中，锦标赛机制才能真正发挥激励效应。

以上研究为锦标赛理论的深入发展提供了非常有价值的发现。但是也容易看出，现有研究主要集中于探讨锦标赛机制的激励效应以及对称个体锦标赛中的拆台行为，而且多数研究假设代理人是同质的；个别文献利用数理经济学模型对非对称锦标赛中的拆台行为进行了理论分析，但缺乏相应的实证或实验证据。本文循着 Harbring C.、Irlenbusch B.、Kräkel M.和 Selten R.（2007）的研究框架，选取中国被试，采用可控的实验性研究，探讨异质代理人的不同比例对代理人拆台行为与努力水平的影响，以期在拆台行为治理与员工激励领域获得有价值的研究结论和政策建议。之所以采用实验研究方法，是因为拆台行为在管理实践上是难以清晰识别的（拆台行为是代理人刻意隐藏的行动和信息），更不可能通过自陈式问卷让代理人自我反映。而且，受控实验方法可以排除无关因素的干扰，并有利于对相关实验参数进行明确而清晰的设定。在实验设计中，代理人的异质体现在他们的成本函数的不同。能力低的代理人具有一个比较陡峭的成本曲线，而能力高的代理人成本曲线相对平缓。

与以往研究相比较，本文创新之处主要表现在以下两个方面：第一，选取中国被试，探讨高能力者与低能力者比例的不同是否对他们之间的拆台行为产生影响，有助于弥补国内研究较为缺乏的遗憾。第二，本文研究结论表明，随着高能力者比例增大，低能力者既没有因为获胜的希望渺茫而放弃竞争，也没有联合起来共同对高能力者进行拆台。这一点与国外学者 Harbring C.、Irlenbusch B.、Kräkel M.和 Selten R.（2007）的研究结论是截然不同的。

（二）实验研究设计

1. 理论模型

考虑一个两阶段锦标赛拆台模型，每组有 3 个成员。在实验第一阶段，成员 i 选择拆台强度s_{ij}对成员 j 进行拆台（i，j = 1，2，3；i≠j）。拆台行为会让其他成员努力工作的成本变得更高。为了简单起见，我们假设仅有两个拆台水平，即 s_L 和 s_H，且 $s_L < s_H$。在实验第一阶段之后，每位成员都能观测到自己被拆台的数值 S_i，S_i 代表成员 i 所遭受到其余参赛成员实施的拆台行为的总和 $\sum_{j\neq i} s_{ji}$（i，j = 1，2，3；i≠j）。参赛者还可观测到每个成员的成本水平，从而可以得知本组的拆台行

为的总体情况，即每个成员的拆台行为是所有参赛者的共同知识（Common Knowledge）。第一阶段的拆台行为使得参赛者面临着三种不同的努力边际成本，具体说明详见“实验设计与实施”部分。在实验第二阶段（竞赛阶段），参赛者选择自己的努力水平 e_i，而努力成本从相应的成本表中得出。图 10–1 概括了实验的程序。

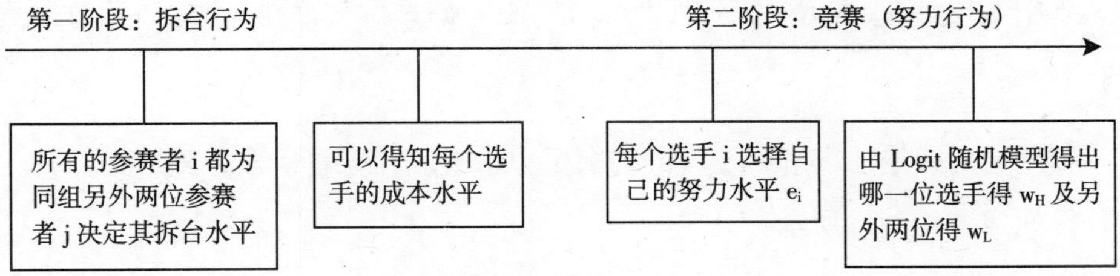

图 10–1　实验的程序

在随机均衡选择（Logit-form）模型中，每位参赛者 i 的获胜概率为 $e_i/(e_i+\sum_{j\neq i} e_j)$，① $e_1+e_2+e_3\neq 0$，获胜者得到奖金 w_H，其他两位失败者得到奖金 w_L，奖金差距 $\Delta w = w_H - w_L$。拆台行为和努力行为都能让竞争对手更难赢得竞赛，也使得比赛结果变得更为复杂。假定成员 i 是风险中性且完全以收益最大化为目标，则其期望支付函数如式（10–1）所示：

$$E\prod_i = w_L + \Delta w\frac{e_i}{e_i+\sum_{j\neq i} e_j} - k_iS_ie_i - c(\sum_{j\neq i} s_{ij}) \quad (i=1,\ 2,\ 3) \qquad (10\text{–}1)$$

其中，$k_i>0$，$c>0$。

式（10–1）右边的第三部分表示参赛者付出努力所对应的成本，它受三个因素影响。首先，努力水平（e_i）越高，成本越高。其次，k_i 是成员 i 的能力参数，跟努力成本有着反向的关系，高能力者的努力成本较低，而低能力者的努力成本

① 获胜概率采用了 Logit 函数形式，这种模型通常用于寻租行为（Tullock，1980），专利和发明竞赛（Baye、Hoppe，2003），体育竞赛（Szymansk，2004）和劳动力市场中的竞赛（Kräkel，2002）。参赛者选择的努力支付越高，其获胜的概率也越高，但是也不排除有小概率事件发生。在现实的体育锦标赛中，赢得冠军的选手也不一定是付出努力最多的选手，有时一些偶然因素（如运气）也会影响比赛结果。

较高。例如，当 $k_i = k_L$ 时，则成员 i 为高能力者；当 $k_i = k_H$ 时，则成员 i 为低能力者；$k_L < k_H$。最后，S_i 代表成员 i 所遭受的来自其他成员的拆台行为总和（$\sum_{j\neq i} s_{ji}$），成为拆台行为的受害者也会导致自身努力的边际成本的增加。

式（10-1）右边的第四部分表示成员 i 对其他成员实施拆台行为所付出的成本，其中，$\sum_{j\neq i} s_{ij}$ 代表成员 i 对其他成员实施的拆台行为总和，c 是拆台行为成本参数。

利用逆向归纳法求解参赛者的均衡努力水平。在竞赛阶段，式（10-1）的一阶条件如式（10-2）所示：

$$\Delta w \frac{\sum_{j\neq i} e_j}{(e_i + \sum_{j\neq i} e_j)^2} = k_i S_i \qquad (i = 1, 2, 3) \tag{10-2}$$

从式（10-2）求 e_i 的均衡解，如式（10-3）所示：

$$e_i^* = 2\Delta w \frac{(\sum_{j\neq i} k_j S_j) - k_i S_i}{(k_i S_i + \sum_{j\neq i} k_j S_j)^2} \qquad (i = 1, 2, 3) \tag{10-3}$$

式（10-3）表示，参赛成员的最优努力水平 e_i^* 与其成本参数 k_i 和遭受到的拆台行为 S_i 成反比。在遭受到同等拆台行为的情况下，高能力者会愿意付出更多的努力，从而比低能力者更有可能赢得竞赛。同时，均衡解 e_i^* 也与自身努力边际成本及其他参赛成员努力边际成本之和有关。把式（10-3）代入式（10-1），得均衡期望收益，如式（10-4）所示：

$$E\prod_i = w_L + \Delta w \frac{[(\sum_{j\neq i} k_j S_j) - k_i S_i]^2}{(k_i S_i + \sum_{j\neq i} k_j S_j)^2} - c(\sum_{j\neq i} s_{ij}) \qquad (i = 1, 2, 3) \tag{10-4}$$

2. 实验设计与实施

我们共设计了 3 个实验，每个实验有 10 组，每组包含 3 名被试且进行 12 轮实验。如表 10–1 所示，实验 1 是对称锦标赛模型，每名参赛者都具有相同的能力，进而也具有相同的边际成本系数。另外两个实验为不对称锦标赛模型，参赛者具有不同的能力参数，$k_i \in \{k_L, k_H\}$。在实验 2 中，每个小组中 2 人为低能力者，1 人为高能力者；在实验 3 中，每个小组中 1 人为低能力者，2 人为高能力者。

表 10–1 实验设计

	参赛者类型	被试人数	组数	实验轮数
实验 1	同质代理人（$k_i = 1$）	30	10	12
实验 2	一个高能力者（$k_i = 1$），两个低能力者（$k_i = 1.4$）	30	10	12
实验 3	两个高能力者（$k_i = 1$），一个低能力者（$k_i = 1.4$）	30	10	12

以下为实验中使用的参数：[①] $w_L = 500$，$\Delta w = 1000$，$s_L = 1$，$s_H = 1.4$，$k_L = 1$，$k_H = 1.4$，$c = 1$，$e_i \in \{1, 2, \cdots, 300\}$。假设被试都为风险中性且追求收益最大化，那么在第一阶段进行拆台行为的选择时，被试 i 应该对同组的两位竞争对手实施拆台行为 $s_H(i, j = 1, 2, 3; i \neq j)$。[②] 同理，被试 i 所应该遭受到另外两个被试较高的拆台行为 s_H，此时 $S_i = \sum_{j \neq i} s_{ji} = s_H + s_H = 2.8$。同样的，$S_j = S_i = 2.8$。

根据式（10–3），可求出 3 个不同实验中理论模型预测的均衡努力水平。

实验 1 为对称锦标赛模型，所有代理人为同质的，$k_i = 1$，根据实验给出的参数变量得出：$e_i^* = 79.37$。

在实验 2 中，$k_i = k_L = 1$，$k_j = k_H = 1.4(i = 1, j = 2, 3)$。得出：$e_1^* = 89.04$；$e_2^* = 49.47$；$e_3^* = 49.47$。

在实验 3 中，$k_i = k_H = 1.4$，$k_j = k_L = 1(i = 1, j = 2, 3)$。得出：$e_1^* = 37.07$；$e_2^* = 86.51$；$e_3^* = 86.51$。

---

① 为了便于实验设计和研究，s_L 表示未实施拆台，实施成本为 0；实施拆台行为 s_H 的成本为 5。如果某名被试对本组其他两位被试都进行了拆台，则要被扣除 10 的成本。

② 可以验证，在给定的实验参数条件下，选择高强度的拆台行为 s_H 对被试而言是一个占优策略。

3. 实验实施

我们从重庆大学经管类专业本科生和研究生中共招募 90 名被试，[①] 每名被试只允许参加一次实验。在整个实验过程中，小组成员不发生变动。被试将被随机指派一个号码，然后坐到该号码对应的座位上。每个特定的号码就决定了被试属于低能力者或是高能力者。在实验 2 中，我们规定座位编号个位数字为 1 的被试是高能力者，个位数字为 2、3 的被试为低能力者；在实验 3 中，座位编号个位数字为 1 的被试是低能力者，个位数字为 2、3 的被试是高能力者。这种随机化分组方式在实验研究中是常用的。每名被试由另外两名成员为他们的配对成员，配对成员的身份信息不予透露。实验指导语设计上，尽量使用中性的语言，比如把“拆台行为”设计成“为其他成员选择一个成本水平”，“竞赛”、“奖金”的字眼也没有出现。

在每个实验参与者都收到一份实验指导手册以及三份不同的成本表，实验管理员向实验参与者讲解实验具体流程，并进行两轮预实验。被试首先对同组其他两位成员选择字母“A”或者“B”。字母“A”代表不对同组成员进行拆台，因而没有拆台成本；字母“B”代表对其他某成员实施了拆台，则会被扣除拆台成本 5。在不对称锦标赛实验中，高能力被试和低能力被试各有 3 张不同的决策成本表“AA”、“AB”、“BB”。决策数字是 1~300 的整数，决策数字越大，对应的决策成本也就越大，但是获胜的概率也就越大。被试根据被同组其他成员选择的字母，从手中对应的成本表选择决策数字。实验助理使用按照随机选择模型（Logit-form）原理编写的 Matlab 软件程序，来决定哪一位成员获得奖金。获胜的被试获得奖金 M，其配对成员则收到 m，M>m，每一轮获得的收益为 M（或 m）减去决策成本和拆台成本。每个实验进行 12 轮。为了激励被试认真参与实验，实验结束后，组织者将为同组被试中总收益最高者支付 10 元人民币，为其余两

① 就实验样本而言，本文研究涉及 3 个实验，每个实验有 30 名被试参加；由于每个实验都进行 12 轮，因此本文研究共有 1080 个观测点。针对单个实验，从理论上讲，对于 95%的置信区间，其宽度为 $1.96s_w/\sqrt{2n(m-1)}$，其中 s_w 是样本标准差，n 为样本量（被试个数），m 为实验轮数。遵循一般规则，若令置信区间的宽度等于样本标准差的 10%，由于 m=12，则有 n=18。同时，就笔者所作的文献调查来看，Orrison、Schotter 和 Weigelt（2004）以及 Harbring 和 Ruchala（2007）在单个实验中使用的被试数量也基本不超过 24 名。因此，我们有理由认为本书研究使用的实验样本能够保证较高的统计效度。

名被试支付 5 元人民币。

4. 研究假设

根据理论模型和实验设计，本文提出的主要研究假设包括：

假设 1——“低能力者放弃”假设：在非对称锦标赛中，高能力者比例越高，低能力者对高能力者的拆台行为将越少。在高能力者占多数的非对称锦标赛中，由于低能力者获胜的概率很小，其拆台行为对竞赛最终结果的影响可能并不显著，从而导致低能力者放弃对高能力者进行拆台。

假设 2——“高能力者优越性”假设：在非对称锦标赛中，高能力者比例越高，高能力者对低能力者的拆台行为会越少。在高能力者占多数的非对称锦标赛中，高能力者会觉得低能力者获胜的概率很小，没有必要给予关注，即便拆台最好也选择其他高能力的竞争对手，因此高能力者对低能力者的拆台行为会较少。

假设 3——“种子选手”假设：高能力者的比例越低，高能力者之间的拆台行为也就越多。少数高能力者实际上就是比赛中的“种子选手”，由于有明确的竞争对手，他们之间的竞争可能更加激烈，相互拆台也可能更加严重。而且，由于“种子选手”人数较少，拆台也不易产生“鹬蚌相争，渔翁得利”的结局。

假设 4——“同仇敌忾”假设：低能力者对高能力者的拆台行为比对低能力者的拆台行为更多。在非对称锦标赛中，低能力者可能因均处于弱势无法有效竞争，进而可能与其他低能力者“同仇敌忾”形成联盟，共同对高能力者进行拆台。同时，低能力者之间的拆台行为会较少，因为这样并不能提升低能力者自身获胜的可能性。Chen（2006）在其实验研究中也发现，高能力的代理人更可能遭受其他类型代理人的拆台。

假设 5——“努力”假设：根据计算出来的努力水平均衡值，我们推测如下：一是参赛者的异质性将导致整体努力水平下降；二是参赛者的努力水平会随着其他参赛者的边际努力成本总和的增加而增加；三是参赛者的努力水平会随着自身边际努力成本的增加而减少。

（三）实验结果分析

对比理论模型中拆台水平、努力水平的理论预测值（均衡值）与实验结果（见表 10–2），可以发现实验中被试的拆台水平低于理论预计，而平均努力水平则高于理论预计。从实验数据来看，参赛者之间并未始终进行拆台行为。每位参赛者选择对同组 2 位竞争对手都进行拆台的概率极小。在实验 3 中，这样彼此拆台的行为发生率有 6.67%（10 组 12 轮实验，共 120 个观测点），实验 2 中发生比率为 6.25%，在实验 1 中仅占 1.67%。

表 10–2　理论预测值与实验结果

		实验结果		理论预计	实验结果	
		对外拆台（%）	遭受拆台（%）	努力水平	平均努力水平	获胜比率（%）
实验 1	高能力	50.83	50.83	79.37	129.69	33.33
实验 2	高能力	64.06	54.69	89.04	178.63	43.75
	低能力	56.25	59.64	49.47	126.77	56.25
实验 3	高能力	61.25	57.92	86.51	158.18	75
	低能力	47.50	54.17	37.07	123.36	25

注：实验 1：对称锦标赛（3 个高能力）；实验 2：不对称锦标赛（1 个高能力，2 个低能力）；实验 3：不对称锦标赛（2 个高能力，1 个低能力）。

根据理论假设，实验 1 的平均努力水平本应该高于实验 2 和实验 3。实验结果显示，实验 2 和实验 3 的平均努力水平均高于实验 1，而实验 2 中的均衡努力水平略高于实验 3。对各实验的努力水平进行曼—惠特尼检验,[①] 发现实验 2 和实验 3 中被试的努力水平均高于实验 1（曼—惠特尼检验，5%，双侧检验）。

图 10–2 显示了每轮实验中拆台行为发生的比率。可以发现，对比实验 1，实验 2 和实验 3 中的拆台行为发生得更为频繁（曼—惠特尼检验，5%，双侧检验）。

① 两独立样本的曼—惠特尼检验（Mann–Whitney U）的零假设是：样本来自的两独立样本总体的均值无显著差异。曼—惠特尼检验主要是通过对平均秩的研究来实现推断的。

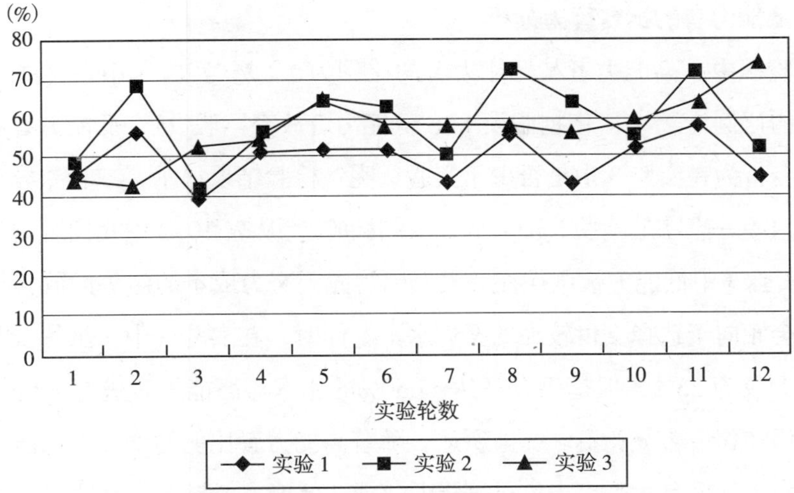

图 10–2　拆台行为发生的比率

综上所述，被试能力的异质性并未降低整体努力水平或拆台水平，无论是高能力被试还是低能力被试，仍然在积极参加竞赛。因此，假设 5（“努力”假设）的第一个子假设不成立。

接下来我们对实验 2 和实验 3 中不同类型被试之间的拆台行为进行详细分析。

图 10–3 显示了实验中异质代理人相互拆台的比率，由图 10–3 可以看出，实验 1 中，同质代理人（均为高能力者）相互拆台的比率为 50.83%；实验 2 中，低能力者之间相互拆台的比率为 57.81%，低能力者对高能力者实施拆台的比率为 54.69%，高能力者对低能力者实施拆台的比率为 64.06%；实验 3 中，高能力者之间相互拆台的比率为 69.17%，低能力者对高能力者实施拆台的比率为 47.50%，高能力者对低能力者实施拆台的比率为 54.17%。

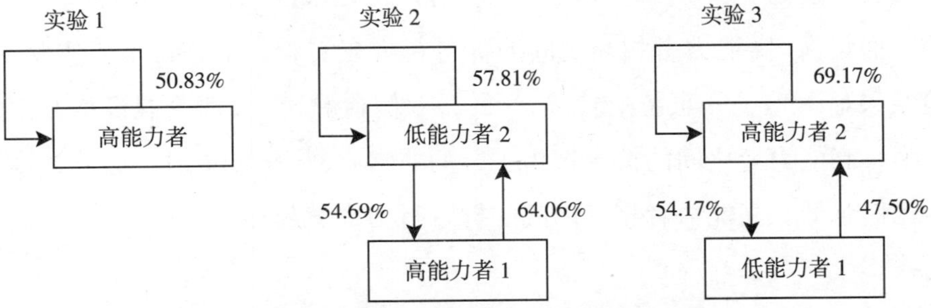

图 10–3　实验中异质代理人相互拆台的比率

1. 低能力者的拆台行为分析

实验 2 中，高能力者与低能力者的比例为 1∶2；实验 3 中，高能力者与低能力者的比例为 2∶1。依据假设 1（“低能力者放弃”假设），低能力者对高能力者的拆台行为在实验 3 中是否少于实验 2 呢？检验结果显示，二者差异在统计上不显著（曼—惠特尼检验，p>10%，双侧检验）。从表 10–2 中我们观测到，实验 2 以及实验 3 中低能力被试往往并没有因为先天努力成本的劣势而放弃努力，他们反而会倾向于选择支付较高的努力水平。同时，在实验 3 中，虽然低能力者获胜的机会仅为 25%，但是仍有高达 47.50%的比率对高能力者进行拆台，可见低能力者仍在积极参与竞赛。综上所述，随着高能力者比例的增加，低能力者没有放弃努力，其拆台水平也未见显著降低。即“低能力者放弃”假设不成立。

我们在实验 2 中看到一个有趣的现象，低能力者之间进行的拆台行为（拆台比率 57.81%）反而比针对高能者实施的拆台行为（拆台比率 54.69%）更多，因此可以看出，低能力者之间并没有达成一定的默契共同对抗高能力者，即低能力者之间并未形成同盟。因此，假设 4（“同仇敌忾”假设）未获支持。

2. 高能力者的拆台行为分析

由假设 2（“高能力者优越性”假设），在高能力者占多数的竞赛中，高能力者会觉得低能力者获胜的概率很小，觉得自身的优势比较大，因此他们不会对低能力者进行过多的拆台。那么，高能力者对低能力者实施的拆台行为在实验 3 中是否会少于实验 2 呢？检验结果显著（曼—惠特尼检验，5%，双侧检验），即“高能力者优越性”的研究假设成立，即在非对称锦标赛中，高能力者比例越高，高能力者对低能力者的拆台就越少。

实验 3 较之于实验 1，高能力者所占比例是减少的。依据假设 3（“种子选手”假设），高能力者相互之间的拆台行为在实验 3 中是否多于实验 1 呢？检验结果显著（曼—惠特尼检验，1%，双侧检验），与理论假设相符。在实验 3 中，高能力者之间的拆台行为进行的非常激烈（69.17%）。因此，高能力者的比例越低，高能力者相互之间的拆台行为也就越多，“种子选手”假设获得支持。

3. 努力水平与边际成本的关系分析

图 10-4 显示了每一轮实验中被试的平均努力水平。根据假设 5（“努力”假设）中的第二和第三个子假设，我们预期参赛者努力水平的选择随着自身努力边际成本和其他参赛者努力边际成本总和的变化而变化。

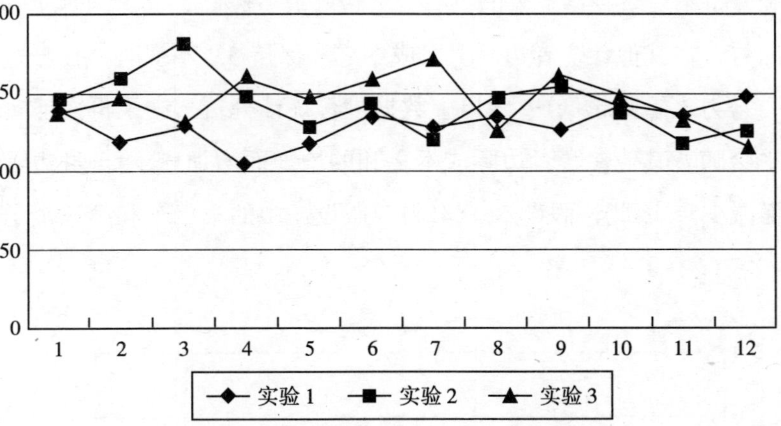

图 10-4 每轮竞赛中的平均努力水平

每名参赛者的边际努力成本（k_iS_i）是由自身的能力状况和所遭受到的其他竞争对手的拆台水平 S_i 两个因素共同决定的。由于 $S_i = \sum_{j \neq i} s_{ji}$，参赛者所面临的 S_i 有 3 种水平：C_0 代表参赛者没有遭受到同组成员高水平的拆台行为；C_1 表示参赛者遭受到一位同组成员的拆台行为；C_2 表示参赛者遭受到两位同组成员的拆台行为。表 10-3 为不同类型成员可能面临的边际努力成本 k_iS_i。

表 10-3 参赛者可能面临的边际努力成本

被试类型	高能力者			低能力者		
遭受的拆台水平	C_0	C_1	C_2	C_0	C_1	C_2
实验 1	2	2.4	2.8	—	—	—
实验 2、实验 3	2	2.4	2.8	2.8	3.36	3.92

图 10–5 描述了参赛者的努力水平随自身边际努力成本与其他参赛者边际努力成本之和的变化而变化的情况。[①] 从图中的变化趋势基本可以看出：在自身边际努力成本保持不变时，参赛者的努力水平随着其他参赛者的边际努力成本总和的增加而增加（横向看，各曲线基本上向右上方倾斜）；在其他参加者边际努力成本之和保持不变时，参赛者的自身努力边际成本越高，其努力水平却越低（例如，纵向看，在其他参赛者边际努力成本之和保持 5.2 不变时，自身边际努力成本越高，努力水平则越低）。对以上数据进行统计分析，结果再次证实：被试的努力水平会随着其他参赛者边际成本之和的增加而增加，[②] 随自身边际努力水平的增加而减少。[③] 因此，假设 5（“努力”假设）中的第二个和第三个子假设得到支持。

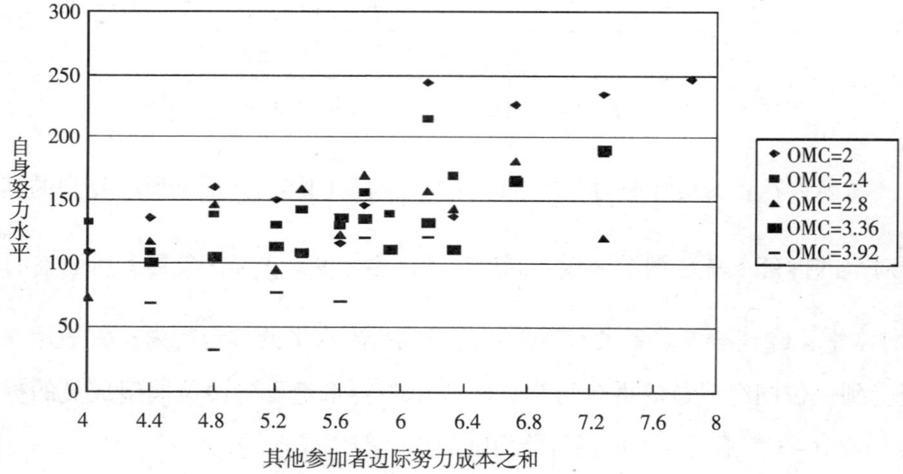

图 10–5　观测到的努力水平

---

① 自身努力边际成本（Own Marginal Costs of Effort），在图 10–5 中简写为 OMC。在实验数据中，平均努力的观测值小于 5 时，则在图中不做描述。

② 在给定自身努力边际成本的情况下，计算出各参赛者平均努力水平和其他参赛者努力边际成本之和的 Spearman 等级相关系数后，进行检验概率为 0.5 的 Binomial Test，发现二者之间的关系更多地呈现正相关（Binomial Test，1%，双侧检验）。

③ 在给定其他参赛者努力边际水平之和的情况下，计算出各参赛者平均努力水平与自身努力边际成本的 Spearman 等级相关系数后，进行检验概率为 0.5 的 Binomial Test，发现二者之间的关系更多地呈现负相关（Binomial Test，5%，双侧检验）。

（四）结论与讨论

本文利用对90个被试进行的实验研究，得出以下结论：

第一，参赛者能力的异质性不一定会削弱他们的努力水平和拆台水平，而是有可能会让参赛者之间的竞争更为激烈。在本文研究中，非对称锦标赛（实验2和实验3）中被试的努力水平和拆台水平均显著地高于对称锦标赛（实验1）。关于代理人之间的能力异质性对努力水平的影响，目前学术界尚未取得共识。从理论角度来说，竞赛者的异质性将会降低努力付出（Lazear、Rosen，1981；McLaughlin，1994），Sunde（2003）关于职业网球锦标赛的实证研究支持了这一观点。但是，Bull、Schotter和Weigelt（1987），Schotter、Weigelt（1992）和Van Dijk等（2001）在各自的实验研究中却观察到，不利被试在与有利被试竞争时，其努力水平有些过度，因为前者为了弥补自身劣势会投入更大的努力。本文研究在努力水平维度基础上，进一步考察了代理人竞争的另一个维度——拆台行为，发现较之于对称锦标赛，在非对称锦标赛中，代理人的努力水平和拆台水平均有升高的趋势，即非对称锦标赛机制的激励效应并未因代理人能力的异质性而削弱，这一点与Uschi Backes-Gellner和Kerstin Pull（2008）关于多人非对称锦标赛中至少有部分代理人的激励不受影响的研究结论有异曲同工之处。

本结论或可利用"鲶鱼效应"定律进行解释。娇贵的沙丁鱼离开大海被放入鱼槽中，很快就会死去，因此渔民在捕鱼后往往还要在鱼槽中放入几条鲶鱼。此时，沙丁鱼为了躲避鲶鱼四处游动，保持了旺盛的生命力，提高了存活率，为渔民带来更大的经济价值。在企业管理中，员工的异质性有时是一件好事，高能力员工虽然对低能力员工造成了威胁，但压力也可能转化为动力，一定程度上反而有利于提高后者的学习动机，给企业增加了新的活力，使员工整体能力和工作绩效不断得到提升。

第二，当高能力者所占比例较大时，低能力者既没有放弃对高能力者进行拆台，也没有形成同盟共同对高能力者进行拆台。Harbring C.、Irlenbusch B.、Kräkel M.和Selten R.（2007）的研究表明，在员工竞争中，几乎不存在低能力者之间的相互拆台；而且在高能力者比例越高时，低能力者对高能力者进行的拆台越少，即低能力者放弃了竞争。然而，本文以中国被试为实验对象，得出了与其截然相反的研究结论，即低能力者在竞争环境很激烈的情况下，并没有因为机会渺小而选择放弃，仍然会付出自己的努力。同时，为了取得胜利，低能力者之间仍然存在拆台。即“低能力者放弃”、“同仇敌忾”的研究假设在本文中均未得到支持。

我们推测，之所以会出现这种现象，可能的原因有三：其一，根据前景理论（Prospect Theory），人在面临获得时往往是风险规避的，在面临损失时却又表现出风险偏好的倾向（Kahneman、Tversky，1979）。例如，国内外不少研究都表明，很多基金经理在其管理的基金业绩不佳进而排名落后时，会采取较大风险的投资策略，以博取更高的风险收益，借此提升基金排名，确保本人的职业声誉和年终薪酬不受影响（史晨昱、刘霞，2005；Jonathan Taylor，2003）。在本文研究中，低能力被试既然知晓有很大可能会输掉竞赛，那么与其坐以待毙，倒不如放手一搏，所以其努力水平和拆台水平不降反升。其二，主观的情绪因素可能会发生影响。Kräkel（2004）将情绪（Emotion）因素引入锦标赛机制，认为当低能力代理人与高能力代理人同场竞技时，如果前者最终获胜，那么其主观感受到的奖励价值要大于奖励的客观价值，从而为低能力者提供了额外的激励。其三，由于国内外的经济、社会、人文因素不尽相同，国外学者的研究结论不宜简单照搬。例如，在中国，面子因素与落后规避心理可能会相互加强，在工作竞赛中，低能力员工担心成为“倒数第一”或被贴上“失败者”的标签，从而受到组织成员的歧视、嘲笑。所以，即使获胜的机会很小，低能力者也因受到群体压力（Peer Pressure）而尽可能地努力工作，而并非自暴自弃。另外，本文研究结论表明，低能力员工并没有“同仇敌忾”，形成同盟去共同对高能力员工进行拆台，说明“共谋”的实现需要一定的条件，同盟的成立并非十分容易，员工之间即便是低能力员工之间也多是以竞争为主，合作很难，这一点与我国组织环境的现实是比较吻合的。

第三，参赛者的努力会随着其他参赛者努力边际成本总和的增加而增加，随着自身努力边际成本的增加而减少。由于我们的实验程序是两阶段博弈，被试是在知晓其他被试的拆台情况之后才做出努力水平的选择，因此本结论是符合逻辑并显而易见的。与其说它是一个结论，倒不如说它是我们检验被试理性或检验被试是否认真参与实验的一把标尺。正是由于该结论在本文研究中得以成立，才使得我们对本文其他研究结论的稳健性更有把握。

本文也存在一些不足之处，例如，我们只考虑了能力异质性对成员努力水平以及拆台行为的影响，但是当拆台者的身份泄露时，拆台行为是否表现出不同的特点，本文没有详细考察。此外，如果在本文的基础上将异质个体拆台行为的研究扩展为异质团队之间的拆台问题研究，研究假设是否依然成立，也有待于进一步的研究与探索。

参考文献

[1] 史晨昱，刘霞. 从竞赛观点探讨基金经理人的风险调整行为 [J]. 证券市场导报，2005 (2)：28-32.

[2] 闫威，陈长怀. 机会公平、倾斜政策与不对称锦标赛：一项实验研究[J]. 管理工程学报，2012，26 (1)：89-97.

[3] 曾馨逸，闫威. 锦标赛规模与结构对员工努力水平的影响：一项实验研究 [J]. 经济科学，2010 (1)：62-70.

[4] 周黎安.中国地方官员的晋升锦标赛模式研究 [J]. 经济研究，2007 (7)：36-50.

[5] Backes-Gellner U.，Kerstin P.. Tournament Incentives and Contestant Heterogeneity: Empirical Evidence from the Organizational Practice [Z]. Institute for Strategy and Business Economics (ISU) in its series Working Papers with number 0075，2008.

[6] Baye M. R.，Hoppe H. C.. The Strategic Equivalence of Rent-seeking，Innovation，and Patent-Race Games [J]. Games and Economic Behavior，2003，44 (2)：217-226.

[7] Bull C.，Schotter A.，Weigelt K.. Tournaments and Piece Rates：An Experimental Study [J]. Journal of Political Economy，1987，95 (1)：1-33.

[8] Chen K. P.. Sabotage in Promotion Tournaments [J]. Journal of Law，Economics，and Organization，2003 (19)：119-139.

[9] Chen Zhijun. Fighting Collusion in Tournaments [Z]. MPRA Paper No. 872，November 2006，Online at_http://mpra.ub.uni-muenchen.de/872/.

[10] Conyon M.J., Peck S.I., Sadler G.V.. Corporate Tournaments and Executive Compensation [J]. Evidence from the U.K. Strategic Management Journal, 2001, 22 (8): 805-815.

[11] Drago R.W., Garvey G.T.. Incentives for Helping on the Job: Theory and Evidence [J]. Journal of Labor Economics, 1998, 16 (1): 1-15.

[12] Garicano L., Palacios-Huerta I.. Sabotage in Tournaments: Making the Beautiful Game a Bit Less Beautiful [Z]. Discussion Paper, 2005, CEPR 5231.

[13] Gurtler O.. On sabotage in Collective Tournaments [J]. Journal of Mathematical Economics, 2008 (44): 383-393.

[14] Harbring C., Irlenbusch B., Krakel M., Selten R.. Sabotage in Corporate Contests—An Experimental Analysis [J]. International Journal of the Economics of Business, 2007, 14 (9): 367-392.

[15] Harbring C., Irlenbusch B.. An Experimental Study on Tournament Design [J]. Labour Economics, 2003, 10 (4): 443-464.

[16] Jeffrey C., Peter Hans M., John S.. Tournaments and Office Politics: Evidence from a Real Effort Experiment [J]. American Economic Review, 2010, 100 (1): 1-18.

[17] Kahneman D., Tversky A.. Prospect Theory: An Analysis of Decision under Risk [J]. Econometrica, 1979 (47): 263-292.

[18] Konrad K.. Sabotage in Rent-seeking Contests [J]. Journal of Law, Economics and Organization, 2000 (16): 155-165.

[19] Kräkel M.. Delegation and Strategic Incentives for Managers in Contests [J]. Managerial and Decision Economics, 2002 (23): 461-470.

[20] Kräkel M.. Emotions and the Optimality of Unfair Tournaments [Z]. Paper Provided by SFB/TR 15 Governance and the Efficiency of Economic Systems, Free University of Berlin, Humboldt University of Berlin, University of Bonn, University of Mannheim, University of Munich in its Series Discussion Papers with number 45, 2008.

[21] Kräkel M.. Helping and Sabotaging in Tournaments [J]. International Game Theory Review, 2005, 7 (2): 211-228.

[22] Lazear E.P.. Pay Equality and Industrial Politics [J]. Journal of Political Economy, 1989 (97): 561-580.

[23] Lazear E.P., S. Rosen. Rank-Order Tournaments as Optimum Labor Contracts [J].

Journal of Political Economy, 1981 (89): 841-864.

[24] McLaughlin Kenneth J.. Rent Sharing in an Equilibrium Model of Matching and Turnover [J]. Journal of Labor Economics, 1994, 12 (4): 499-523.

[25] Munster J.. Selection Tournaments, Sabotage, and Participation [Z]. Discussion Paper, SPII, 2006 (8), Wissenschaftszentrum, Berlin.

[26] Orrison A., Schotter A., Weigelt K.. Multiperson Tournaments: An Experimental Examination [J]. Management Science, 2004, 50 (2): 268-279.

[27] Schotter A., Weigelt K.. Asymmetric Tournaments, Equal Opportunity Laws, and Affirmative Action: Some Experimental Results [J]. Quarterly Journal of Economics, 1992, 107 (2): 511-539.

[28] Sunde U.. Potential, Prizes and Performance: Testing Tournament Theory with Professional Tennis Data [Z]. IZA Discussion Paper No. 947, 2003.

[29] Szymanski S.. The Economic Design of Sporting Contest [J]. Journal of Economic Literature, 2004 (41): 1137-1187.

[30] Taylor J.. Risk-taking Behavior in Mutual Fund Tournaments [J]. Journal of Economic Behavior & Organization, 2003, 50 (3): 373-383.

[31] Terwiesch C., Xu Y.. Innovation Contests, Open Innovation, and Multiagent Problem Solving [J]. Management Science, 2008, 54 (9): 1529-1543.

[32] Tullock G.. Efficient Rent-seeking [A]. in Toward a Theory of the Rent-seeking Society [M]. Texas A & M University Press, 1980: 97-112.

[33] Van Dijk F., Sonnemans J., Van Winden F.. Incentive Systems in a Real Effort Eexperiment [J]. European Economic Review, 2001, 45 (2): 187-214.

（本文发表于《系统工程理论与实践》，2013 年第 2 期，

作者：闫威、刘艳春、邓鸿）

十一、机会公平、倾斜政策与不对称锦标赛

——一项实验研究

20世纪80年代以来，锦标赛机制作为一种激励策略引起了广泛的研究兴趣（Lazear 、Rosen，1981；Green、Stokey，1983；Nalebuff、Stiglitz，1983）。锦标赛机制有三个基本原则：第一，报酬事先固定，报酬只取决于相对绩效而不是绝对绩效；第二，不同等级员工的报酬差距越大，对较低等级员工付出更多努力的激励就越大；第三，存在一个最优的报酬差距（Lazear、Oyer，2007）。锦标赛理论模型是一个一般性的分析框架，为广大学者探讨相对绩效激励机制提供了合适的研究起点，但需要注意的是，不公平锦标赛、不对称锦标赛以及倾斜政策模型作为锦标赛理论的三种扩展形式，却更加贴近于现实。在不公平锦标赛中，锦标赛规则偏袒一部分员工，人为地使这些人的产出高于其竞争对手；在不对称锦标赛里，员工的努力成本不相同，某些员工的成本是其他员工的 α 倍（$\alpha \geqslant 1$）；倾斜政策模型实际上结合了不公平和不对称锦标赛，对处于成本不利地位的员工给予额外的产出补偿。

以上关于锦标赛类型的划分，引发了我们对于如下问题的研究兴趣：第一，为了解决不公平锦标赛中的歧视问题，锦标赛机制的制定者是否应对所有员工一视同仁，即实施机会公平规则？第二，在不对称锦标赛中，不同能力的员工将会选择怎样的努力水平？是否会出现“龟兔赛跑”的问题？第三，针对不对称锦标

赛，是否应对低能力的员工给予额外的照顾或补偿，即实施倾斜政策？假如实施倾斜政策，虽然在一定程度上保证了公平，但这是否又会带来相应的效率损失？

Weigelt 等（1989）、Schotter 和 Weigelt（1992）在锦标赛实验中分析了机会公平规则和倾斜政策对被试行为的影响，结果表明实施机会公平规则有利于提高被试的努力水平，进而提高了雇主的收益；在不对称锦标赛中，当被试的努力成本差距非常大时，实施倾斜政策能够提高不利代理人的努力水平，也提高了雇主的收益。Orrison 等（2004）研究了奖金结构和锦标赛结构对代理人行为的影响，实验证据表明，在不公平锦标赛中，奖金结构不变，锦标赛规模增大能够降低歧视带来的不利影响。Harbring 和 Lünser（2008）通过实验方法分析了对称和不对称两种锦标赛环境中薪酬差距的变化对代理人行为的影响。他们发现，与理论预测一样，薪酬差距拉大，被试的努力水平显著提高。不过，只有薪酬差距显著增大时，不利被试才会全力以赴地付出努力。

本文循着 Schotter 和 Weigelt（1992）的分析框架，通过设计、实施 7 个实验，研究机会公平规则和倾斜政策对员工努力水平及雇主总产出的影响。与以往研究相比较，本文的创新主要表现在以下两方面：第一，选取中国被试，采用实验研究方法探讨机会公平规则、倾斜政策对代理人努力水平的影响，有助于弥补国内研究较为缺乏的遗憾。第二，本文获得了与 Schotter 和 Weigelt（1992）不同的结论，即实施倾斜政策，至少不会增加代理人的努力水平，也不能提高被试的总产出。因此，这项政策的实施不能够提高雇主的收益。该结论与以往国外学者对倾斜政策的研究结论有着显著的不同，进而可能会削弱倾斜政策倡议者的依据和动力。

（一）理论模型

我们从 Lazear 和 Rosen（1981）、Schotter 和 Weigelt（1992）提出的锦标赛模型出发，对不公平、不对称与倾斜政策锦标赛进行模型描述，推导出相应的均衡结果。

1. 锦标赛模型

在锦标机制中，代理人获得的收益是基于相对绩效的函数，即代理人的收益只取决于他在所有代理人中的绩效排名，而与绩效的绝对水平或者代理人之间的绩效差距大小无关。为了简化起见，我们考虑如下的二人锦标赛，每个代理人拥有相同的效用函数，如式（11-1）所示：

$$\mu\ (p_i,\ e_i)=w(p_i)-c(e_i)\qquad (i=1,\ 2) \tag{11-1}$$

其中，p_i 表示对代理人的非负收益，e_i 表示代理人的非负努力水平。$w(\cdot)$ 是凹函数，成本函数 $c(\cdot)$是凸函数。代理人的产出如式（11-2）所示：

$$y_i=f(e_i)+\xi_i \tag{11-2}$$

其中，生产函数 $f(\cdot)$ 是凹函数，ξ_i 是一个独立的随机变量，服从定义于一个共同的有界支持闭集的同一连续密度函数。

锦标赛的规则如下：两位代理人的产出被确定后，产出大的代理人获得一个大奖金 M，而产出小的代理人获得小奖金 m（$M>m$）。

在一些锦标赛中，一部分代理人受到偏袒，通过增加一个常量 k 到他们的产出里，用来保证他们的"有效"产出比没有受到偏袒时大。O'Keeffe 等（1984）称这种锦标赛为歧视因素为 k 的不公平锦标赛。假定两个代理人选择的努力水平构成一个向量 $e=(e_i,\ e_j)$，代理人 i 的期望收益如式（11-3）所示：

$$Ez_i(e_i,\ e_j)=\pi^i(e_i,\ e_j,\ k)w(M)+[1-\pi^i(e_i,\ e_j,\ k)]w(m)-c(e_i)\qquad (i=1,\ 2) \tag{11-3}$$

其中，$\pi^i(e_i,e_j,\ k)$ 表示假定另一个代理人 j 的努力水平 e_j 保持不变，代理人 i 赢得大奖金 M 的概率。

上述锦标赛模型定义了一个博弈，通过限定随机波动的分布和代理人的效用函数，在本文的所有实验中，将会存在唯一确定的纯策略对称纳什均衡。为了实现这一点，需要确定具体的效用函数、生产函数、波动的随机分布和奖金结构。我们在实验中使用的一个具体模型如式（11-4）和式（11-5）所示：

$$u_i(e_i,\ e_j,\ k)=p_i-e_i^2/\bar{c}$$

$$u_j(e_i,\ e_j,\ k)=p_j-\alpha e_j^2/\bar{c} \tag{11-4}$$

其中，$\bar{c}>0$，e_i 的区间限定于［0，100］。代理人的成本函数反映了他的能力情况。当 $\alpha=1$ 时，假设其他情况不变，代理人 i、j 的成本函数相等，我们认为他们的能力相等。当 $\alpha>1$ 时，假设其他情况不变，代理人 j 的努力成本大于代理人 i，代理人 j 处于成本劣势，我们认为代理人 j 的能力低于代理人 i。

$$y_i = e_i + \xi_i$$

$$y_j = e_j + \xi_j + k \tag{11-5}$$

其中，ξ_i 服从区间在 $[-a, a](a > 0)$ 的均匀分布，① 并相互独立。当 $k = 0$ 时，锦标赛规则对代理人 i、j 都是公平的，称之为公平锦标赛。当 $k > 0$ 时，锦标赛规则对代理人 j 有利，对代理人 i 不利，该锦标赛为不公平锦标赛。

因此，锦标赛中代理人的期望收益如式（11-6）所示：

$$Ez_i(e_i, e_j) = m + \pi^i(e_i, e_j, k)[M - m] - e_i^2/\bar{c}$$

$$Ez_j(e_i, e_j) = m + \pi^j(e_i, e_j, k)[M - m] - \alpha e_j^2/\bar{c} \tag{11-6}$$

以上参数构成一个参数集合 $\Gamma = \{M, m, a, \bar{c}, k, \phi(\xi_i), i = 1, \cdots, n\}$，其中 M，m，a，$\bar{c}$ 和 k 由上述各式确定，$\phi(\xi_i)$ 是一个均匀密度分布，决定每一个独立的实现值 ξ_i。存在唯一的局部纯策略纳什均衡，如式（11-7）所示：

$$e_j^* = \frac{\bar{c}(2a - k)(M - m)}{\bar{c}(\alpha - 1)(M - m) + 8\alpha a^2}$$

$$e_i^* = \alpha e_j^* \tag{11-7}$$

当 $k = 0$ 且 $\alpha = 1$ 时，式（11-7）确定了一个公平、对称锦标赛的均衡，如式（11-8）所示：

$$e_i^* = e_j^* = \bar{c}(M - m)/4a \tag{11-8}$$

当 $k > 0$ 且 $\alpha = 1$ 时，式（11-7）确定了一个不公平锦标赛的均衡，如式（11-9）所示：

$$e_i^* = e_j^* = \frac{\bar{c}(2a - k)(M - m)}{8a^2} \tag{11-9}$$

可以看到，在不公平锦标赛中，尽管代理人 j 处于有利地位，但是在均衡状态时，代理人 i、j 却都选择相同的努力水平，这是因为二者的边际获胜概率是

---

① 随机扰动项实际上代表了生产中的运气成分，大多数锦标赛实验研究均将其设定为服从均匀分布，因为这可以简化均衡值的求解计算过程。据笔者的文献调查，目前只有 Steven Wu 和 Brian Roe（2005）及其后续研究中将随机扰动项设定为服从正态分布，但这样做并不会对研究的核心问题造成实质影响，唯一的不同之处在于此时的均衡值需通过数值计算的方式才可求得。

一样的。

当 $k=0$ 且 $\alpha>1$ 时，式（11-7）确定了一个不对称锦标赛的均衡，如式（11-10）所示：

$$e_j^* = \frac{2a\bar{c}(M-m)}{\bar{c}(\alpha-1)(M-m)+8\alpha a^2}$$

$$e_i^* = \alpha e_j^* \tag{11-10}$$

在实验中，$M=2.04$，$m=0.86$，$a=60$ 以及 $\bar{c}=15000$，以上参数设定[①]决定了公平、对称锦标赛均衡努力水平 $e^*=73.75$。

2. 模型推论

为了研究机会公平规则对被试行为的影响，我们通过比较式（11-8）和式（11-9）的均衡值，得出推论：实施机会公平规则，增加了所有被试的努力水平，提高了雇主的收益。

为了研究不对称程度对被试行为的影响，我们从式（11-10）得出以下推论：增加锦标赛不对称程度，将会降低被试的努力水平，降低雇主的收益。同时，随着被试不对称程度增大，有利被试的获胜概率逐渐增大，不利被试的获胜概率逐渐减少。

为了研究倾斜政策的影响，我们只需要比较不对称锦标赛中的均衡解——式（11-10）与倾斜政策锦标赛（$\alpha>1$，$k>0$）——式（11-7）的均衡解，得出推论：实施倾斜政策将会降低有利被试和不利被试的努力水平，进而降低雇主的收益。

（二）实验设计

1. 实验程序[②]

2008 年 11 月至 2009 年 1 月间，研究者从重庆大学经济学或管理学课程上招

---

① 需要说明的是，实验参数并非一成不变，不少锦标赛实验研究选择了与本文不同的实验参数，如 Bernd Irlenbusch 和 Gabriele K. Ruchala（2008）、Steven Wu 和 Brian Roe（2005）等，尤其是后者对实验参数的设定给出了较详尽的说明。由于本文主要是同 Schotter 和 Weigelt（1992）的研究结论进行对比，因此本文研究选择的实验参数集与其保持一致。

② 囿于篇幅限制，本文并未列出详细的实验程序和实验指导语，感兴趣的读者可直接与本文作者联系。

募 130 名被试。当被试进入实验房间后，将被随机指派一个号码，然后坐到该号码对应的座位上。每名被试由另一个被试作为他们的配对成员，配对成员的身份信息不予透露。

在实验正式开始前，由实验操作员介绍实验具体程序，并进行两轮预实验。然后，由被试就实验程序提问，实验操作员负责解答。被试提问程序结束后，实验操作员随机挑选 3 名被试，就实验程序中的具体问题进行询问。通过这样的双向检查（Double Check）过程，确保每名被试彻底明白实验规则。

实验正式开始后，被试选择 0~100（包括 0 和 100）的整数，并在收益表上记录这个数字。这个数字叫作他们的“决策数字”。努力成本函数表列出了与每一个决策数字对应的成本。成本函数为：$c(e_i)=e_i^2/\bar{c}$，$c(e_j)=\alpha e_i^2/\bar{c}$，$\alpha>1$。其中，$\bar{c}$ 是一个规模尺度因素，用来确保合理的收益规模；α 是一个参数，表明在不对称锦标赛中被试努力成本的不利程度。我们根据每一轮的锦标赛规模，按照-60~60 的均匀分布生成一组随机数字。配对成员中决策数字和随机数字的总和最大的被试收到“固定收益”M，其配对成员则收到 m，M > m。然后，被试从固定收益中减去决策数字对应的成本，计算出他们这一轮的收入。每个实验进行 20 轮，每轮重复以上步骤。

2. 实验设计

所有锦标赛实验参数以及均衡努力水平、获胜概率和收益如表 11-1 所示。我们通过实施 7 个实验来研究锦标赛中被试的行为模式。实验 1 是一个公平、对称的基准实验。实验中，k、α 是两个主要的参数，分别代表了锦标赛的不公平程度与不对称程度。此外，本研究中每个实验与另外一个实验的不同之处在于仅有一个参数发生改变。① 为了研究机会不公平规则的影响，在实验 2、实验 3 中，我们改变实验规则，人为地使一个成员的产出高于其竞争对手，即 k = 25 或 45。由于仅仅改变这一个参数，通过与基准实验相比较，能够表明不公平或歧视因素的影响。实验 4、实验 5 研究不对称锦标赛，其中一个配对成员的成本是另一个

① 参数（α或 k）的改变对每对配对成员都是共同知识（Common Knowledge），通过不同的支付表和成本表以及正式实验开始之前的两轮预实验，每名被试均能清楚地理解实验情境。

表 11-1 实验参数

实验	决策范围	成本函数	随机范围	M	m	M−m	均衡努力水平		均衡获胜概率		均衡收益	
							有利	不利	有利	不利	有利	不利
公平、对称锦标赛（基准实验）												
1	(0~100)	$e^2/15000$	(−60，60)	2.04	0.86	1.18	73.75	73.75	0.5	0.5	1.09	1.09
不公平锦标赛												
2（k = 25）	(0~100)	$e^2/15000$	(−60，60)	2.04	0.86	1.18	58.39	58.39	0.687	0.313	1.44	1
3（k = 45）	(0~100)	$e^2/15000$	(−60，60)	2.04	0.86	1.18	46.09	46.09	0.805	0.195	1.67	0.95
不对称锦标赛												
4（α = 2）	(0~100)	成本有利 $e^2/15000$ 成本不利 $2e^2/15000$	(−60，60)	2.04	0.86	1.18	56.42	28.21	0.707	0.293	1.48	1.09
5（α = 4）	(0~100)	成本有利 $e^2/15000$ 成本不利 $4e^2/15000$	(−60，60)	2.04	0.86	1.18	50.28	12.62	0.765	0.235	1.59	1.09
倾斜政策												
6（α = 2）（k = 25）	(0~100)	成本有利 $e^2/15000$ 成本不利 $2e^2/15000$	(−60，60)	2.04	0.86	1.18	68.16	34.08	0.573	0.427	1.23	1.21
7（α = 4）（k = 45）	(0~100)	成本有利 $e^2/15000$ 成本不利 $4e^2/15000$	(−60，60)	2.04	0.86	1.18	61.00	15.25	0.658	0.342	1.39	1.2

成员的α倍（α≥1）。最后，实验6、实验7检验倾斜政策的影响。我们在实验6中使用实验4的参数（α = 2），并且引入一个有利于不利被试的倾斜政策规则k = 25。在实验7中，α = 4，k = 25。

（三）实验结果分析

实验结果如图11-1~图11-6以及表11-2~表11-6所示。表11-2列出每一个实验的前10轮和后10轮的努力水平均值和标准差。同时，也列出最后一轮均值和标准差。表11-3列出7个锦标赛实验的努力水平、获胜概率和平均收益的预测值、观察值。

表11-2 被试努力水平的均值和标准偏差均值

实验	预测值	决策数字平均值			标准差均值			被试数目
		轮数 1~10	轮数 11~20	轮数 20	轮数 1~10	轮数 11~20	轮数 20	
1—公平、对称锦标赛	73.75	74.83	71.26	61.4	26.87	36.59	42.77	20
2—不公平锦标赛（k = 25）								20
规则有利被试	58.39	53.14	56.2	61	26.16	35.66	40.98	
规则不利被试	58.39	48.96	62.49	74	32.27	25.44	18.21	
3—不公平锦标赛（k = 45）								14
规则有利被试	46.09	63.17	68.2	57.14	28.2	26.27	43.48	
规则不利被试	46.09	56.61	70.35	83.86	30.79	40.22	37.29	
4—不对称锦标赛（α = 2）								16
成本有利被试	56.42	70.13	79.42	88	25.14	21.54	20.35	
成本不利被试	28.21	49.9	56.67	61.1	28.3	32.32	32.82	
5—不对称锦标赛（α = 4）								20
成本有利被试	50.28	68.66	72.14	73.75	18.73	21.36	24.39	
成本不利被试	12.62	28.64	30.11	31.88	21.23	18.59	20.52	
6—倾斜政策（α = 2，k = 25）								20
成本有利/规则不利被试	68.16	61.42	76.78	84.3	35.53	30.34	27.62	
成本不利/规则有利被试	34.08	52.45	52.18	48	28.53	30.24	30.64	
7—倾斜政策（α = 4，k = 25）								20
成本有利/规则不利被试	61.00	65.59	67.43	76.2	39.14	35.25	38.56	
成本不利/规则有利被试	15.25	33.37	30.82	19.5	23.7	20.04	19.64	

表 11-3 实验的预测值、观察值汇总结果

实验	1 (k = 0)	2 (k = 25)	3 (k = 45)	4 (α = 2)	5 (α = 4)	6 (α = 2, k = 25)	7 (α = 4, k = 25)
有利被试—1~20 轮努力水平							
预测值	73.75	58.39	46.09	56.42	28.00	68.16	61.00
观测值	73.04	57.51	65.69	74.78	70.40	69.10	66.51
不利被试—1~20 轮努力水平							
预测值	73.75	58.39	58.39	28.21	12.62	34.08	15.25
观测值	73.04	55.13	63.43	53.29	29.38	52.32	32.10
有利被试获胜概率							
预测值	0.500	0.687	0.805	0.707	0.765	0.573	0.658
观测值	0.500	0.510	0.679	0.625	0.750	0.540	0.510
有利被试货币支付均值							
预测值	¥1.09	¥1.44	¥1.67	¥1.48	¥1.59	¥1.23	¥1.39
观测值	¥1.03	¥1.17	¥1.32	¥1.18	¥1.39	¥1.01	¥1.05
不利被试获胜概率							
预测值	0.500	0.313	0.195	0.293	0.235	0.427	0.342
观测值	0.500	0.490	0.321	0.375	0.250	0.460	0.490
不利被试货币支付均值							
预测值	¥1.09	¥1.00	¥0.95	¥1.09	¥1.09	¥1.21	¥1.20
观测值	¥1.03	¥1.17	¥0.93	¥0.80	¥0.86	¥1.01	¥1.05

注：在倾斜政策实验（实验 6 和实验 7）中，有利被试指成本有利、规则不利被试。

1. 对称锦标赛

实验 1 检验对称锦标赛对被试行为的影响。α = 1 时对称锦标赛的实验结果与 Bull 等（1987）的研究结果完全相同，观察被试的努力水平与理论预测基本上一致。理论预测被试选择的努力水平是 73.75，而 11~20 轮努力水平的平均观察值是 78.09。[①] 使用 11~20 轮[②] 的混合横截面数据[③] 做 Wilcoxon 均值检验，[④] 我们不能够拒绝原假设：观察到的努力水平来自均值为 73.75 的总体。对 11~20 轮，

① 本文所有统计检验使用的显著性水平为 5%。

② 被试面对一个比较复杂的决策任务，由于并不完全理解这个任务，开始几轮的决策可能已经犯了一些错误。所以，我们使用后 10 轮的数据。这样做也能够避免学习效应（Learning Effect）对实验结果的影响。

③ 微观计量经济学中经常分析混合横截面的数据，这种数据是在不同时点从一个大总体中抽样的结果。如对个人、家庭和厂商的调查，每隔一段时间重复进行一次。如果每个时期抽取一个随机样本，那么把所得到的随机样本合并起来就得到一个混合横截面的数据。混合横截面数据分析对于评价某一事件或政策的经济影响非常适用。

④ Wilcoxon 均值检验过程检验单个变量的均值是否与指定的常数不同。

轮次 Wilcoxon 符号秩检验[①] 不拒绝原假设：配对成员选择的努力水平相同；配对 t 检验也不能拒绝原假设：配对成员选择的努力水平相同。实验 1 里，观察到的获胜概率与理论预测值相一致。被试获胜概率的预测值是 0.500，我们观察到的获胜概率是 0.508。使用连续矫正的二项分布检验，[②] 这些观察值与预测值没有显著差异。由于被试的努力水平如预期一样，雇主也获得预期的收益。

2. 不公平锦标赛

实验 2（k = 25）和实验 3（k = 45）检验机会公平规则对代理人行为的影响。不公平锦标赛实验中被试的努力水平如图 11–1、图 11–2 所示。在实验 2 中，理论预测，有利被试和不利被试选择的努力水平均等于 58.39。使用实验 2 中最后 10 轮数据，观察到有利被试选择的努力水平为 61.29，不利被试选择的努力水平为 56.20。对 11~20 轮进行轮次 Wilcoxon 符号秩检验，我们不能够拒绝原假设：在不公平锦标赛里，有利被试和不利被试选择的努力水平相同；使用配对 t 检验，我们也得到相同的结论。这说明在不公平锦标赛（k = 25）里，有利被试和不利被试选择的努力水平相同。总之，我们观察到，在实验 2 里，不管是有利被试，还是不利被试，他们的努力水平与预测值没有显著的差异。[③] 实验 3 里，有利被试和不利被试选择的努力水平预测值均是 46.06。我们使用最后 10 轮的混合横截面数据，观察到有利被试和不利被试的努力水平分别是 68.20 和 69.34。11~20 轮中，除第 16 轮采用非参数 Kruskal–Wallis 卡方检验[④] 外，其他 9 轮我们均采用配对 t 检验，结果发现只有一轮不拒绝原假设：有利被试和不利被试选择的努力水平相同。我们对最后 10 轮的混合横截面数据进行 Wilcoxon 均值检验，观察到有利被试和不利被试选择的努力水平显著地高于预测值 46.09。不利被试每轮选择的决策数字偏离均值最大超过 21，最小偏离接近 3；有利被试最大偏离不超过

---

① Wilcoxon 符号秩检验的原假设是 H_0：样本来自的两配对总体分布无显著差异。

② 二项分布检验过程将一个二分变量的两个类别的观察频率与具有指定概率参数的二项式分布下的期望频率进行比较。缺省情况下，两个组的概率参数均为 0.5。这里的原假设是 H_0：观察到被试获胜的预测值是 0.500。

③ Schotter 和 Weigelt（1992）发现，不公平锦标赛中被试的努力水平趋向于高于预测值。在我们的实验 2 里，有利被试、不利被试最后 10 轮混合横截面数据的 Wilcoxon 均值检验，不能够拒绝原假设 H_0：观测到的努力水平来自均值为 58.39 的总体。

④ 本检验使用 Wilcoxon 分数进行分析，这些分数是数据的实际秩。如果数据分为两个水平，本检验与 Wilcoxon 秩和检验一致。

18，最小不低于 7。这说明在实验 3 中，不利被试付出的努力水平波动比有利被试大。

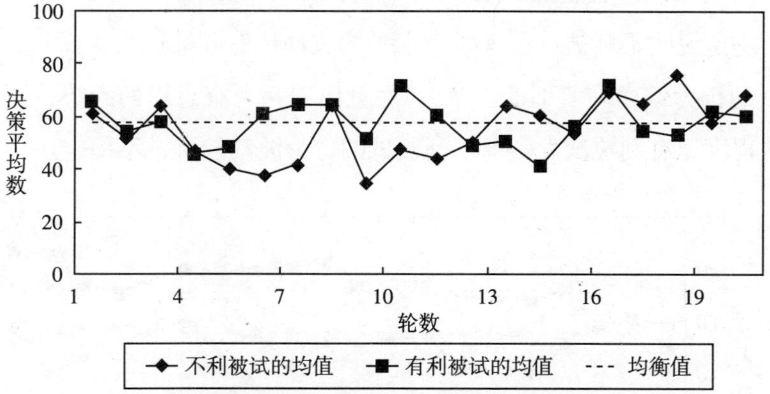

图 11–1　实验 2：不公平锦标赛（k = 25）

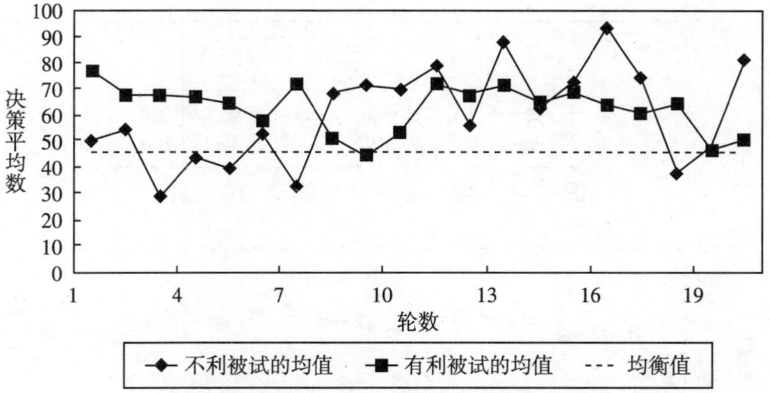

图 11–2　实验 3：不公平锦标赛（k = 45）

3. 不对称锦标赛

我们通过实验 4 和实验 5 检验不对称锦标赛中被试行为受到的影响，如图 11–3 和图 11–4 所示。实验 4 中，理论预测有利被试和不利被试努力水平分别是 56.42 和 28.21。使用 11~20 轮混合横截面数据，观察到有利被试、不利被试的努力水平均值分别是 79.89、51.87。通过对最后 10 轮的混合横截面数据进行 Wilcoxon 均值检验，我们拒绝原假设：观察到的有利被试和不利被试选择的努力水平来自预测均值的总体。对最后 10 轮进行配对检验，其中第 16、17 轮采用配对 t 检验，其他 8 轮采用非参数 Kruskal-Wallis 卡方检验。[①] 除了第 16、17轮外，其他 8 轮均拒绝原假设：被试选择的努力水平相同。因此，有利被试选择的努力水平高于不利被试。有利被试最后 10 轮努力水平的标准误差是 2.29，而不利被试是 3.21。这说明不利被试选择努力水平的波动比有利被试大。而且，我们发现不利被试的行为偏离均值不低于 7.5，而且出现一个有意思的趋势：不利被试偏离均值的程度比有利被试大，即不利被试的行为波动较大，不稳定。

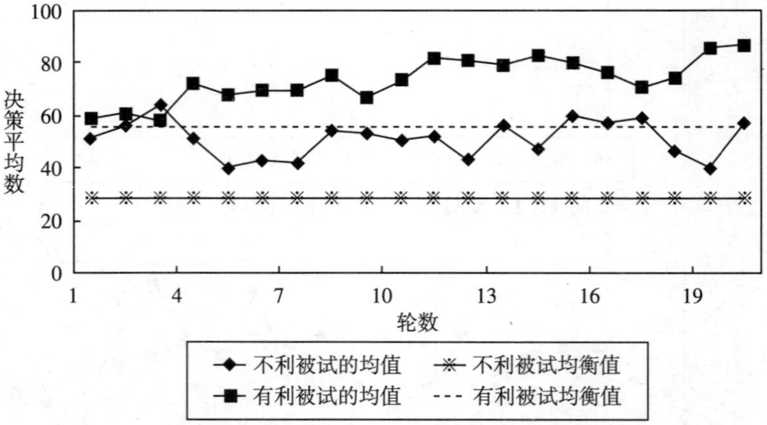

图 11-3　实验 4：不对称锦标赛（α = 2）

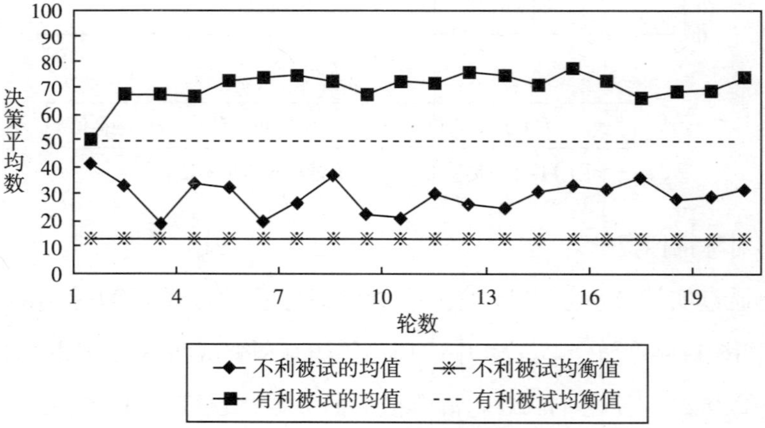

图 11-4　实验 5：不对称锦标赛（α = 4）

---

① 我们采用 Shpiro-Wilk 的 W 统计量来检验正态性，发现只有第 16、17 轮数据服从正态分布。而且，数据都满足方差齐次性。因此，我们对第 16、17 轮数据，采用配对 t 检验；对其他 8 轮数据，采用 Kruskal-Wallis 卡方检验。

实验 5 里，有利被试和不利被试选择的努力水平理论预测努力水平分别是 50.28 和 12.62（见表 11–2）。11~20 轮有利被试选择的努力水平的均值是 72.14，不利被试选择的努力水平的均值是 30.11，标准误差分别是 2.39 和 2.08。使用非参数 Kruskal–Wallis 卡方检验，我们能够拒绝原假设：有利被试和不利被试选择的努力水平相同。观察到的有利被试平均努力偏离平均水平最大超过 12，最小低于 4；对于不利被试来说，偏离平均水平最大不超过 10，基本上不低于 6。从这里可以看出，在实验 5 中，有利被试的行为变化比不利被试大。使用 Wilcoxon 符号秩检验，有利被试和不利被试的努力水平都有点过度。

总之，从上面的两个实验分析，我们可以得出以下结论：第一，不管是有利被试还是不利被试，与他们的努力水平均衡值相比，其努力水平都有点过度。相应地，他们的平均收益就比较低。第二，随着不对称程度的逐渐增加，有利被试和不利被试的平均努力水平逐渐减少。

4. 倾斜政策

我们通过实验 6 和实验 7 检验倾斜政策对被试行为的影响（见图 11–5 和图 11–6）。实验 6 里，我们将最后 10 轮的混合横截面数据使用 Wilcoxon 均值检验，有利被试和不利被试选择的努力水平显著地高于预测水平。使用连续矫正的二项分布检验，被试的获胜概率与预测值没有显著差异。概括起来，在实验 6 里，不管是有利被试，还是不利被试，他们选择的努力水平都有点过度。但是，他们的获胜概率与预测水平一致。

实验 7 里，使用最后 10 轮混合横截面数据进行 Wilcoxon 均值检验，有利被试的努力水平与预测值为 61.00 的总体没有显著差异，不利被试的努力水平显著高于预测水平。使用连续矫正的二项分布检验，有利被试的获胜概率显著低于预测值，不利被试的获胜概率显著高于预测值。总之，在实验 7 里，有利被试选择的努力水平与预测值一致。然而，不利被试选择的努力水平有点过度。

接下来，我们讨论倾斜政策的影响。如表 11–4 所示，有利被试和不利被试的平均水平从实验 4（$\alpha = 2$）中的 68.05 降低到实验 6（$\alpha = 2$，$k = 25$）中的

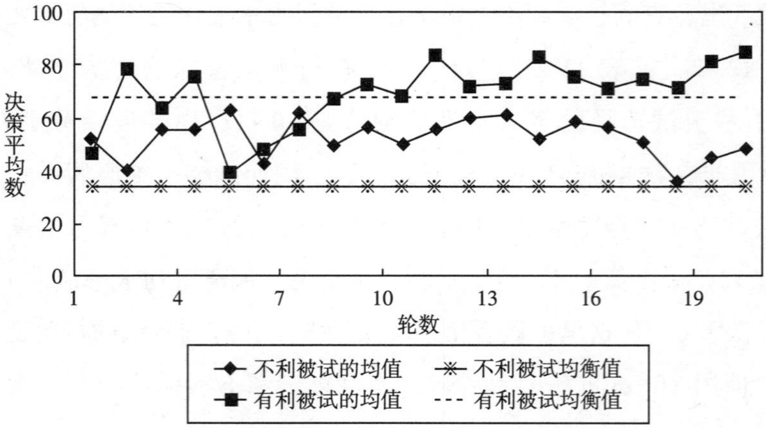

图 11-5　实验 6：倾斜政策（α = 2，k = 25）

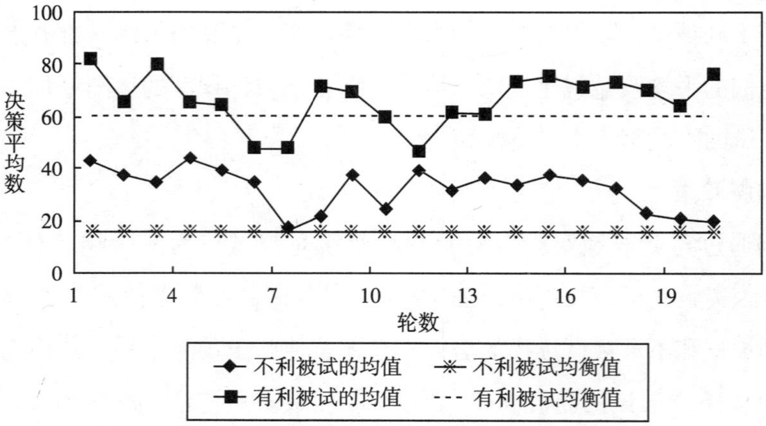

图 11-6　实验 7：倾斜政策（α = 4，k = 25）

64.48，从实验 5（α = 4）中的 51.125 降低到实验 7（α = 4，k = 25）中的 49.125。这说明，扶助不利被试会降低总产出，从而降低雇主的收益。分别使用实验 4、实验 6 里 11~20 轮每组配对成员（包括有利被试和不利被试）的平均值的混合横截面数据，进行两独立样本的曼—惠特尼检验（Mann-Whitney U），① 结果发现，实验 4 和实验 6 中有利被试和不利被试平均值没有显著差异。使用相同的统计方法，我们对实验 5 和实验 7 进行两独立样本的曼—惠特尼检验

① 两独立样本的曼—惠特尼检验的原假设是 H_0：样本来自的两独立样本总体的均值无显著差异。曼—惠特尼检验主要是通过对平均秩的研究来实现推断的。

(Mann–Whitney U)，同样发现这两个样本没有显著差异。统计结果显示，实施倾斜政策前后员工的总产没有显著差异。因此，从这里可以看出，实施倾斜政策不会显著增加员工的总产出，进而也不会增加雇主的收益。由于实施倾斜政策需要大量的交易成本，而且实施倾斜政策并不会增加雇主的收益，所以，在没有外在补贴如政府税收补贴的情况下，实施倾斜政策对雇主来说并不是一个占优策略。

表 11-4 倾斜政策的影响

实验	4	6	5	7
	(α＝2)	(α＝2，k＝25)	(α＝4)	(α＝4，k＝25)
11~20 轮平均努力水平				
有利被试	79.42	76.78	72.14	67.43
不利被试	56.67	52.18	30.11	30.82
所有被试	68.05	64.48	51.13	49.13
期望获胜概率				
成本有利被试	0.644	0.51	0.78	0.51
成本不利被试	0.356	0.49	0.22	0.49
期望支付				
成本有利被试	¥1.16	¥0.98	¥1.39	¥1.05
成本不利被试	¥0.71	¥0.95	¥0.85	¥1.10

注：使用观测平均值计算期望获胜概率。使用期望获胜概率和式（11-6）计算期望支付。

（四）结论与讨论

1. 研究结论

本文利用对 130 个被试进行的实验研究，得出以下结论：

（1）被试选择的努力水平有点过度，显著地高于均衡预测值。这说明，被试在所有的实验中并没有表现出“共谋”行为。除了基准实验 1 以外，在不公平锦标赛、不对称锦标赛、倾斜政策锦标赛中，与他们付出的均衡努力水平相比，不管是有利被试，还是不利被试，其选择的努力水平都有点过度。相应地，其平均收益也就比较低。

（2）在锦标赛机制中引入不公平或歧视因素，会降低被试的努力水平。这显示，机会公平规则可能是效率的必要条件。实际上，实施机会公平规则改善了锦标赛的整体绩效。如果薪酬差距不变，它能够增加所有类型代理人的努力水平，事实上增加了雇主的收益。

（3）随着代理人能力不对称程度逐渐增加，有利被试和不利被试选择的努力水平均会减少。这显示，将员工按其能力高低不同进行分组竞赛可能是企业选择的最优策略。同时，这也为同伴效应提供了实验证据的支持。

（4）实施倾斜政策并没有增加员工的总产出，因而也没有提高雇主的收益。

2. 现实思考

从企业组织视角考虑，在工作场所建立、营造公平透明的工作气氛，减少因为不公平或歧视所造成的员工之间以及员工与雇主之间的摩擦，将会提高员工与雇主的总产出。同时，应尽量把能力相同的员工安排在同一岗位（Sorting）。能力相差悬殊的员工一起工作不但会降低他自己的努力水平，也降低其同伴的努力水平，因而降低雇主的收益。此外，应重新审视倾斜政策对企业的影响。实施倾斜政策，一方面会增加企业的交易成本，间接地减少员工的收益；另一方面，它的实施可能会降低员工的总产出。

从政府政策视角考虑，我们应该重新审视倾斜政策对社会产生的影响。倾斜政策试图通过国家手段对处于自由竞争中的弱势群体助一臂之力，以改变他们因无权无势而陷入恶性循环的命运。但是，配额制或预留条款制等倾斜政策被相当一部分人认为是违反了市场机制的自由、公平竞争规则，违反了优胜劣汰的自然法则，并易于引起反向歧视。综观国内外对少数民族考生、特长生、干部生的高考加分政策，对个人或企业征收累进所得税，对落后地区实施政策、资金的扶持政策，这些政策的初衷无疑是良好的，但其效果如何，是否真正帮到了需要帮助的人或者地区，还有待于实践的检验。吴敬琏（2006）认为，现在缩小贫富差距最重要的一条就是应当是把腐败制止住，把社会资源的使用权从那些垄断部门解放出来……寻租问题只有靠实现法治基础上的市场化才能解决。林毅夫（2007）指出，城乡和收入差距扩大的主要症结在于改革不到位，包括金融结构失衡、资源税费不合理以及行政垄断问题。这说明，贫富差距扩大并不是由于过分追求效率而导致的，反而是由于公平的竞争环境被破坏才导致了贫富差距的扩大。从本文的研究结论看，对不利被试（弱势群体、落后地区）的扶助，不仅可能降低其自身的努力水平，同时还可能降低有利被试（能力强者、发达地区）的努力水平。我国部分城市低收入人群宁愿长期吃低保也不愿就业，美国倾斜政策从20世纪60~70年代的盛极一时到如今的“严密设计”、“严格审查”，其实质也反映出这种问题。

3. 后续研究的建议

首先，在资金允许的条件下，后续研究应尽量在货币奖金环境中进行实验操作。其次，本研究的被试都是学生，势必会影响研究结论的有效性。后续研究可以将企业中的人员作为实验被试，增强被试的代表性。最后，本文仅仅实施了二人锦标赛实验，后续研究可以扩展到多人锦标赛实验，进一步丰富、完善锦标赛领域的理论和实证研究。

参考文献

[1] 林毅夫. 收入差距扩大症结在改革 [J]. 经济前沿，2007（10）：4-7.

[2] 吴敬琏. 妥善处理收入差距过大问题 [N]. 中国经济时报，2006-07-06.

[3] Bull C.，Schotter A.，Weigelt K.. Tournaments and Piece Rates：An Experimental Study [J]. Journal of Political Economy，1987（95）：1-33.

[4] Green J.，Stokey N. A.. Comparison of Tournaments and Contracts [J]. Journal of Political Economy，1983（91）：349-364.

[5] Harbring C.，Lünser G. K.. On the Competition of Asymmetric Agents [J]. German Economic Review，2008，9（3）：373-395.

[6] Irlenbusch B.，Gabriele K. R.. Relative Rewards within Team-based Compensation [J]. Labour Ecoomics，2008（15）：141-167.

[7] Lazear E. P.，Rosen S.. Rank-Order Tournaments as Optimum Labor Contracts [J]. Journal of Political Economy，1981（89）：841-864.

[8] Lazear E.P.，Aoyer P.. Personnel Economics [R]. NBER Working Paper，No. 13480，2007（10）.

[9] Nalebuff B. J.，Stiglitz J.E.. Prizes and Incentives：Towards a General Theory of Compensation and Competition [J]. Bell Journal of Economics，1983（13）：21-43.

［10］ O'Keeffe M. W.，Viscusi K.，Zeckhauser R. J.. Economic Contests Comparative Reward Schemes［J］. Journal of Labor Economics，1984（2）：27-56.

［11］ Orrison A.，Schotter A.，Weigelt K.. Multiperson Tournaments：An Experimental Examination［J］. Management Science，2004，50（2）：268-279.

［12］ Schotter A.，Weigelt K.. Asymmetric Tournaments，Equal Opportunity Laws，and Affirmative Action：Some Experimental Results［J］. Quarterly Journal of Economics，1992（107）：511-539.

［13］ Steven W.，Brian R.. Behavioral and Welfare Effects of Tournaments and Fixed Performance Contracts：Some Experimental Evidence［J］. American Journal of Agricultural Economics，2005，87（1）：130-146.

［14］ Weigelt K.，Dukerich J.，Schotter A.. Reactions To Discrimination in an Incentive Pay Compensation Scheme：A Game-Theoretic Approach［J］. Organizational Behavior and Human Decision Processes，1989（44）：26-44.

（本文发表于《管理工程学报》，2012 年第 1 期，

作者：闫威、陈长怀）

十二、锦标赛规模与结构对员工努力水平的影响
——一项实验研究

过去三十多年来，锦标赛作为一种激励策略已被广泛研究。锦标赛机制是相对绩效评价的一种特殊形式。组织内的职位晋升是较为典型的锦标赛机制，其中所有代理人为晋升到高一层的层级而展开竞争，业绩好的代理人可以获得晋升机会。锦标赛理论是 Lazear 和 Rosen（1981）率先提出来的，其基本观点为：锦标赛机制提供的激励取决于"成功者"和"失败者"之间的报酬差距，而最高的报酬水平超过了代理人的生产力。与基于边际产出的激励合同相比，锦标赛机制具有三个潜在的好处：首先，薪酬是基于代理人边际产出的排序，而不是具体的边际产出，边际产出的排序要比边际产出的准确度量简单，因此可以降低监控成本。其次，薪酬差距可以鼓励基层员工参与排序竞争，从而提供激励，降低监控的必要性，参赛的员工更关心能否击败对手，而不是仅关注于自身的绝对业绩。最后，锦标赛中的获胜者具有继续前进的动力而不是只停留在历史的功劳簿上。

锦标赛机制设计的两个基本参数是锦标赛的规模与结构，规模指参加参赛人数，结构主要指最终获胜者占全部参赛者的比例。本文拟采用实验研究的方法，探讨锦标赛规模与结构的变动对员工努力水平的影响，主要关注以下两个核心问题：

第一，锦标赛规模。当公司迅速成长，晋升人数随着参赛人数增加而成比例

的增长时，公司规模的扩大对员工努力水平有什么样的影响呢？例如，一个5人参赛、1人晋升的锦标赛与一个100人参赛、20人晋升的锦标赛相比，随着规模的增加，代理人的努力水平有无变化呢？

第二，奖金结构。锦标赛中奖金结构激励着代理人行为，那么晋升比例的改变将对代理人的行为产生怎样的影响？例如，10人锦标赛中，2人晋升还是4人晋升会激励出代理人更高的努力水平呢？

这些问题在员工激励领域非常普遍，但很多时候却被管理者忽视了。本文在综述相关理论的基础上，通过3个实验来研究对称锦标赛中被试的行为模式。本文结构安排如下：第一部分为文献综述；第二部分介绍了实验研究设计；第三部分对实验结果进行了分析；第四部分根据研究结果提出了一些管理实践上的建议，并指出了本文的局限性以及将来的研究方向。

（一）相关文献综述

在锦标赛中，奖励是事先确定的，委托人会根据相对绩效表现对代理人进行奖励。在对锦标赛理论的开创性研究中，Lazear 和 Rosen（1981）发现，锦标赛和计件工资两种薪酬制度对两个风险中立者可以发挥相同的诱导效果。由于委托人不能直接观察出代理人的努力水平，因此在他们的模型中，一名代理人的产出由其努力水平和一个随机独立因素两个部分组成。研究发现，努力程度取决于奖金差额，也就是胜利者与失败者奖金额度上的差距。此外，在无其他因素影响下，努力程度会随着随机因素影响的增大而降低。该文提供了一个一般性的分析框架，后续研究在此基础上又进行了丰富和拓展，例如，Green 和 Stokey（1983）分析了存在共同波动的占优锦标赛；O'Keeffe（1984）等研究了如何对奖金结构进行优化设计，来阻止错误类型的代理人参与锦标赛；Rosen（1986）检验了一个序贯锦标赛，类似一个层级，每一个阶段博弈的失败者被排除掉，不能参与下一个阶段的比赛。在职业博弈的终点，一个巨大的奖金差距提供了足够的激励，使参与者为通过每个阶段而付出更多的努力。这些研究结果为高层管理人员的“天价”薪酬提供了较合理的解释。Schotter 和 Weigelt（1992）以及 Weigelt 等

(1989) 分析了代理人在锦标赛中对歧视和不公平准则的反应。有趣的是，被歧视的个体比理论预期显示出更高的努力程度。Clark 和 Riis (1998) 及 Moldovanu 和 Sela (2001) 认为，通过相对绩效来确定奖金分配的薪酬机制更有效，这说明了锦标赛机制在奖金分配中的优势。锦标赛机制虽然有很多优点，但也存在一些不足，例如，根据绩效的相对表现激励代理人，工作能力较差的参考群体或代理人可能会尝试勾结，即通过集体"共谋"只贡献非常低的努力水平。此外，代理人通过减少对手的产出可以提高他们的"相对位置"(Lazear，1989)，从而产生相互拆台行为，破坏组织内部的合作氛围。Chan (1995) 考虑当一个高级职位空缺发生的时候，公司应该平衡内部锦标赛的激励价值与保留雇用局外人机会的价值。

以上文献在激励理论、机制设计理论、劳动与人事经济学等领域为我们提供了丰富的理论成果和实践启示。在国内学术界关于锦标赛的理论和实证研究都相对较少，为数不多的文献主要集中于探讨上市公司高管薪酬的有效性（林浚清、黄祖辉、孙永祥，2003；姚瑶，2009）。但需要注意的是，这些文献均未对锦标赛机制设计问题进行研究。目前，国际学术界对于锦标赛理论的研究逐渐扩展到了锦标赛机制设计上，如规模与结构这两方面。Orrison 等 (1997，2004) 对不同规模、不同奖金结构的系列锦标赛进行了实验研究，研究结果表明，如果锦标赛中获胜比例较高，则代理人的努力程度会降低。Haring 和 Irlenbusch (2003)[①] 研究了锦标赛设计的两个基本特征——锦标赛规模和奖金结构，发现后者更能决定代理人的行为，代理人平均努力水平随着获胜比例的增大而提高。Casas-Arce 和 Martinez-Jerez (2005) 在实证研究方法下发现扩大竞赛规模会降低竞争者的努力水平。另外，Harbring 和 Irlenbusch (2008) 对不同规模、不同获胜比例下的锦标赛合谋现象也进行了分析。

本文循着 Orrison 等 (2004) 的分析框架，选取中国被试，重点研究锦标赛规模和结构对员工努力水平的影响。同时，为了分析中途休息对员工努力水平的

① Harbring 和 Irlenbusch (2003) 也对锦标赛规模与结构进行了实验研究，虽然得出的结果与 Orrison 相反，但两者可比性不强，因为他们各自采用的研究方法不一样，在 Harbring、Irlenbusch 的试验中并没有考虑随机独立因素的存在。

影响，我们引入重新启动效应。[①] 与以往研究相比较，本文的创新主要表现在三个方面。第一，采用实验研究方法分析锦标赛规模与奖金结构对代理人努力水平的影响，有助于弥补国内研究较为缺乏的遗憾。第二，本文得到了与 Orrison 等（2004）不同的研究结论：获奖比例的增大，至少不会降低代理人的努力水平。因此，改变奖金结构这项激励策略的实施是提高雇主收益的一个可行性方案。第三，本文研究在锦标赛实验设计中引入了重新启动方案，结果显示重新启动开始的第一轮与前一轮、前十轮努力平均水平相比具有维持或者上升趋势。

（二）实验研究设计

1. 锦标赛模型及均衡

在锦标赛里，代理人获得的支付是其相对绩效的函数，即该支付只取决于他在组织内的绩效排名，而与代理人绩效的绝对水平或者代理人之间的绩效差距无关。考虑在 n 人锦标赛中，有 i = 1，2，…，n 个相同能力的代理人，每人都拥有相同的效用函数，如式（12–1）所示：

$$U(p, e_i) = w(p) - c(e_i) \qquad (i = 1, 2, \cdots, n) \tag{12–1}$$

其中，p 代表对代理人的非负支付，e_i 表示代理人的非负努力水平。效用函数 w(·)是正递增凹函数，成本函数 c(·) 是正递增凸函数。代理人 i 从一个实数闭合有界集合中选择一个努力水平。这个努力水平除代理人 i 自己外，任何人都观察不到（或者观察成本非常大），但是他的产出如式（12–2）所示：

$$y_i = f(e_i) + \varepsilon_i \tag{12–2}$$

生产函数 f（·）是凹函数，ε_i 对每一个代理人 i 来说是一个独立的随机变量，服从定义于一个共同的有界支持闭集的同一连续密度函数。所以，其他代理人也有一个类似的生产函数，面临一个完全相同的决策问题。在锦标赛中，我们设置 n 个奖金（也就是说奖金数目与锦标赛参与人数相同），每个代理人会获得 M 或

① 重新启动效应是在一个公益事业的实验中（Andreon，1998；Croson，1996）被人们所熟知。一般来说参与者在开始的时候捐献会在一个相对高的水平，但是捐献会随着次数的增加而减少。如果实验停止一段时间后重新启动，参与者的捐献又会在一个高的水平，然后再随着次数增加而减少。

者 m 两个值中的一个，其中 $M > m$。奖金结构是由 $\lambda^T = (\lambda, 1-\lambda)$ 确定，λ 表示获得 M 的代理人比例，$1-\lambda$ 就是获得 m 的代理人比例。

锦标赛规则如下：当 n 个代理人的产出被确定后，产出排名在前 λ_n 名（包括第 λ_n 名）的代理人获得 λ_n 个高奖金 M，余下的代理人获得小额奖金 m。

代理人选择的努力水平以向量 $e = (e_1, \cdots, e_n)$表示，代理人 i 获得 M 的概率记为 $\pi(e_i, e_{-i})$，e_{-i} 表示代理人 i 的 n-1 个竞争者的努力水平，它是一个矢量。因此，代理人 i 的期望回报如式（12-3）所示：

$$Ez_i(e_i, e_{-i}) = \pi(e_i, e_{-i})w(M) + [1-\pi(e_i, e_{-i})]w(m) - c(e_i) \quad (i = 1, 2, \cdots, n) \tag{12-3}$$

由上面的锦标赛定义了一个博弈，由式（12-3）给出支付，策略集合是努力选择的可行集，我们假定策略集合是实数上的一个闭合区间。通过合适的限定随机波动的分布和上面提出的效用函数，对我们实验中涉及的所有锦标赛，将会存在唯一确定的对称纯策略纳什均衡。这要求确定具体的效用函数、生产函数、波动的随机分布和奖金结构。实验中我们用的具体模型如式（12-4）和式（12-5）所示：

$$U(p, e) = p - e^2/\bar{c} \qquad (i=1, 2, \cdots, n) \tag{12-4}$$

$$y_i = e_i + \varepsilon_i \qquad (i = 1, 2, \cdots, n) \tag{12-5}$$

其中，$\bar{c} > 0$ 代表一个规模尺度因素，ε_i 服从区间 $[-q, q]\,(q > 0)$ 上的均匀分布，并相互独立。e_i 的区间限定于 [0, 100]。特别地，锦标赛中代理人的期望支付如式（12-6）所示：

$$Ez_i(e_i, e_{-i}) = m + \pi(e_i, e_{-i})[M - m] - e_i^2/\bar{c} \tag{12-6}$$

实验参数集 $\tau = \{M, m, q, \bar{c}, k, \phi(\varepsilon_i), i = 1, 2, \cdots, n\}$，其中 M、m、q、$\bar{c}$ 和 k 由上述各式确定。$\phi(\varepsilon_i)$ 是一个均匀密度分布，决定每一个独立的实现值 ε_i。在唯一局部纯策略纳什均衡上，每一位代理人的一阶条件需满足式（12-7）：

$$\frac{\partial Ez_i}{\partial e_i} = \frac{\partial \pi(e_i, e_{-i})}{\partial e_i} \times [M - m] - \frac{2e_i}{\bar{c}} = 0$$

或 (12-7)

$$\frac{\partial \pi(e_i, e_{-i})}{\partial e_i} \times [M - m] = \frac{2e_i}{\bar{c}}$$

我们对式（12-7）做一个简单的解释。左边是锦标赛参与者增加其努力水平的边际效益。显然，它等于获胜的边际概率乘以获胜的净收益［M - m］。右边的方程只是努力的边际成本。这个二阶条件能够确保存在一个最大值。在对称均衡 $e_i = e_j = e^*$ 处，我们知道 $\partial\pi(e_i, e_{-i})/\partial e_i = 1/(2q)$，即得出式（12-8）：

$$e^* = \frac{(M - m)\bar{c}}{4q} \tag{12-8}$$

注意，所有代理人获胜的边际比率都是 1/(2q)，所以均衡努力水平由式（12-8）确定。在我们的实验中，我们设置 M = 2.04，m = 0.86，q = 60 以及 c = 15000，那么就决定了对称锦标赛均衡努力水平 $e^* = 73.75$。①

2. 实验实施

Fehr（2004）认为，高年级本科生和低年级硕士生是最合适的经济管理类实验参与主体，因为一方面他们了解相关理论背景，能够很好地理解实验逻辑；另一方面他们又不像社会参与者那样具有很强的思维定式，容易实现与实验主题的行动一致性。于是本实验设计者从重庆大学各个专业招募被试。共 54 名不同专业的被试（由大三以及研一的学生组成）参与到 3 个实验中，实验 1（2H2L，表示 4 人参与竞争，2 人获胜，2 人失败）包括 20 名被试，实验 2（HL，表示 2 人参与竞争，1 人获胜，1 人失败）包括 14 名被试，实验 3（H3L，表示 4 人参与竞争，1 人获胜，3 人失败）包括 20 名被试。实验中自变量或操作变量为锦标赛的规模和结构，详见表 12-1。

表 12-1　实验设计

实验	锦标赛规模（n）	决策范围（e）	成本函数（c）	随机数范围	M	m	数量 M	理论预测的均衡努力水平	被试人数
1	4	(0~100)	$e_i^2/15000$	(-60，60)	¥2.04	¥0.86	2	73.75	20
2	2	(0~100)	$e_i^2/15000$	(-60，60)	¥2.04	¥0.86	1	73.75	14
3	4	(0~100)	$e_i^2/15000$	(-60，60)	¥2.04	¥0.86	1	73.75	20

在每个实验中，组织者以随机和匿名的方式将被试配对成 2 人一组或者 4 人一组。每组成员分派将在整个实验期间保持固定。除了配对成员的身份信息不予

① 实验参数并不是固定的，有些锦标赛实验研究选择了与本文不同的实验参数。本文主要是与 Orrison 等（2004）的研究结论进行比较，所以实验参数集与其保持一致。

透露外，所有参数都是共同知识。每一个实验包括 20 轮，即进行 20 轮相同的实验。在开始时候，参与者只被告知实验进行 10 轮；10 轮结束后，被试将在不预先告知的情况下继续进行 10 轮。在前 10 轮实验结束后，将会有一个短暂的休息，实验组织者会提供小吃、饮料等。休息期间，被试只能待在实验室并且不允许相互交谈。然后，宣布在保持配对成员不变的情况下进行另外 10 轮实验。

每个实验参与者（即实验被试）都收到一份实验指导手册，① 包括实验设计概览和实验流程。之后，实验管理员向实验参与者讲解实验的具体流程，并让实验参与者进行两轮预实验。在确信所有被试都完全理解、明白实验内容后才开始进行实验。为了实现足够的激励，被试在实验开始前均被告知：将根据各被试最后获得的实验收入，换算成这门课程的平时成绩。

（三）实验结果分析

共 54 名实验者参与实验，每个实验进行 20 轮，得到 1080 个实验记录。采用 SPSS13.0 统计软件对实验数据进行处理。实验的基本结果如表 12-2、表 12-3 所示。

表 12-2 奖金结构相同、规模不同

实验	均衡值	决策数字			均值最大偏差		平均偏差	标准偏差	
		轮数	轮数	轮数	轮数	轮数	轮数	轮数	轮数
		1~10	11~20	20	1~10	11~20	11~20	1~10	11~20
1（2H2L）	73.7500	68.7300	76.6600	78.0500	15.8000	7.1000	3.3500	7.2391	4.1909
2（HL）	73.7500	59.8929	68.7714	70.5000	22.4643	26.5357	9.0571	15.2822	12.9372

表 12-3 规模相同、奖金结构不同

实验	均衡值	决策数字			均值最大偏差		平均偏差	标准偏差	
		轮数	轮数	轮数	轮数	轮数	轮数	轮数	轮数
		1~10	11~20	20	1~10	11~20	11~20	1~10	11~20
1（2H2L）	73.7500	68.7300	76.6600	78.0500	15.8000	7.1000	3.3500	7.2391	4.1909
3（H3L）	73.7500	64.3500	68.9500	70.2500	26.6000	19.3500	7.2450	14.8618	9.4837

① 由于篇幅关系，实验指导手册并未列入本文，感兴趣的读者可直接与作者联系。

1. 锦标赛规模改变

实验 1（2H2L）与实验 2（HL）检验对称锦标赛的规模改变对被试行为的影响。理论预测被试选择的努力水平是 73.75，我们在表 12–2 中观测到 11~20 轮[①]实验 1 的努力水平是 76.66，实验 2 的努力水平是 68.77。我们对每个实验 11~20 轮混合横截面[②] 数据做 Wilcoxon 均值检验，[③] 不能拒绝原假设：观测到的努力水平与预测值并没有显著差异，均来自均值为 73.75 的总体。然后对每一轮进行独立样本曼—惠特尼检验分析，证实了两实验并没有显著差异。得出结论是：员工的努力水平在奖金结构保持不变而规模改变的情况下保持稳定，锦标赛规模不会对努力水平造成显著影响。就是说随着组织规模增加，只要晋升比例保持不变，员工的努力行为不会改变。另外，从图 12–1 中可以清晰地看到，实验 2（HL）在后面 3 轮的努力水平偏低，这主要是因为进行了一段时间竞争后，“共谋”现象逐渐在一些团队中出现。[④] 类似的“共谋”很少出现在大于 2 人的锦标赛中。很明显，在小规模锦标赛中，竞争者容易产生“共谋”而表现出较低的努力水平。

2. 奖金结构的改变

（1）努力水平。实验 1（2H2L）和实验 3（H3L）检验了奖金结构改变对被试行为的影响。图 12–2 与表 12–3 显示了实验观测到的被试行为。首先，我们检验被试在实验中所做出的努力水平决策是否与均衡值（73.75）有明显差异。从表 12–3 中可以看出，实验 3 中 11~20 轮被试的平均努力水平是 68.95，实验 1 中被试的平均努力水平是 76.66。我们对每个实验 11~20 轮混合横截面做 Wilcoxon 均值检验。对于实验 1，我们不能够拒绝原假设：观测到的努力与预测值并没有

---

① 被试面对一个非常复杂的决策任务，由于并不完全理解这个任务，开始几轮的决策可能已经犯了一些错误。所以，我们使用后 10 轮的数据。

② 微观计量经济学中经常分析混合横截面的数据，这种数据是在不同时点从一个大总体中抽样的结果。如对个人、家庭和厂商的调查，每隔一段时间重复进行一次。如果每个时期抽取一个随机样本，那么把所得到的随机样本合并起来就得到一个混合横截面的数据。混合横截面数据分析对于评价某一事件或政策的经济影响非常适用。

③ Wilcoxon 均值检验过程检验单个变量的均值是否与指定的常数不同。本文所有统计检验使用的显著性水平为 5%。

④ 本文对 HL 实验中的退出率做了分析，发现 17~20 轮仅 3 轮的退出率占了 11~20 轮总共的 64.7%。

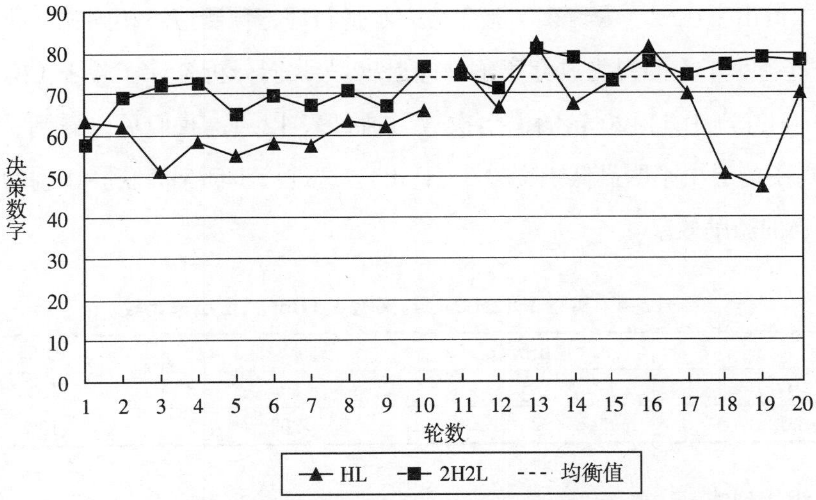

图 12-1 实验 1（2H2L）与实验 2（HL）中每轮的平均努力水平

显著差异。但是对实验 3 而言，努力水平的观测值与预测值有显著差异。

然后对每一轮实验进行独立样本 Mann-Whitney 分析，我们拒绝假设：实验 1 与实验 3 的努力水平均值有显著差异。我们可以看出，几乎在每一轮里，实验 3 中被试的努力水平都低于实验 1。

由表 12-3 与图 12-2 可以得出结论：被试的平均努力水平随着获胜比例的增大而提高。

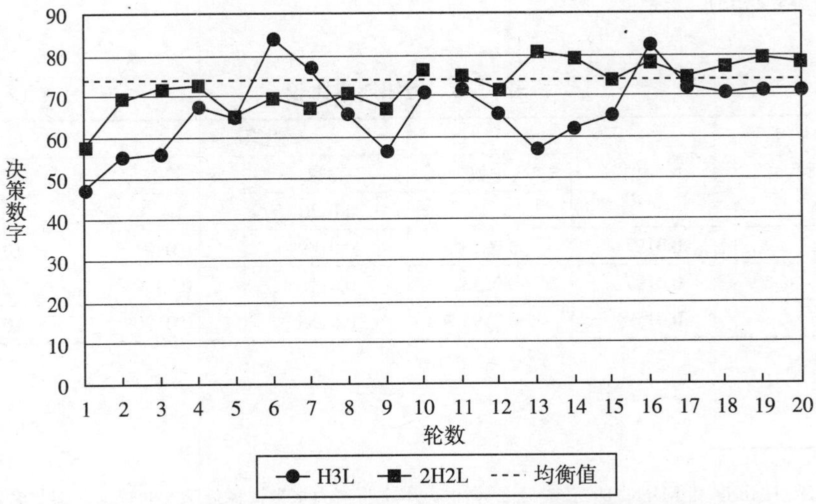

图 12-2 实验 1（2H2L）与实验 3（H3L）中每轮平均努力水平

（2）退出率比较。为什么实验 3 努力水平与理论预测值不相同呢？我们将努力水平选择小于 5 的视为放弃竞争，即退出。[①] 我们分析统计实验 1（2H2L）和实验 3（H3L）中 11~20 轮的退出次数。通过表 12-4，我们可以看到，实验 1（2H2L）中的退出率明显低于实验 3（H3L），这进一步证实高获胜比例的锦标赛具有较强的激励效果。

表 12-4 实验 1（2H2L）与实验 3（H3L）退出率比较

	退出次数	样本总数	比例
实验 1（2H2L）	5	200	2.5%
实验 3（H3L）	20	200	10%

3. 组织成本

组织成本即让员工付出一单位努力，组织所需要付出的相应成本。考虑在 n 人参与的锦标赛中，λ_n(包括第 λ_n 名）的代理人获得 λ_n 个高奖金 M，余下的获得小额奖金 m。它的组织成本 C 的计算公式如式（12-9）所示：

$$C_i = [\lambda_n M + (n - \lambda_n)m]/ne_i \tag{12-9}$$

对于一个公司而言，其目标是如何最大地利用好资源，以付出最少的成本期待最大的回报。我们可以从表 12-5 看出，尽管实验 1 与实验 2 的预测组织成本一样，都为 0.0197，但是 HL 的实际组织成本明显高于理论预测值，再次印证了“共谋”现象的产生。

表 12-5 组织成本比较

实验	预测值	组织成本			
		轮数	轮数	轮数	轮数
		1~10	11~20	1~20	20
1（2H2L）	0.0197	0.0213	0.0189	0.0201	0.0186
2（HL）	0.0197	0.0243	0.0218	0.0230	0.0206
3（H3L）	0.0157	0.0195	0.0165	0.0180	0.0162

① 借鉴 Harbrig 和 Irlenbusch（2003）的做法，本文将努力水平选择低于 5 的视为非参与者行为，即退出。

实验1与实验3组织成本理论预测值差异为0.004，实际组织成本（11~20轮）缩小到0.0024，因为实验1中被试付出的努力比预测值高，所以相应成本也就降低了。但是我们可以由表12-5明显看出，实验1单位组织成本与实验3相比较也偏高。

组织成本的背后由获胜比例与努力水平两个因素共同起作用。获胜比例越高，相应的组织成本会增加；但是，如果高获胜比例激励出的努力水平增加的幅度高于其带来的组织成本增加，那么企业就应该选择提高获胜比例。如果高获胜比例带来的代理人努力水平增长幅度低于其导致的组织成本增加，企业应该选择降低获胜比例。

4. 重新启动效应

在实验开始前，我们告诉被试实验只进行10轮，然后让他们休息10分钟，之后再告诉他们接下来将进行10轮实验。我们将考察在执行了重新启动机制后，被试努力水平的变化趋势，以此检验代理人的努力水平是否会呈现如同在公益事业捐款实验中的努力水平再次升高的现象（Andreon，1998；Croson，1996）。

表12-6 重新启动效应

轮次	实验1（2H2L）	实验2（HL）	实验3（H3L）
第10轮努力水平	76.2000	66.2143	70.7500
前10轮努力平均值	68.7300	59.8929	64.3500
第11轮努力水平	74.7500	77.3571	71.5500

我们可以从表12-6清晰地看到，除了实验1（2H2L）中第11轮努力水平稍稍低于第10轮努力水平，其余的实验中第11轮努力水平都大于前一轮努力水平，表现出增强的趋势，并且第11轮的努力水平都显著高于前10轮的平均努力水平。接着我们对2H2L做Wilcoxon符号秩检验，不拒绝原假设，即第10轮与第11轮数据大致相等。

可得出结论：重新启动实验后，新一轮的努力水平较之前的平均努力水平有升高的趋势。

（四）结论

1. 结论与讨论

通过对54个被试进行的3个实验，本文获得了以下研究结论：

（1）当奖金结构不变仅锦标赛规模改变时，被试努力水平不会改变。对企业来说，因为锦标赛规模的改变不会影响员工的努力水平，所以在规模扩张（或缩小）时需要考虑的因素只有规模变动导致的成本问题而已。

（2）当锦标赛规模不变而奖金结构改变时，被试努力水平随着获胜比例的升高而增大。这与Orrison等（2004）的研究结果相反。可能因为当获胜比例小的时候，被试认为获胜的概率小，于是很多被试选择了放弃；获胜比例高的时候，被试认为获胜的概率增加，退出率降低。根据弗鲁姆的期望理论，[①] 员工受到激励的强度取决于员工对自己获胜概率的认知，对获胜后所获得的高回报可能性的认知以及对这种回报的满意度认知。对企业来说，需要兼顾这三个方面关系，才能充分调动人们的工作积极性。

（3）“共谋”现象在小规模锦标赛中容易出现。从企业角度看，首先需要防止“共谋”现象的产生，在公司内部建立公平、透明的工作环境，提倡公开交流，尽量避免“小利益团体”的形成。由于小规模的竞争最易产生“共谋”现象，所以，一方面适当扩大锦标赛规模（即竞争人数），增加激烈程度，提高激励效果；另一方面增加组织管理的透明度，对企业内部的非正式组织和非正式沟通采取适当的控制和疏导。

（4）对锦标赛组织成本的分析表明，管理者不能单看员工的努力水平就决定激励方案。很多管理者总是关注员工努力水平的提高，却忽视了企业为此而付出的成本。企业组织成本是由获胜比例与努力水平两个因素构成。管理者应当关注高获胜比例激发出的努力水平增加幅度与组织成本增加大小的比较。

---

① 维克托·弗鲁姆认为，某一活动对于调动某一人的积极性，激发出人的内部潜力的激励（Motivation）的强度，取决于达成目标后对于满足个人需要的价值的大小——效价（Valence）与他根据以往的经验进行判断能导致该结果的概率——期望值（Expectancy），即 $M=V\times E$。

（5）对重新启动效应的分析表明，短暂的停止或休息对员工努力水平的提高起到一定的激励作用。在企业内部的竞争过程中，员工的努力水平不可能一直保持在高水平上，疲劳现象是很容易出现的，为了保持一个积极竞争的锦标赛环境，可以通过短期休假或工作的暂时轮换等为员工提供一定的“暂停”或休息，提供一种有效激励的补充手段。

2. 研究局限性以及对后续研究建议

由于受时间与条件的限制，本研究只是小范围的实验抽样，样本不够大。且本实验主要采取的激励手段是将竞赛结果换算成相应的课程分数，后续研究应尽量在货币奖金环境中进行实验操作。

在研究方法上，将来可以将实证研究与案例研究等方法结合起来，深入具体企业进行研究，以便进一步解释竞赛规模与奖金结构对代理人努力水平影响的作用机制。在研究思路上，本文是基于对称性锦标赛的实验研究，今后可以进一步探讨不对称、不公平锦标赛情形下竞赛规模和奖金结构对代理人努力水平的影响。

参考文献

[1] 林浚清，黄祖辉，孙永祥. 高管团队内薪酬差距、公司绩效和治理结构[J]. 经济研究，2003（4）.

[2] 姚瑶. 管理者权利影响薪酬差距的锦标赛激励效应吗？[D]. 复旦大学硕士学位论文，2009.

[3] Clark D. J.，Riis C.. Contests with More than One Prize [J]. American Economic Review，1998（88）：276-289.

[4] Chan W.. External Recruitment Versus Internal Promotion [J]. Labor Economics，1996（14）：555-570.

[5] Green J.，Stokey N.. A Comparison of Tournaments and Contracts [J]. Journal of Political Economy，1983（91）：349-364.

[6] Casas-Arce P.，F. Martinez-Jerez. Relative Performance Compensation，Contests，and Dynamic Incentives [R]. Working Paper，University of Oxford，2005.

[7] Harbring C.，Irlenbusch B.. An Experimental Study on Tournament Design [J]. Labour

Economics, 2003 (10): 443-464.

[8] Harbring C., Irlenbusch B.. How Many Winners Are Good to Have? On Tournaments with Sabotage [J]. Journal of Economic Behavior & Organization, 2008 (65): 684-702.

[9] Lazear E.P., Rosen S.. Rank-order Tournaments as Optimum Labor Contracts[J]. Journal of Political Economy, 1981 (89): 841-864.

[10] Lazear E.P.. Pay Equality and Industrial Politics [J]. Journal of Political Economy, 1989 (97): 561-580.

[11] Moldovanu B., Sela A.. The Optimal Allocation of Prizes in Contests [J]. American Economic Review, 2001 (91): 542-558.

[12] O'Keeffe M.W., Viscusi K., Zeckhauser R.J.. Economic Contests Comparative Reward Schemes [J]. Journal of Labor Economics, 1984 (2): 27- 56.

[13] Orrison A., Schotter A., Weigelt K.. Multiperson Tournaments: An Experimental Examination [J]. Management Science, 2004 (50): 268-279.

[14] Orrison A., Schotter A., Weigelt K.. On the Design of Optimal Organizations Using Tournaments: An Experimental Examination [R]. Discussion Paper, New York University, 1997.

[15] Rosen S.. Prizes and Incentives in Elimination Tournaments [J]. American Economic Review, 1986 (76): 701-715.

[16] Schotter A., Weigelt K.. Asymmetric Tournaments, Equal Opportunity Laws, and Affirmative Action: Some Experimental Results[J]. Quarterly Journal of Economics, 1992 (107): 511-539.

[17] Weigelt K., Dukerich J., Schotter A.. Reactions to Discrimination in An Incentive Pay Compensation Scheme: A Game-theoretic Approach [J]. Organizational Behavior and Human Decision Processes, 1989 (44): 26-44.

(本文发表于《经济科学》，2010年第1期，
作者：曾馨逸、闫威)

十三、锦标赛契约和固定绩效契约对异质代理人行为的影响
——一项实验研究

20世纪80年代以来，锦标赛机制作为一种激励策略引起了广泛的研究兴趣（Lazear、Rosen，1981；Green、Stokey，1983；Nalebuff、Stiglitz，1983）。锦标赛机制有三个基本原则：第一，奖金事先固定，奖金只取决于相对的而不是绝对的绩效；第二，不同等级员工的工资差距越大，对较低等级员工付出更多努力的激励就越大；第三，存在一个最优差距。国内外许多学者都对锦标赛机制作为一种有效的激励策略持肯定态度，但是锦标赛机制也并非十全十美，潜在的"共谋"（Collusion）、相互拆台（Sabotage）或者其他形式的不合作行为都有可能会抵消薪酬差距过大的激励价值。所以锦标赛是否为一种有效的激励策略还需进一步探讨。在企业管理实践中，员工的报酬是通过相对产出还是绝对产出来确定？在团队奖金的分配方式上，是由团队成员共同协商确定还是事先就确定？这些问题长期困扰着企业管理者和理论研究者。本文尝试从实验经济学的角度对这些问题做出回答。

（一）国内外相关研究的回顾

1. 锦标赛理论

早在1981年，Lazear和Rosen就提出了由两个风险中性的代理人组成的基

本锦标赛模型。在该模型中，委托人事先制定固定报酬契约 M 和 m（M > m），并根据代理人业绩高低进行排名，以此确定各自的报酬，业绩高者得到高报酬 M，业绩低者得到低报酬 m。研究结果证明，代理人的努力水平取决于“成功者”和“失败者”之间的报酬差距，努力水平随着报酬差距的扩大而增加。Bull、Schotter 和 Weigelt（1987）利用实验研究方法考察被试对计件工资和锦标赛激励机制的反应，其结论表明，锦标赛机制的激励效应要优于计件工资制。Main、O'Reilly 和 Wade（1993）以及 Eriksson（1996）利用公司管理者报酬数据进行实证研究，都发现管理者报酬水平和报酬差距与公司业绩均显著正相关。林浚清等（2003）运用我国上市公司 1999 年和 2000 年年度报告作为分析数据，探讨高管薪酬差距与企业绩效之间的关系，研究结论显示，高管团队内部的货币薪酬差距与公司未来的每股收益（Earning Per Share，EPS）、资产回报率（Return on Assets，ROA）、销售收益率（Return on Sales，ROS）存在显著的正相关关系，较大的薪酬差距有助于提升企业绩效。此后，陈震与张鸣（2006）、魏明海（2006）以及鲁海帆（2007）等基于上市公司数据的实证研究均支持了这一结论。

但是，锦标赛理论也同样面临着挑战。Dye（1984）、Lazear（1989）认为，潜在的“共谋”、相互拆台或者其他形式的不合作行为将会抵消薪酬差距过大的激励价值。因此锦标赛机制不一定优于其他契约机制。Levy 和 Vulina（2004）利用在烤鸡店观察到的现场数据比较不同报酬机制的激励效应，研究结论表明，以固定绩效契约取代锦标赛契约并没有降低员工的福利水平。Steven Wu 和 Brian Roe（2005）的研究发现，在同质代理人假设条件下，较之于锦标赛契约，代理人在固定绩效契约下付出的努力和获得的收益都更高。但是，当共同影响的标准偏差超过一个临界值时，固定绩效契约的优势将消失。进一步地，Steven Wu 等（2005）对异质代理人在固定绩效契约和锦标赛契约下的努力水平和福利水平进行了比较分析，其实验研究发现：在两种契约环境下，被试的平均努力水平没有显著差异；无论在哪种契约下，高能力的代理人会比低能力的代理人供给更高的努力水平；在锦标赛契约下，高能力者获益而低能力者受损；且高能力代理人和低能力代理人之间的薪酬差距要大于固定绩效契约下的薪酬差距。

2. 团队激励

虽然团队不断地被人认为是一种最合适的组织形式，但如何对团队成员进行激励已成为一项十分具有挑战性的工作。原因有以下三项：首先，团队的总支付并不能由单个团队成员决定，因为单个团队成员的贡献不能从这个团队中分离；其次，怎样合理运用团队形式才能促使成员尽自己最大的努力来达到整个团队产出最大化；最后，这种以团队总产出提供奖金的形式容易造成团队成员“搭便车”的无效行为（Alchian、Demsetz，1972；Newhouse，1973；Holmstom，1982；Hansen，1997）。对以上问题，Heneman 和 Von Hippel（1995）认为，解决团队成员“搭便车”行为的直观方法是为团队中表现最好的成员提供相对奖金的锦标赛机制，即奖金外生机制。然而，Rosenbaum 等（1980）与 Wageman（1995）的研究却发现，给团队成员提供相对奖金会降低团队成员的个人责任意识，同时也会降低团队成员的合作意愿。以此看来，锦标赛机制对团队成员绩效是否是一种合理有效的激励机制还需要进一步研究。

本文循着 Steven Wu 等（2005）的分析框架，选取中国被试，重点研究不同的契约模式对代理人的努力水平和收益的影响，从而为企业究竟应选择基于绝对绩效还是相对绩效的激励机制提供了一定的借鉴。同时，本文尝试探讨奖金内生与奖金外生的分配机制是否有不同的激励效应，为自我管理型团队的运行和管理提供一定的参考。与以往研究相比，本文的创新之处有以下几处：第一，采取中国被试，研究锦标赛契约和固定绩效契约对异质代理人努力水平和收益的影响，有助于弥补国内研究较为缺乏的遗憾。第二，本文获得了与 Steven Wu 等（2005）不同的研究结论：对委托人来说，无论外部风险大小和代理人能力高低，锦标赛机制在提高代理人努力水平和减少支出成本方面都优于固定绩效契约；当特殊风险占主导时，锦标赛契约更能激发被试整体的努力水平；共同风险占主导时，两种契约方式对努力水平均值没有影响，并且高能力被试在锦标赛契约下损失更大。第三，本文在 Steven Wu 等（2005）研究的基础上引入了奖金内生分配机制，研究结论表明，与奖金外生的锦标赛机制相比，奖金内生机制会导致被试的努力水平降低。

（二）理论模型与实验设计

1. 锦标赛契约模型

考虑一个 2 人锦标赛模型。每名代理人选择其努力水平，记为 e_i 和 e_j。被试 i 的产出是由与他选择的 e_i 有关的生产函数决定的，如式（13-1）所示：

$$y_i = e_i + u_c + u_i (i = 1, 2) \tag{13-1}$$

其中，y_i 代表被试 i 的产出，u_c 是共同风险，u_i 是特殊风险。y_j 的表达式与此类似。u_c 和 u_i 独立且同分布，$u_c \sim N(0, \sigma_c^2)$，$u_i \sim N(0, \sigma_i^2)$，$cov(u_c, u_i) = 0$，$cov(u_i, u_j) = 0$，$i \neq j$。锦标赛契约的奖金分配规则十分简单。如果 $y_i > y_j$，那么被试 i 获得高的奖金 R，被试 j 获得低的奖金 r，其中 $R > r$，反之亦然。当然，努力并不是没有成本的，假设努力的成本函数如式（13-2）所示：

$$c_i(e_i) = \frac{\alpha_i e_i^2}{k} \tag{13-2}$$

其中，$c_i(e_i)$ 代表被试 i 付出 e_i 努力的成本，$c(0) = 0$，$c'(e_i) > 0$，$c''(e_i) > 0$，$k > 0$，k 是一个规模尺度因素，用来确保合理的支付规模，本文 $k = 10000$。考虑两个异质的代理人，当 $\alpha_i = 1$ 代表高能力的代理人时，其付出相同努力却只花费更小的成本代价；当 $\alpha_j = 1.5$ 代表低能力的代理人时，其付出相同努力要花费更大的成本代价。在锦标赛契约下，被试 i 获得高奖金 R 的概率为 $Prob(u_i - u_j > e_j - e_i)$，$u_i - u_j \sim N(0, 2\sigma^2)$。

$Prob(u_i - u_j > e_j - e_i) = 1 - F(e_j - e_i)$，$F(e_j - e_i)$ 是 $u_i - u_j$ 的累计分布函数，被试 i 的收益函数如式（13-3）所示：

$$E(\pi_i^T) = [1 - F(e_j - e_i)]R + F(e_j - e_i)r - \frac{\alpha_i e_i^2}{k} \tag{13-3}$$

经过代数变化得到式（13-4）：

$$E(\pi_i^T) = r + [1 - F(e_j - e_i)][R - r] - \frac{\alpha_i e_i^2}{k} \tag{13-4}$$

同理被试 j 的收益函数如式（13-5）所示：

$$E(\pi_j^T) = r + F(e_j - e_i)[R - r] - \frac{\alpha_j e_j^2}{k} \tag{13-5}$$

下面将讨论在风险规避下被试整体的均衡努力水平。将式（13-4）和式（13-5）进行一阶化，得到式（13-6）和式（13-7），即：

$$\frac{\partial E(\pi_i^T)}{\partial e_i} = f(e_j - e_i)[R - r] - \frac{2\alpha_i e_i}{k} = 0 \tag{13-6}$$

$$\frac{\partial E(\pi_j^T)}{\partial e_j} = f(e_j - e_i)[R - r] - \frac{2\alpha_j e_j}{k} = 0 \tag{13-7}$$

分别解出式（13-6）和式（13-7）得到式（13-8）：

$$\frac{2e_i}{k} = f(e_j - e_i)[R - r] = \frac{2e_j}{k} \tag{13-8}$$

式（13-8）就是对称的纳什均衡解。若 $f(\cdot)$ 服从标准正态分布，即 $f(0) = 1/\sqrt{2\pi(2\sigma^2)}$，那么 $e_j = e_i = e^* = k[R - r]/2\sqrt{4\pi\sigma^2}$。

然而，本文研究的是异质的代理人，两个被试具有不同的努力成本，所以 $f(\cdot)$ 不再服从标准正态分布，$f(e_j - e_i) = \frac{1}{\sqrt{2\pi} \times \sqrt{2\sigma^2}} e^{\frac{-(e_i - e_j)^2}{2(\sqrt{2\sigma^2})^2}}$。将 $f(\cdot)$ 的函数式代入式（13-9）和式（13-10）即得 e_i、e_j：

$$e_i = kf(e_j - e_i)[R - r]/2 \tag{13-9}$$

$$e_j = kf(e_j - e_i)[R - r]/3 \tag{13-10}$$

2. 固定绩效契约模型

在固定绩效契约下，如果被试的产出超过一个固定的标准 y^*，则该被试获得高的奖金 R，反之获得 r。被试 i 获得高奖金的概率：$Prob(y_i > y^*) = Prob(u_c + u_i > y^* - e_i)$，$u_c + u_i \sim N(0, \sigma_c^2 + \sigma^2)$。$Prob(y_i > y^*) = 1 - G(y^* - e_i)$。被试 i 的收益函数如式（13-11）所示：

$$E(\pi_i^F) = r + [1 - G(y^* - e_i)][R - r] - \frac{\alpha_i e_i^2}{k} \tag{13-11}$$

对式（13-11）求一阶导数得式（13-12）：

$$\frac{\partial E(\pi_i^F)}{\partial e_i} = g(y^* - e_i)[R - r] - \frac{2\alpha_i e_i}{k} = 0 \tag{13-12}$$

解出式（13–12），得 $e_i=\frac{g(y^*-e_i)[R-r]k}{2\alpha_i}$。同理可得出 $e_j=\frac{g(y^*-e_j)[R-r]k}{2\alpha_j}$。

3. 奖金内生分配机制模型

假设一个团队由两个代理人（甲、乙）构成，任务完成后，由二人协商分配奖金 T，分配原则如下：首先由努力水平较高的代理人甲提出一个分配方案，然后由乙决定是否接受这个方案，如果接受则分配终止。否则，由乙提出另一个分配方案，由甲决定是否接受。值得注意的是，本文采取 Rubinstein[①]（1982）的观点，认为奖金会随着谈判次数的增多而变少，即此时的奖金总额变成 3/4T。当奖金总额不存在损失时，若分配方案一直未被认可，可能造成多次分配成本或员工公平感的丧失。例如，福圣电子技术有限公司曾因为项目奖金的分配问题，导致员工辞职。该公司第一次采用项目制管理，在公司项目奖金的激励下，项目高效完成。但在分配时，项目组成员意见不一致，每个人都认为自己贡献很大，认为公司制定的分配数额不公平，最后导致了某些员工的不满并离职。[②] 因此，本文规定每否定一次方案，奖金总额减少 1/4T。

根据上述描述，可以用决策图表示，见图 13–1：

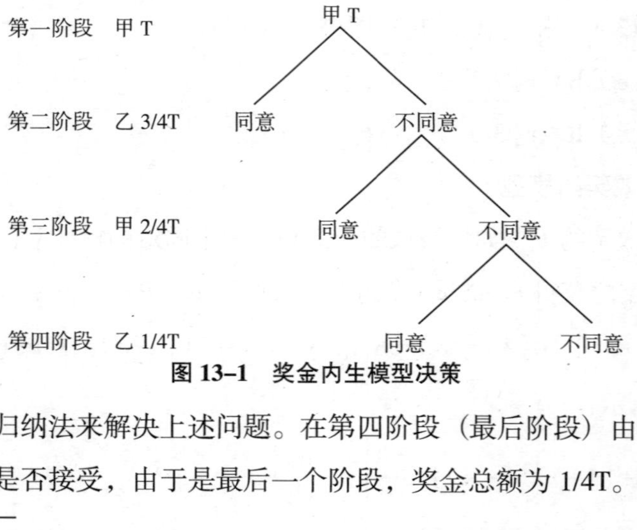

图 13–1　奖金内生模型决策

运用逆向归纳法来解决上述问题。在第四阶段（最后阶段）由乙提出分配方案，由甲决定是否接受，由于是最后一个阶段，奖金总额为 1/4T。所以只要乙分

---

① Rubinstein（1982）认为奖金外生分配机制类似于一个标准的锦标赛机制，而奖金内生分配机制则结合了公共物品门槛博弈和奖金递减型轮流出价谈判博弈的特点，特别是在谈判博弈中，各方均有讨价还价的能力，但奖金总额却会随着讨价还价次数的增多而减少。

② 详见"项目奖金分配的案例分析"，http：//0794gmp.blog.163.com/blog/static/11560534820103171085076/.

配给甲任何大于 0 的奖金，甲必定同意，如果不同意，奖金总额为 0。所以第四阶段乙的分配方案必定是（ξ，1/4T – ξ），其中 ξ 为任意接近于 0 的正数。然后看第三阶段，甲明显知道乙在最后阶段的分配方案必是（ξ，1/4T – ξ），那么在这个阶段中甲只要分配给乙 1/4T 时，乙必定会同意，因为最后阶段 1/4T – ξ < 1/4T，所以第三阶段甲的分配方案是（1/4T，1/4T）。继续看第二阶段，乙清楚地知道在后两个阶段（如果进行的话）甲获得的奖金不会大于 1/4T，所以乙会给甲的奖金数为 1/4T。因此，这一阶段乙的分配方案是（1/4T，2/4T）。当了解到以上三个阶段后，看第一阶段甲会如何分配奖金 T。甲知道这以后的三个阶段中乙所获得的奖金最多不超过 2/4T。因此，在开始的第一阶段，只要给乙 2/4T 的奖金数，乙必定同意，而自己所获得的 2/4T 的奖金数也比任何一个阶段得到的多。此时，甲和乙的奖金都达到最大化，因此，均衡的分配方案必定是（2/4T，2/4T）。

4. 实验设计

我们从重庆大学选修课程“现代管理理论与方法”的一年级硕士研究生中招募被试。① 实验规则和实验流程如附录所示。本文设计了 7 个实验，前 6 个实验是在 3 个不同的共同风险 σ_c^2 和特殊风险 σ^2 下完成锦标赛契约与固定绩效契约实验。第 7 个实验是在共同风险 $\sigma_c^2 = 250$ 和特殊风险 $\sigma^2 = 250$ 下的奖金内生锦标赛契约实验。该实验中，总的奖金为 1.28（即锦标赛契约实验 2 中 R + r 的值）。根据前述奖金内生模型结论可知，两个局中人（无论能力高低）的奖金均衡分配方案应该是（0.64，0.64）。

表 13–1 和表 13–2 是实验使用的参数及努力水平和每轮期望收益的理论预测值。

表 13–1　锦标赛契约实验的理论预测值

实验	$e_i^*(e_j^*)$	R r	每轮的期望收益	σ_c^2	σ^2	努力成本
实验 1	44（30）	0.99 0.29	低能力 0.355 高能力 0.588	150	350	$\alpha_i = 1$ $\alpha_j = 1.5$

① Fehr（2004）认为，高年级本科生和低年级硕士生是最合适的经济管理类实验参与主体，因为一方面他们了解相关理论背景，能够很好地理解实验逻辑；另一方面他们又不像社会参与者那样具有很强的思维定式，容易实现与实验主题的行动一致性。

续表

实验	$e_i^*(e_j^*)$	R r	每轮的期望收益	σ_c^2	σ^2	努力成本
实验 2	44（30）	0.95 0.33	低能力 0.355 高能力 0.588	250	250	$\alpha_i = 1$ $\alpha_j = 1.5$
实验 3	44（30）	0.90 0.35	低能力 0.355 高能力 0.588	350	150	$\alpha_i = 1$ $\alpha_j = 1.5$

表 13-2　固定绩效契约实验的理论预测值

实验	$e_i^*(e_j^*)$	R r	每轮的期望收益	σ_c^2	σ^2	努力成本
实验 1	47（27）	0.95 0.40	低能力 0.437 高能力 0.51	150	350	$\alpha_i = 1$ $\alpha_j = 1.5$
实验 2	47（27）	0.95 0.40	低能力 0.437 高能力 0.51	250	250	$\alpha_i = 1$ $\alpha_j = 1.5$
实验 3	47（27）	0.95 0.40	低能力 0.437 高能力 0.51	350	150	$\alpha_i = 1$ $\alpha_j = 1.5$

关于参数 R 和 r 的选择。对于这两个参数的选择由它们之间的差距来满足式（13-6）、式（13-7）和式（13-10），r 的选择决定被试的期望收益。通过 $R - r$ 的差距确定平均努力水平 $e^* = 37$。因为高能力被试和低能力被试的努力成本函数是不同的，因而也有不同的纳什均衡，平均值为 37。试验总共进行 12 轮，高能力被试和低能力被试获得的期望收益分别为 0.588 和 0.355，平均为 0.473。确定了期望的努力水平和期望收益后，再来确定 R 和 r。例如，如果期望的努力水平为 37，成本参数 $k = 10000$，假定特殊风险的方差是总方差的一半，即 $\sigma^2 = 250$。那么 $R - r = 0.62$。一般来说，高能力被试的努力水平为 44，低能力被试的努力水平为 30，平均为 37。当 $r = 0.33$ 时，高能力被试的期望福利为 0.588，低能力被试的期望水平为 0.355。这些参数如同表 13-1 中所示的那样。

式（13-10）表示被试的激励相容约束，也就是说在满足平均努力水平为37的前提下，通过奖金的差距来引导被试达到这个平均的努力水平。由于在锦标赛契约下，被试的平均努力水平是37，所以在固定绩效契约下的期望努力水平显然也必须是37。但是，为了不让被试知道这个期望努力水平，本文中的固定值不是37而是41。然后，通过奖金差距的变化来调整从而使期望努力水平减为37。得到最佳奖金差距为0.55，就可以得到低能力被试的最优努力水平为27，高能力被试的最优努力水平为47。锦标赛契约下理论预测的努力水平差距为14（44–30），在固定绩效契约下的理论努力水平的差距为20（47–27）。这也给我们一个信息，即被试为什么在实际操作上更愿意选择锦标赛契约，因为异质代理人在固定绩效契约下的努力水平差距比锦标赛契约大。参数r的选择完全是因为要满足被试的"参与约束"，同时也是因为要让低能力被试和高能力被试的每轮期望收益分别为0.473和0.51。最后，高能力被试和低能力被试在固定绩效契约下每轮收益的差距比在锦标赛契约下的小，依此可以推测出锦标赛契约所蕴含的不公平性要大。

（三）实验结果分析

本文通过107个被试进行7个实验，实验结果在表13-3~表13-9列出。

表13-3　锦标赛契约和固定绩效契约的被试整体的努力水平实际均值（标准差）

契约类型 实验类型			锦标赛契约（T）	固定绩效契约（F）
实验1	$\sigma_c^2=150$	$\sigma^2=350$	47.6（24.5）	44.2（14.1）
实验2	$\sigma_c^2=250$	$\sigma^2=250$	44.1（23.29）	33.3（18.7）
实验3	$\sigma_c^2=350$	$\sigma^2=150$	38.6（22.2）	38.1（19.2）

表13-4　锦标赛契约和固定绩效契约的被试整体的每轮实际收益的均值（标准差）

契约类型 实验类型			锦标赛契约（T）	固定绩效契约（F）
实验1	$\sigma_c^2=150$	$\sigma^2=350$	0.36（0.31）	0.47（0.27）
实验2	$\sigma_c^2=250$	$\sigma^2=250$	0.35（0.38）	0.433（0.25）
实验3	$\sigma_c^2=350$	$\sigma^2=150$	0.43（0.24）	0.47（0.24）

表 13-5　高能力被试在锦标赛契约和固定绩效契约的努力水平实际均值（标准差）

实验类型 \ 契约类型			锦标赛契约（T）	固定绩效契约（F）
实验 1	$\sigma_c^2=150$	$\sigma^2=350$	58.4（18.8）	47.9（9.9）
实验 2	$\sigma_c^2=250$	$\sigma^2=250$	53（20.2）	33.5（19.5）
实验 3	$\sigma_c^2=350$	$\sigma^2=150$	48.1（17.1）	44（16.1）

表 13-6　低能力被试在锦标赛契约和固定绩效契约的努力水平实际均值（标准差）

实验类型 \ 契约类型			锦标赛契约（T）	固定绩效契约（F）
实验 1	$\sigma_c^2=150$	$\sigma^2=350$	36.8（24.9）	40.6（16.6）
实验 2	$\sigma_c^2=250$	$\sigma^2=250$	35.3（22.8）	34.7（18.3）
实验 3	$\sigma_c^2=350$	$\sigma^2=150$	29.2（22.7）	28.9（20.6）

表 13-7　高能力被试在锦标赛契约和固定绩效契约的每轮实际收益的均值（标准差）

实验类型 \ 契约类型			锦标赛契约（T）	固定绩效契约（F）
实验 1	$\sigma_c^2=150$	$\sigma^2=350$	0.42（0.32）	0.54（0.23）
实验 2	$\sigma_c^2=250$	$\sigma^2=250$	0.39（0.3）	0.5（0.25）
实验 3	$\sigma_c^2=350$	$\sigma^2=150$	0.48（0.24）	0.51（0.25）

表 13-8　低能力被试在锦标赛契约和固定绩效契约的每轮实际收益的均值（标准差）

实验类型 \ 契约类型			锦标赛契约（T）	固定绩效契约（F）
实验 1	$\sigma_c^2=150$	$\sigma^2=350$	0.3（0.3）	0.41（0.29）
实验 2	$\sigma_c^2=250$	$\sigma^2=250$	0.3（0.31）	0.38（0.24）
实验 3	$\sigma_c^2=350$	$\sigma^2=150$	0.38（0.23）	0.43（0.24）

表 13-9　奖金内生下，被试整体、高能力被试、低能力被试的实际努力水平均值（标准差）

实验类型 \ 奖金分配类型			奖金内生					
			被试整体		高能力被试		低能力被试	
			努力水平	每轮收益	努力水平	每轮收益	努力水平	每轮收益
实验 1	$\sigma_c^2=250$	$\sigma^2=250$	20.5 (21.97)	0.49 (0.22)	20.28 (22.4)	0.51 (0.19)	20.65 (21.6)	0.48 (0.25)

1. 锦标赛契约与固定绩效契约的比较

为了验证锦标赛契约与固定绩效契约对被试努力水平的影响，引进两个相关样本检验。[①] 它的零假设是：锦标赛契约和固定绩效契约对被试整体努力水平的均值没有影响。在 SPSS 中提供了三种检验方法：Wilcoxon、Sign、McNemar，[②] 本文中引入 Wilcoxon 和 Sign 检验。表 13–10 列出了 3 个实验的结果。

表 13–10 被试整体努力水平和每轮平均收益（两个相关样本检验的 P 值）

实验类型	契约类型		被试整体努力水平		被试整体每轮平均收益	
			Wilcoxon（P 值）	Sign（P 值）	Wilcoxon（P 值）	Sign（P 值）
实验 1	$\sigma_c^2=150$	$\sigma^2=350$	0.009	0.000	0.000	0.024
实验 2	$\sigma_c^2=250$	$\sigma^2=250$	0.000	0.000	0.001	0.003
实验 3	$\sigma_c^2=350$	$\sigma^2=150$	0.671	0.312	0.099	0.184

对于被试整体而言，在实验 1 和实验 2 中，威尔克科森秩和检验及符号检验的检验表中的假设检验的 P 值均小于 0.05。因此，拒绝接受零假设。得出在实验 1 和实验 2 中，当特殊风险 σ^2 占主导时，锦标赛契约更能激发被试整体的努力水平（即拒绝假设 1）；同时被试整体的每轮实际收益也低于固定绩效契约（即拒绝假设 2）。相反，在实验 3 中威尔克科森秩和检验及符号检验的检验表中的假设检验的 P 值均大于 0.05。因此，接受零假设。得出，在共同风险 σ_c^2 占主导时，两者对被试整体努力水平的均值没有影响（即接受假设 1）；同时对被试整体每轮实际收益均值也没有显著差异（即接受假设 2）。

表 13–11 高能力被试努力水平和每轮平均收益（两个相关样本检验的 P 值）

实验类型	契约类型		努力水平		每轮平均收益	
			Wilcoxon（P 值）	Sign（P 值）	Wilcoxon（P 值）	Sign（P 值）
实验 1	$\sigma_c^2=150$	$\sigma^2=350$	0.009	0.000	0.001	0.047
实验 2	$\sigma_c^2=250$	$\sigma^2=250$	0.000	0.000	0.009	0.006
实验 3	$\sigma_c^2=350$	$\sigma^2=150$	0.053	0.263	0.534	0.648

① 两个相关样本检验（Test For Two Related Samples）是一种非参数检验的方法，一般用于比较一个现象在采取了某项措施前后的变化是否显著，或者说采取的措施是否有效。也可以检验同一个测试对象上的两种测试方法是否一致。零假设为：某项措施前后，两个样本没有显著变化。

② Wilcoxon：威尔克科森秩和检验，只给出大样本近似检验概率；Sign：符号检验，给出精确检验概率；McNemar：适用于二值变量的检验。

由表 13-11 的 P 值可以得出：在实验 1、实验 2 中锦标赛契约和固定绩效契约对高能力被试的努力水平和实际收益都呈显著差异，且前者更能引导高能力被试实施高的努力水平和较低的实际收益。在实验 3 中，两种契约方式对被试的努力水平和实际收益都无异。

表 13-12 低能力被试努力水平和每轮平均收益（两个相关样本检验的 P 值）

实验类型 \ 契约类型			努力水平		每轮平均收益	
			Wilcoxon（P 值）	Sign（P 值）	Wilcoxon（P 值）	Sign（P 值）
实验 1	$\sigma_c^2 = 150$	$\sigma^2 = 350$	0.588	0.196	0.005	0.005
实验 2	$\sigma_c^2 = 250$	$\sigma^2 = 250$	0.687	0.133	0.034	0.045
实验 3	$\sigma_c^2 = 350$	$\sigma^2 = 150$	0.271	0.641	0.024	0.009

表 13-12 表明，在实验 1、实验 2、实验 3 中都接受零假设。认为在这三组实验中，锦标赛契约和固定绩效契约对低能力被试的努力水平没有影响，但对被试每轮实际收益呈显著差异，锦标赛契约使低能力被试的每轮实际收益更低。

2. 奖金内生与外生机制的比较

这部分内容讨论在奖金总额固定的情况下，分配方式的不同对被试努力水平和收益的影响。为平衡风险对被试选择的影响，第 7 个实验中取 $\sigma^2 = \sigma_c^2 = 250$。

由表 13-3 和表 13-9 得出，在奖金外生分配方式下，被试整体的努力水平为 44.1，而奖金内生下则为 20.5。对所有轮次的努力水平混合截面数据使用两个相关样本的检验。检验的结果是拒绝零假设。奖金内生的情况下，被试整体的努力水平要比奖金外生的情况下低（即拒绝假设 3）。

同样，在奖金外生的分配方式下，威尔克科森秩和检验及符号检验的检验表中的假设检验的 P 值分别为 0.000、0.000。拒绝零假设，即不同的奖金分配方式对被试整体的每轮收益有显著影响。在奖金内生的情况下，被试整体的每轮收益要比奖金外生的情况下高。

通过对高能力被试、低能力被试的努力水平和每轮收益的检验，都可以拒绝零假设。在奖金内生的情况下，高能力被试、低能力被试的努力水平比奖金外生的低；每轮收益则比奖金外生的要高。

对奖金内生与外生实验所有轮次的奖金总和截面数据使用两个相关样本检验。检验结果得出的结论是接受零假设。即这两个实验的每轮奖金总额没有显著差异。因此，对于企业的雇主来说，奖金的外生分配方式要好些。因为在奖金外生分配的方式下，员工付出的努力水平要高但奖金却没有变化。

3. 计量分析

为了进一步探讨锦标赛契约与固定绩效契约对异质代理人行为的影响，本文引入含交互项的线性回归模型，考察相关变量的调节效应。模型 1 设定如下：

$$y = \alpha + \beta_1 tournament + \beta_2 commonshockstd + \beta_3 lowcost + \beta_4 tournament \times commonshock + \beta_5 tournament \times lowcost + \mu$$

其中，y 代表努力水平（决策数字），α 是常量，μ 是残差项。tournament 是一个虚拟变量（当被试参加的实验为锦标赛契约实验时取 1，否则取 0）；commonshockstd 代表共同风险的标准差，共三个值（commonshockstd = 12.2、15.8、18.7）；lowcost 是一个虚拟变量（当被试是高能力时，值取 1；否则取 0）；tournament × commonshock 代表锦标赛契约和共同风险的交互项，tournament × lowcost 代表锦标赛契约和高能力被试的交互项。

运用 SPSS13.0 对上述模型进行计算，得出结果如表 13–13 所示：

表 13–13 模型 1 估计结果

模型变量	标准化系数	显著性
α	51	0.000
tournament	0.024	0.048
commonshockstd	–0.123	0.000
lowcost	0.125	0.000
tournament × commonshock	–0.077	0.348
tournament × lowcost	0.288	0.000

注：模型中的 D–W=1.89；R^2=0.4。

如表 13–13 所示，可以得出下面的结论：锦标赛契约虚拟变量、高能力被试虚拟变量对努力水平存在显著的正影响，共同风险 σ_c 的标准差对努力水平存在显著的负影响。从估计的系数看出，当被试处于锦标赛契约下，他的努力水平将会比在固定绩效契约下要高；当被试为高能力被试时，他付出的努力水平将比低能力的要高；当共同风险 σ_c 越大，被试选择的努力水平将越小；这些都与前面讨论的结果一致。锦标赛与共同风险的交互项对被试努力水平的影响不显著，锦标赛与高能力的交互项对被试努力水平存在显著正影响。

tournament × commonshock 交互项的引入是为了反映锦标赛机制与固定绩效机制（相对绩效与绝对绩效之分）在共同风险与努力水平之间是否存在调节效应，表 13–13 中 tournament × commonshock 的系数为负，显著性为 0.348。由于其显著性没有通过检验，故可以认为锦标赛在共同风险和努力水平之间不存在显著的调节效应。

tournament × lowcost 交互项的引入是为了反映锦标赛在能力差别与努力水平之间是否存在调节效应。表 13–13 中 tournament × lowcost 的系数为正，显著性为 0.000。可以认为锦标赛在能力差别与努力水平之间存在显著的正调节效应，即高能力代理人具有更高的努力水平，且这种关系在锦标赛机制下得到进一步的强化。

同样的，为了验证奖金内生的分配方式和奖金外生的分配方式对异质代理人的影响，引入模型 2：

$y = \alpha + \beta_1 lowcost + \beta_2 ns + \beta_3 ns \times lowcost + v$

其中，y 代表努力水平（决策数字），α 是常量，v 是残差项。lowcost 是一个虚拟变量（当被试是高能力时值取 1；否则取 0）；ns 是奖金内生的虚拟变量（当被试参加的实验为奖金内生实验时取 1，否则取 0）；ns × lowcost 是奖金内生与高能力被试的交互项。采用差分法消除自相关后的结果如表 13–14 所示。

表 13–14　模型 2 估计结果

模型变量	标准化系数	显著性
α	34	0.000
lowcost	10.1	0.000
ns	–13.2	0.0001
ns × lowcost	–10.7	0.0235

注：模型中的 D–W=2.1；R^2=0.4。

如表 13–14 所示，可以得出下面的结论：高能力被试虚拟变量、奖金内生虚拟变量、奖金内生与高能力被试的交互项对被试努力水平有显著影响。从估计系数看，高能力被试比低能力被试付出更多的努力水平；当被试处于奖金内生的实验下，他的努力水平将会比奖金外生的要低。

ns × lowcost 交互项的引入是为了反映奖金内生分配机制在能力差别与努力水平之间是否存在调节效应。在奖金内生的情况下，高能力被试付出的努力水平有消极表现。从实际的数据来看，高能力被试的努力水平略低于低能力被试的努力水平。表 13–14 中 ns × lowcost 的系数是–10.17，显著性为 0.0235，即说明奖金内生机制在能力差别与努力水平之间存在显著的负调节作用，即高能力代理人与努力水平之间的正向关系在奖金内生分配机制下显著弱化，因为精力用在内耗上了。

（四）研究结论与现实思考

1. 研究结论

本文获得的主要研究结论包括以下两项：

（1）对于被试整体、高能力被试来说，在特殊风险 σ^2 占主导时，锦标赛契约与固定绩效契约相比更能激发被试的努力水平，但其每轮实际收益更低；在共同风险 σ_c^2 占主导时，被试的努力水平和实际收益并没有实质差别。对低能力被试而言，锦标赛契约和固定绩效契约对其努力水平没有影响，但锦标赛契约使低能力被试的每轮实际收益更低。

（2）在奖金内生的情况下，被试整体、高能力被试、低能力被试的努力水平低于奖金外生情况下的努力水平，但被试的每轮平均收益高于奖金外生情况下的收益水平。

2. 现实思考

从以上的结论中我们可以了解到，一方面，从总体上讲，锦标赛契约比固定绩效契约更能激发员工的努力水平。另一方面，员工在固定绩效契约下的挣得比锦标赛契约还要高。因此，从雇主角度出发，基于相对业绩比较基础上的锦标赛契约是一种更为理想的激励机制。需要注意的是，雇主在使用锦标赛契约时还应注意防范“共谋”、拆台等锦标赛机制产生的负面问题。限于篇幅，本文对这些问题尚未涉及，有待以后进一步的研究。

近年来，团队形式的应用在许多企业迅速普及。在这个过程中，强调所有团队成员自我管理、自我负责、自我领导的自我管理团队越来越显示出其优越性。自我管理团队的自主性主要表现为自我决策和自我管理，即把权利、职责授予团队，使成员在从事自己的工作时，有权决定如何组织和执行工作，从而有更大的自主权去实现团队目标，不必受到来自上层的权利限制，并在此过程中团队成员自己发现问题、分析问题和解决问题，并不断回顾工作，进行自我效果检查和评估总结。但是，正如本文研究所表明的，团队自主权也是一把“双刃剑”，其作用的发挥是有边界的，并不宜扩大到薪酬的分配领域。如果在奖金分配机制上采用团队成员共同协商机制，反而会使团队的有限精力投入到分蛋糕上面，而不是如何将蛋糕做大，这样并不利于团队整体绩效的提高。相反，事先由雇主设定奖金数额并利用采用相对绩效评价机制进行分配（奖金外生分配）的机制不仅能够避免团队内成员“搭便车”的现象，而且还可以促进团队内成员付出更多的努力水平。本文的研究结论就表明，奖金的外生分配方式（锦标赛机制）要比由团队成员共同协商来分配奖金的方式更能激发员工付出高的努力水平。因此，雇主对自我管理型团队进行授权时应注意，团队的自主决定权应主要表现在对工作目标和工作任务的自我决策和自我管理上，而不应该体现在奖金的分配上。雇主应该制定科学的、合理的奖金分配机制，而不能将这种权力下放给团队。

附录：实验指导语

引　言

这是一个关于做决策的实验。实验操作非常简单，如果你们仔细地遵守实验规则，做出好的决策，你将会挣得一个可观的货币数目，该货币数目将会以礼品的形式支付给你们。

具体操作

随着你阅读这些操作，你将会和其他被试待在一个房间里。这些被试中的一位将与你配对，你们两人相互间形成配对成员。配对成员的身份将不会透露给你。

你在试验中将会履行一个简单任务。首先你将从0到100选择一个整数，正如决策成本表1和表2的A列里显示从0到100共101个数字。这些都可以作为你的决策数字。在B列里显示与每一个数字对应的决策成本。注意，选择的决策数字越大，对应的成本就越大。你与你的配对成员的决策成本是不一样的。如果你的决策成本表是决策成本表1，那么你的配对成员的决策成本表就是决策成本表2，反之亦然（决策成本表1相应数字对应的成本小于决策成本表2相同数字的成本）。在这个实验的每一轮，你和你的配对成员将分别选择一个决策数字。请在支付表第1列中记录下你选择的决策数字，在支付表第6列记录与这个数字对应的成本。在每一轮实验中，你们都面临相同的共同风险，不同的特殊风险。这两种风险是由服从正态分布的函数生成的随机数，且均值均为0，方差之和为固定值（500）。我们根据每一轮的实验要求，按照相应正态分布函数生成一组随机数字（你所面对的共同风险和特殊风险的正态分布函数在你的支付表上注明，分布函数的方差越大，表明风险越大，即随机数字偏离均值0的程度越大）。每一轮产生的随机数字可能相同也可能不相同。在你们选择决策数字之后，实验助理员会把你的支付表收上来，并且把两个随机数字分配给你（注：每一轮中你们的共同风险是相同的，只是特殊风险不同）。实验助理员会把这两个随机数字加入到决策数字中，产生这一轮的“总和”。

在实验1中，实验助理员比较你与配对成员的总和，并在你的支付表第5列相应位置标出你所获得的奖金（M表示高的奖金，m表示低的奖金）。然后，实验助理员把支付表发给你，你必须根据标出的奖金（M或m）减去你选择的决策数字对应的成本，并计算出你这一轮的收入。在实验2中，实验助理员把你的总和与固定的值（41）相比较，如果你的总和大于或等于这个固定值，则你获得M奖金，如果你的总和小于这个固定值，则获得m奖金。在实验3中，我们根据如下规则分配奖金。首先由总和数大的被试（P_H）提出分配方案，如果第二个被试（P_L，即总和数小者）同意，则分配终止。如果P_L不同意，此时可供双方分配的奖金总额变为原来的3/4，并由P_L提出分配方案，由P_H决定是否同意。若P_H同意，则分配终止；如不同意，则重复上述步骤。每次对分配方案的否定或拒绝将导致下轮奖金总额减少1/4，直到奖金最终为零。

附表 1　奖金内生机制奖金分配规则

顺序	奖金数	提出奖金分配方案的被试	接受或拒绝分配方案的被试
1	P	P_H	P_L
2	P×3/4	P_L	P_H
3	P×1/2	P_H	P_L
4	P×1/4	P_L	P_H
5	0		

实验助理员在配对成员的总和数大的下画线，也即表示如果第四列你的总和数下面画线，则意味着你有资格先提出奖金的分配方案。

支付计算

下面的实例将有助于你对实验的理解。你在这个实验中每一轮的支付将会作如下计算。把你的决策数字和实验助理员随机抽取的两个随机数字加起来（两个正态分布函数均在支付表上注明），在附表 1 的第 4 列记录这个和数。你的配对成员将会做相同的事情。

实验助理员将会比较你和配对成员总和的大小，并宣布你的总和是大于还是小于你的配对成员。如果你在第 4 列的总和大于你配对成员第 4 列的总和，那么，你将会收到奖金 M（¥0.95）；如果不是，你将会收到 m（¥0.33）。你收到奖金 M 或者 m 取决于你的总和是大于还是小于你的配对成员。它确实不取决于它本身有多大。实验助理员在支付表第 5 列合适的位置下画线（表明你获得的奖金数），然后你需要将第 5 列下画线的数值减去第 6 列里标出的与你选择的决策数字对应的成本并在第 7 列记录这个差值。第 7 列的数值就是你这轮的收入。如果你和配对成员在第 4 列有相同的总和，则采用投硬币来决定你获得哪一个奖金。

下一轮完全相同，你将履行相同程序。也就是说，你将又选择一个决策数字（当然，尽管你可以选择相同的决策数），实验助理员会随机抽取另外两个随机数字，并且将标注你所获得的奖金。当 20 轮结束时，你可以把 20 轮你获得的收入相加，并记录在支付表的底部。这个总数就是你在这 20 轮实验中所获得的总收入。

支付计算例子

例如，假设你选择的决策数字是 72，实验助理员随机分配给你的两个随机数字 5 和−8。而你的配对成员选择的决策数字是 55，实验助理员随机分配给他的两个随机数字 5 和 5。

附表 2　决策支付表

第 1 列		第 2 列		第 3 列	第 4 列	第 5 列		第 6 列	第 7 列
决策数字		随机数字		随机数字	总和:1+2+3	M:0.95 m:0.33		决策成本	收入
	+		+				−		
第 1 列		第 2 列		第 3 列	第 4 列	第 5 列		第 6 列	第 7 列
决策数字		随机数字		随机数字	总和:1+2+3	M:0.95 m:0.33		决策成本	收入
	+		+				−		

你的支付计算将会如下：

第 1 列		第 2 列		第 3 列	第 4 列	第 5 列		第 6 列	第 7 列
决策数字		随机数字		随机数字	总和:1+2+3	M:0.95 m:0.33		决策成本	收入
	+		+				−		
72		5		−8	69			0.52	0.43

你配对成员的支付计算将会如下：

第 1 列		第 2 列		第 3 列	第 4 列	第 5 列		第 6 列	第 7 列
决策数字		随机数字		随机数字	总和:1+2+3	M:0.95 m:0.33		决策成本	收入
	+		+				−		
55		5		5	65			0.45	−0.12

注意到，第 6 列里减去是数值（决策成本）只是你决策数字的成本；也就是说，你的随机数字不影响这个减去的数值。同时，你的总收入取决于两个随机数和你选择的决策数字（三者共同影响你的奖金 M 或者 m，以及与之相关的需要减去的成本），还有你配对成员的随机数字和决策数字。

附表 3　决策成本表 1（$c(e_i)=e_i^2/k$）

A 列决策数字	B 列决策成本	A 列决策数字	B 列决策成本	A 列决策数字	B 列决策成本	A 列决策数字	B 列决策成本	A 列决策数字	B 列决策成本
0	0.0000	21	0.0441	42	0.1764	63	0.3969	84	0.7056
1	0.0001	22	0.0484	43	0.1849	64	0.4096	85	0.7225

续表

A列决策数字	B列决策成本	A列决策数字	B列决策成本	A列决策数字	B列决策成本	A列决策数字	B列决策成本	A列决策数字	B列决策成本
2	0.0004	23	0.0529	44	0.1936	65	0.4225	86	0.7396
3	0.0009	24	0.0576	45	0.2025	66	0.4356	87	0.7569
4	0.0016	25	0.0625	46	0.2116	67	0.4489	88	0.7744
5	0.0025	26	0.0676	47	0.2209	68	0.4624	89	0.7921
6	0.0036	27	0.0729	48	0.2304	69	0.4761	90	0.8100
7	0.0049	28	0.0784	49	0.2401	70	0.4900	91	0.8281
8	0.0064	29	0.0841	50	0.2500	71	0.5041	92	0.8464
9	0.0081	30	0.0900	51	0.2601	72	0.5184	93	0.8649
10	0.0100	31	0.0961	52	0.2704	73	0.5329	94	0.8836
11	0.0121	32	0.1024	53	0.2809	74	0.5476	95	0.9025
12	0.0144	33	0.1089	54	0.2916	75	0.5625	96	0.9216
13	0.0169	34	0.1156	55	0.3025	76	0.5776	97	0.9409
14	0.0196	35	0.1225	56	0.3136	77	0.5929	98	0.9604
15	0.0225	36	0.1296	57	0.3249	78	0.6084	99	0.9801
16	0.0256	37	0.1369	58	0.3364	79	0.6241	100	1.0000
17	0.0289	38	0.1444	59	0.3481	80	0.6400		
18	0.0324	39	0.1521	60	0.3600	81	0.6561		
19	0.0361	40	0.1600	61	0.3721	82	0.6724		
20	0.0400	41	0.1681	62	0.3844	83	0.6889		

附表 4　决策成本表 2（$c(e_j)=1.5e_j^2/k$）

A列决策数字	B列决策成本	A列决策数字	B列决策成本	A列决策数字	B列决策成本	A列决策数字	B列决策成本	A列决策数字	B列决策成本
0	0.0000	21	0.0662	42	0.2646	63	0.5954	84	1.0584
1	0.0002	22	0.0726	43	0.2774	64	0.6144	85	1.0838
2	0.0006	23	0.0794	44	0.2904	65	0.6338	86	1.1094
3	0.0014	24	0.0864	45	0.3038	66	0.6534	87	1.1354
4	0.0024	25	0.0938	46	0.3174	67	0.6734	88	1.1616
5	0.0038	26	0.1014	47	0.3314	68	0.6936	89	1.1882
6	0.0054	27	0.1094	48	0.3456	69	0.7142	90	1.2150
7	0.0074	28	0.1176	49	0.3602	70	0.7350	91	1.2422
8	0.0096	29	0.1262	50	0.3750	71	0.7562	92	1.2696
9	0.0122	30	0.1350	51	0.3902	72	0.7776	93	1.2974
10	0.0150	31	0.1442	52	0.4056	73	0.7994	94	1.3254
11	0.0182	32	0.1536	53	0.4214	74	0.8214	95	1.3538
12	0.0216	33	0.1634	54	0.4374	75	0.8438	96	1.3824

续表

A 列决策数字	B 列决策成本	A 列决策数字	B 列决策成本	A 列决策数字	B 列决策成本	A 列决策数字	B 列决策成本	A 列决策数字	B 列决策成本
13	0.0254	34	0.1734	55	0.4538	76	0.8664	97	1.4114
14	0.0294	35	0.1838	56	0.4704	77	0.8894	98	1.4406
15	0.0338	36	0.1944	57	0.4874	78	0.9126	99	1.4702
16	0.0384	37	0.2054	58	0.5046	79	0.9362	100	1.5000
17	0.0434	38	0.2166	59	0.5222	80	0.9600		
18	0.0486	39	0.2282	60	0.5400	81	0.9842		
19	0.0542	40	0.2400	61	0.5582	82	1.0086		
20	0.0600	41	0.2522	62	0.5766	83	1.0334		

参考文献

[1] 陈震，张鸣. 高管层内部的级差报酬研究 [J]. 中国会计评论，2006 (6)：15-24.

[2] 林浚清，黄祖辉，孙永祥. 高管团队内薪酬差距、公司业绩和治理结构 [J]. 经济研究，2003 (4)：35-38.

[3] 鲁海帆. 高管团队内部货币薪酬差距与公司业绩关系研究——来自中国 A 股市场的经验证据 [J]. 南方经济，2007 (4)：42-43.

[4] 魏明海. 管理激励和业绩评价的会计研究 [M]. 北京：中国财政经济出版社，2002：25.

[5] Alchian Armen，Demsetz Harold. Production，Information Costs，and Economic Organization [J]. American Economic Review，1972 (62)：777-795.

[6] Bull C.，Schotter A.，Weigelt K.. Tournaments and Piece Rates：An Experimental Study [J]. Journal of Political Economy，1987 (95)：1-33.

[7] Eriksson T.. Executive Compensation and Tournament Theory Empirical Tests on Danish Data [J]. Journal of Labor Economics，1999 (17)：262-280.

[8] Green J.，Stokey N.. A Comparison of Tournaments and Contracts [J]. Journal of Political Economy，1983 (91)：349-364.

[9] Hansen Daniel. Worker Performance and Group Incentives：A Case Study[J]. Industrial and Labor Relations Review，1997 (51)：37-49.

[10] Heneman Robert L.，Von Hippel Courtney. Balancing Group and Individual Rewards：Rewarding Individual Contributions to the Team [J]. Compensation and Benefits Review，1995

(27): 63-68.

[11] Holmstrom Bengt. Moral Hazards in Teams [J]. Bell Journal of Economics, 1982 (13): 324-340.

[12] Lazear E. P., Rosen S.. Rank-Order Tournaments as Optimum Labor Contracts [J]. Journal of Political Economy, 1981 (89): 841-864.

[13] Lazear E. P.. Pay Equality and Industrial Politics [J]. Journal of Political Economy, 1984 (97): 561-580.

[14] Levy A., T. Vukina. The League Composition Effect in Tournaments with Heterogeneous Players: An Empirical Analysis of Broiler Contracts [J]. Journal of Labor Economics, 2004 (22): 353-377.

[15] Main B. G.M., O'Reilly III Ch. A., Wade J.. Top Executive Pay: Tournament or Teamwork? [J]. Journal of Labor Economics, 1993 (11): 606-628.

[16] Nalebuff B. J., Stiglitz J. E.. Prizes and Incentives: Towards a General Theory of Compensation and Competition [J]. Bell Journal of Economics, 1983 (13): 21-43.

[17] Newhouse Joseph. The Economics of Group Practice [J]. Journal of Human Resources, 1973 (8): 37-56.

[18] Ronald A. Dye. Inside Trading and Incentives [J]. The Journal of Business, 1984 (57): 295-300.

[19] Rosenbaum M. E., Moore D. I., Cotton J. L., Cook M. S., Hieser R. A., Shovar M. N., Gray M. J.. Group Productivity and Process: Pure and Mixed Reward Structures and Task Interdependence [J]. Journal of Personality and Social Psychology, 1980 (39): 626-642.

[20] Steven Wu, Brian Roe, Tom Sporleder, Natalie Nazaryan. An Experimental Investigation of Alternative Incentive Schemes with Heterogeneous Agents [R]. Working Paper, The Ohio State University, AEDE-WP-0040-05, 2005.

[21] Steven Wu, Brian Roe. Behavioral and Welfare Effects of Tournaments and Fixed Performance Contracts: Some Experimental Evidence [J]. American Journal of Agricultural Economics, 2005, 87 (1): 130-146.

[22] Wageman. Interdependence and Group Effectiveness [J]. Administrative Science Quarterly, 1995 (40): 145-180.

（本文为工作论文，作者：闫威、胡亮）

十四、创新竞赛中锦标赛与拍卖激励机制的比较研究
——实验的方法

创新因能带来巨大的价值回报而让企业孜孜以求，但又因其高度的不确定性让企业困惑。Terwiesch 和 Xu（2008）提出，企业可以用“创新竞赛”的方法对创新过程进行流程化管理。和体育竞技一样，“创新竞赛”就是一个淘汰大量低水平创新方案的过滤器，只有那些最有前途的方案才会胜出。因为该方式不需要委托人制定严格的合约和事后监督，能够很大程度上避免创新竞赛中合约的不完全问题，从而被广泛应用到高科技产品的研制和开发中，例如，美国国家通讯委员会（Federal Communication Commission）组织的高清晰度电视（HDTV）研制与开发竞赛，美国国防部（Department of Defense）在各大飞机制造公司间开展的新型战斗机研发竞赛，我国历年举办的全国青少年科技创新大赛等。

创新竞赛的组织方式主要有两种：锦标赛激励机制和拍卖激励机制。锦标赛激励机制作为创新竞赛的传统组织方式已被广泛研究，它采用优胜劣汰的淘汰机制——在一定的时间内谁能最先给企业提供最大的产出，谁就是竞争的胜利者，获得事先约定的奖金。这种激励机制主要有三个特点：第一，奖金是事先固定的，且不取决于绝对绩效。第二，每个代理人不在意自己的绝对产出，只关注自己的相对排名。第三，奖金差距越大，对员工的激励作用越大。拍卖激励机制实际上是在锦标赛机制（主要特点是产出竞争）的基础上增加了价格竞争这一维

度，代理人对自身创新的产品提出一个报价，然后委托人根据代理人提供的剩余价值（产品的价值减去报价）大小确定竞赛的胜利者和失败者，胜利者的奖金是其报价。失败者也将获得一定数额的奖金以作为鼓励，但数额要远低于胜利者。这种激励机制非常灵活，同时也有助于为委托人节约成本。

本文尝试回答以下问题：第一，在创新竞赛中，锦标赛与拍卖这两种激励机制的激励效果究竟如何？第二，如果对原有的竞赛规则进行调整，即在锦标赛激励机制下对代理人收取一定的入场费作为参赛初始成本，在拍卖激励机制下对代理人竞价的区间不加限制，那么代理人的努力水平会发生怎样的变化？第三，这两种竞赛激励机制对委托人而言，孰优孰劣？

（一）文献综述

最先研究创新竞赛的是 Loury（1979），随后有 Lee 和 Wilde（1980）、Dasgupta 和 Stiglitz（1980）等，他们研究的是根据事前约定质量提供创新产品的创新竞赛，主要考量的是时间先后顺序。Taylor（1995）、Fullerton 等（1999，2002）以及现今很多学者则是从质量角度去考量的，即在预设的期间，提供最好质量的参赛者获胜。

锦标赛激励机制作为创新竞赛的组织方式，已被广泛研究。自 Lazear 和 Rosen（1981）提出锦标赛理论以来，大量学者主要围绕着锦标赛规模以及奖金结构、信息和能力的不对称等对锦标赛进行了研究。Orrison 等（2004）对不同规模、不同奖金结构的系列锦标赛进行了实验研究，研究结果表明：如果提高锦标赛中的获胜比例，则代理人的努力程度会降低。Harbring 和 Irlenbusch（2003）研究了锦标赛设计的两个基本特征——锦标赛规模和奖金结构，发现后者更能决定代理人的行为，代理人平均努力水平随着获胜比例的增大而提高。Casas-Arce 和 Martinez-Jerez（2005）的实证研究发现，扩大竞赛规模会降低竞争者的努力水平。

拍卖激励机制是指委托人根据质量以及价格的组合选择最优代理人。通过引入价格竞争，实际上是扩展了锦标赛的竞争维度。Fullerton 等（2002）提出过一种混合的研发竞赛，即结合锦标赛和价格竞价（拍卖）激励，和 Taylor（1995）的模型一样，项目业主进行研发竞赛以提高创新质量，因此竞争中包含两个重要的变量：质量和价格，其中价格竞价作为一种奖励机制。因此，创新竞赛胜利者的选择取决于其提供的创新价值和竞价值的差额，也即给委托人创造的剩余价值最大者获胜。

Fullerton 等（2002）指出了采用价格竞价（拍卖激励）优于锦标赛激励的三个理由：第一，拍卖激励中，参赛者可以根据自身的情况合理报价。如果参赛者的努力水平接近获胜者的努力水平，他仍然可以通过降低自己的竞价来获胜。第二，在没有设置入场费的情况下，由于拍卖机制竞争的激烈性使参赛者的努力水平高于锦标赛激励的努力水平。第三，也是最重要的一点，那就是采用拍卖激励机制可以为企业明显地减小获取信息的成本压力，因为拍卖激励可以不用考虑计算奖金的大小问题。同时，Fullerton 等（2002）还指出锦标赛激励中很关键的一步是设定奖金，而举行研发竞赛的主体往往对于研发成本和预测创新产品价值的知识很有限。因为没有相关详细的信息，所以举办研发竞赛的主体将会很难决定合适的奖金。拍卖激励模式将使委托人避免这样的难题，而直接把该问题转嫁给参赛者本人。

Che 和 Gale（2003）的研究指出，委托人将会选择拍卖激励机制而不是锦标赛激励机制。他们认为，在拍卖激励机制下，创新质量低的代理人将会以较低的竞价赢得竞赛，因此和锦标赛激励机制比较起来，拍卖激励机制将会使竞赛更加激烈；站在委托人的角度讲，激烈的竞赛会对其有利。Yasar 和 Dan（1998）、Moldovanu 和 Sela（2001）、韩建军等（2005）分别研究了在竞赛参与人成本信息对称和不对称的条件下固定奖金支付方式的选择和比较问题。

Anja Schöttner（2007）在理论上回答了对于委托人而言究竟应选择拍卖激励机制还是锦标赛激励机制问题。他假定代理人都是同质的且委托人没有收取入场费（Entry Fee），同时在模型中加入了随机变量代表创新的风险因素。其研究结论表明，当创新技术很大程度上受随机因素的影响，且只有通过这种影响才能实现较大难度的创新时，委托人会选择锦标赛激励。这是因为和拍卖激励相比，锦标赛激励能够为委托人节约租金。以往学者们通常认为拍卖激励机制比锦标赛机制优越的理由是因为后者需要委托人了解更多代理人的相关信息，例如，为了计算合理的固定奖金，委托人通常要知道代理人的成本信息和能力信息。而 Anja Schöttner 却认为，在拍卖机制中委托人同样需要知道代理人的成本信息和创新能力，并以此来计算合理的最高奖金和最低奖金，因此拍卖机制相对于锦标赛机制的优越性并不成立。

本文采用实验研究的方法，分析创新竞赛中锦标赛和拍卖两种激励机制对员工努力水平及收益的影响。与以往研究相比较，本文的创新之处包括以下几处：

第一，在创新竞赛领域，国内研究特别是实证或实验研究还较为缺乏。本文通过实验研究方法，比较技术创新竞赛中锦标赛与拍卖这两种激励模式对被试努力水平及收益的影响，进而确定有效的激励策略。同时，本文还在理论上指出了这两种激励机制的优缺点，丰富了创新竞赛激励理论。

第二，现有对锦标赛和拍卖激励机制的研究仅停留在分析代理人的努力水平层面，本文则综合权衡努力水平和收益两方面因素，得出在不同的条件下，存在不同的参考结论。

第三，我们对实验设计进行扩展，分别对两种激励机制下的实验规则做出相应的调整（对锦标赛机制，在实验开始前对被试收取一定入场费；在拍卖机制中不限制被试的竞价区间），比较不同情况下，委托人对两种机制的选择。

（二）理论模型

对于创新竞赛的研究，其重点是对竞赛的组织方式进行研究。在研发（R&D）竞赛过程中，参赛者是否愿意提高 R&D 产品质量、降低研发成本，主要取决于 R&D 竞赛组织机制的设计。因而本文的研究主要集中解决两个问题：一是哪一种竞赛激励方式对代理人的激励效果最佳；二是委托人选择什么样的竞赛激励机制有利于节约成本，进而通过比较得出对委托人而言最佳的竞赛机制。

委托人根据代理人创新产值 y_i 的大小来决定哪位代理人最终获胜，其中 y_i 的值由 e_i 和 ξ_i 组成，如式（14-1）所示：

$$y_i = e_i + \xi_i \tag{14-1}$$

其中，y_i 表示创新产值，e_i 表示参赛者的努力水平。ξ_i 是随机变量，服从区间在 $[-a, a](a>0)$ 的均匀分布，并相互独立。$f_\xi(\xi)$ 为随机变量的密度函数，如式（14–2）所示：

$$f_{\xi_i}(\xi_i)=1/2a,\ -a\leqslant\xi_i\leqslant a$$

$$f_{\xi_j}(\xi_j)=1/2a,\ -a\leqslant\xi_j\leqslant a \tag{14–2}$$

令 $z=\xi_j-\xi_i$，由于随机变量 ξ_j、ξ_i 独立，所以 $\xi_j-\xi_i$ 的密度函数如式（14–3）、式（14–4）和式（14–5）所示：

$$f_{\xi_j-\xi_i}(z)=\int_{-\infty}^{+\infty}f_{\xi_j}(\xi_j)f_{\xi_i}(\xi_j-z)d\xi_j=\int_{-\infty}^{+\infty}\frac{1}{4a^2}d\xi_j \tag{14–3}$$

$$f_{\xi_j-\xi_i}(z)=\begin{cases}\int_{-a}^{z+a}\frac{1}{4a^2}d\xi_j,\ -2a\leqslant z\leqslant 0\\ \int_{z-a}^{a}\frac{1}{4a^2}d\xi_j,\ 0<z\leqslant 2a\end{cases} \tag{14–4}$$

$$f_{\xi_j-\xi_i}(z)=\begin{cases}\frac{z+2a}{4a^2},\ -2a\leqslant z\leqslant 0\\ \frac{2a-z}{4a^2},\ 0<z\leqslant 2a\end{cases} \tag{14–5}$$

进而得到其概率函数如式（14–6）和式（14–7）所示：

$$F_{\xi_j-\xi_i}(z)=\begin{cases}\int_{-2a}^{z}\frac{t+2a}{4a^2}dt,\ -2a\leqslant z\leqslant 0\\ \int_{-2a}^{0}\frac{t+2a}{4a^2}dt+\int_{0}^{z}\frac{2a-t}{4a^2}dt,\ 0<z\leqslant 2a\end{cases} \tag{14–6}$$

$$F_{\xi_j-\xi_i}(z)=\begin{cases}\frac{1}{2}+\frac{z}{2a}+\frac{z^2}{8a^2},\ -2a\leqslant z\leqslant 0\\ \frac{1}{2}+\frac{z}{2a}-\frac{z^2}{8a^2},\ 0<z\leqslant 2a\end{cases} \tag{14–7}$$

1. 锦标赛模型

假定有 N 个被试参加竞赛，当 N 个参赛者的产出确定后，第一名获得高奖金 M，余下的参赛者获得小额奖金 m。M 和 m 是事先约定的固定奖金，参赛者选择的努力水平以向量 $e=(e_i, \cdots, e_n)$ 表示，参赛者 j 获得 M 的概率记为 $\pi(e_j, e_{-j})$，

e_{-j} 表示除被试 j 以外其他参赛者的努力水平。因此，代理人 j 的期望回报如式（14-8）所示：

$$E_{zj}(e_j,\ e_{-j}) = \pi(e_j,\ e_{-j})w(M) + (1 - \pi(e_j,\ e_{-j}))w(m) - C(e_j) - C$$

$$i = 1,\ 2,\ 3,\ \cdots,\ n$$

$$C(e_j) = e_j^2/\bar{c} \tag{14-8}$$

其中，C[①] 为常数，表示我们在实验中对被试收取的门槛费（Entry Fee），为了验证 Taylor（1995）的观点，我们在锦标赛机制部分实验中对参赛者收取少量的现金作为其参与竞赛的一项初始成本。$C(e_j)$ 表示 j 的成本函数，且 $C(e_j) = e_j^2/\bar{c}$，$\bar{c} > 0$ 代表一个规模尺度因素。通过合理限定随机波动的分布，我们实验中涉及的所有锦标赛，将会存在唯一确定的对称纯策略纳什均衡。从而得到锦标赛中代理人的期望收益如式（14-9）所示：

$$E_{zj}(e_j,\ e_{-j}) = m + \pi(e_j,\ e_{-j})[M - m] - e^2/\bar{c} - C \tag{14-9}$$

存在唯一的局部纯策略纳什均衡时，每一位代理人的一阶条件满足式（14-10）：

$$\frac{\partial E_{zj}}{\partial e_j} = \frac{\partial \pi(e_j,\ e_{-j})}{\partial e_j} \times (M - m) - \frac{2e_j}{\bar{c}} = 0$$

$$\frac{\partial \pi(e_j,\ e_{-j})}{\partial e_j} \times (M - m) = \frac{2e_j}{\bar{c}} \tag{14-10}$$

在对称均衡处 $e_i = e_j = e^*$，则如式（14-11）所示：

$$\frac{\partial \pi(e_j,\ e_{-j})}{\partial e_j} = 1/2a \tag{14-11}$$

得出式（14-12）：

$$e_1^* = \frac{(M - m)\bar{c}}{4a} \tag{14-12}$$

2. 拍卖模型

假设：在一项 R&D 竞赛中有 $i \geqslant 2$ 个风险中性竞赛参加者。各个参赛者同时

---

① Taylor（1995）指出，在锦标赛竞争中，如果不收取门槛费（Free Entry），随着参赛人数的增多，被试的均衡努力水平降低。Fullerton 和 McAfee（1999）指出，在锦标赛中对被试收取一定的入场费能够节约组织成本和提高竞赛质量，且收取入场费是为了提高被试的努力水平。本文研究的初始成本是通过在开始实验前对被试收取小额现金，然后在实验结束时根据被试所获得的成绩，将事先收取的现金按照成绩排名发放给被试，且只发给前三名。

且独立地选择竞赛产品质量，且参赛者的能力是同质的。每个参赛者的目标是期望收益最大化。所有参赛者独立决定自己的投资策略和竞价策略，不存在任何共谋，竞赛中有且只有一个参赛者胜出。现假定有两个人参加创新竞赛，他们将自己创新的产品进行拍卖，假定 $y_i > y_j$ 且 $p_j = m$ 时，均衡的竞价如式（14-13）所示：

$$p_i = \begin{cases} m + (y_i - y_j) & y_i - y_j \leqslant \Delta \\ m + \Delta & y_i - y_j > \Delta \end{cases} \tag{14-13}$$

其中，p_i 表示代理人对自己产品拍卖的价格，且 $p_i \in [5.4, 20.4]$，$\Delta = M - m$。假定 $y_i - p_i > y_j - p_j$，则 i 获得奖金为 i 的竞价。则得出 i 获得的奖金如式（14-14）所示：

$$\begin{cases} m + e_i - e_j - z & e_i - e_j - \Delta \leqslant z < e_i - e_j \\ m + \Delta & z < e_i - e_j - \Delta \end{cases} \tag{14-14}$$

其中，$z = \xi_j - \xi_i$，同理，代理人 j 获得的奖金如式（14-15）所示：

$$\begin{cases} m + e_i - e_j + z & e_i - e_j < z \leqslant e_i - e_j + \Delta \\ m + \Delta & e_i - e_j + \Delta < z \end{cases} \tag{14-15}$$

由此，得出 i 的收益如式（14-16）所示：

$$\int_{e_i - e_j - \Delta}^{e_i - e_j} (m + e_i - e_j - z) f(z) dz + \int_{-\infty}^{e_i - e_j - \Delta} (m + \Delta) f(z) dz - c(e_i) \tag{14-16}$$

同理，j 的收益如式（14-17）所示：

$$\int_{e_i - e_j}^{e_i - e_j + \Delta} (m + e_i - e_j + z) f(z) dz + \int_{e_i - e_j + \Delta}^{-\infty} (m + \Delta) f(z) dz - c(e_j) \tag{14-17}$$

我们为了得到均衡值，将上述两个式子求导并令其等于零，如式（14-18）所示：

$$\begin{aligned} & mf(e_i^N - e_j^N) + [F(e_i^N - e_j^N) - F(e_i^N - e_j^N - \Delta)] = c'(e_i^N) \\ & mf(e_i^N - e_j^N) - [F(e_i^N - e_j^N) - F(e_i^N - e_j^N - \Delta)] = c'(e_j^N) \end{aligned} \tag{14-18}$$

式（14-18）的均衡值必须满足 $e_i^N = e_j^N$，因 $F(-\Delta) = 1 - F(\Delta)$，$F(0) = 1/2$，则

推出[①]结论如式（14–19）所示：

$$mf(0)+[F(\Delta)-1/2]=c'(e)$$

$$e^{*}=\frac{\bar{c}}{2}\left(\frac{m+\Delta}{2a}-\frac{\Delta^{2}}{8a^{2}}\right) \tag{14–19}$$

设 $m=0.54$，$M=2.04$，即 $\Delta=1.5$；再设 $\bar{c}=10000$，$a=60$。因此，得到锦标赛激励机制中的代理人努力水平均衡值为 $e_1^*=62.5$。拍卖激励机制下且参赛人数为 2 人时的均衡努力水平 $e_2^*=84.6$。当参加竞赛的人数为 n 且 $n>2$ 时，假定 $y_i>y_j$，$j\in n$，并且定义 $y^m=\max_{j\in n}y_j$。得出 i 的报价如式（14–20）所示：

$$p_i=\begin{cases}m+(y_i-y^m) & y_i-y^m<\Delta\\ m+\Delta & y_i-y^m>\Delta\end{cases} \tag{14–20}$$

同理得到的均衡条件如式（14–21）所示：

$$mf(0/n)+[F(0/n)-F(-0/n)]=c'(e)$$

$$e_3^*=\frac{\bar{c}}{2}\left(\frac{m}{2a}+\frac{\Delta}{2na}-\frac{\Delta^{2}}{8(an)^{2}}\right) \tag{14–21}$$

当 $n=3$ 时，拍卖激励机制下被试均衡努力水平 $e_3^*=52$。

3. 模型推论

根据以上的理论推导结果和参赛者（以下通称被试）努力水平的均衡值，得出推论：

（1）在锦标赛激励机制中，对被试收取一定的入场费，理论上其努力水平不受影响，也即是否收取入场费对被试的努力水平没有影响。

（2）当参赛人数为 2 人时，在锦标赛激励机制中，被试的努力水平明显低于拍卖激励机制。所以单从被试的努力水平来讲，拍卖激励机制比锦标赛激励机制优越。

（3）当参赛人数为 3 人时，拍卖激励机制的均衡努力水平明显小于锦标赛激励机制的均衡努力水平，因此理论上我们可以说当竞赛规模较大且只考虑对被试的激励因素时，采用锦标赛激励机制对被试的激励效果更好。

---

① $F(\Delta)=\frac{1}{2}+\frac{\Delta}{2a}-\frac{\Delta^2}{8a^2}$，$f(0)=\frac{0+2a}{4a^2}$。

（三）实验设计

1. 实验程序

我们从重庆大学高年级本科生和硕士研究生中招募到 88 个被试。当被试进入实验房间后，将被随机指派一个号码，然后坐到该号码对应的座位上。每名被试由另一个被试作为他们的配对成员，[①] 实验助理将书面指导语、收益表以及被试自身与其配对成员的努力成本函数发放给被试。除了被试配对成员的身份信息外，其他参数都是共同知识。

（1）固定奖金锦标赛。首先，请被试把名字和座位号写在支付表的相应位置上。决策成本表的 A 列显示 1~100 共 100 个数字，这些是被试的决策数字（代表可选择的努力水平），B 列显示与每一个数字对应的决策成本。被试选择的决策数字越大，对应的成本相应越大。实验开始后，被试将分别独立地选择一个决策数字。当所有的被试选择完决策数字后，实验助理将支付表收回，同时将事先产生的服从均匀分布［-60，60］的一组随机数字分配给相应的被试。决策数字和随机数字之和代表着被试总的努力水平，实验助理把该总值记录在一张纸上，然后宣布获得最高数值的被试为胜利者，并获得固定奖金 M，其配对成员获得 m（$M > m$）。最后，被试从固定奖金中减去决策数字对应的决策成本，得到了他本轮的收益。至此，被试完成第一轮的实验。实验重复进行 12 轮。

（2）拍卖激励模式。实验的前半部分程序和固定奖金锦标赛模式中的一样。但当实验助理将随机数字和决策数字加总后，再将支付表发还给被试，被试根据自己选择的决策数字和随机数字之和决定价格，这个价格表示被试对自己创新的产品进行竞价，且竞价区间为［0，100］。在此，需要说明的是被试选择各自的竞价之后不能随便更改，且其所选数字的信息是保密的，被试对其对手的信息是未知的。[②] 待

① 本研究对被试进行分组时，遵循了随机配对（Random Matching）的原则。任何实验都会有误差，误差主要来源于人为因素和自然因素（Nature）。学术界一致认为随机配对是最有效的实验分组方法，该方法能够最大限度地避免人为因素的干扰，确保实验的有效性和可靠性。

② 这样设计的目的主要是为了避免参赛者间的“共谋”行为，若存在“共谋”行为，实验结果势必受到影响。

被试选择完价格后，实验助理将支付表信息收集，且根据被试的决策数字与随机数字之和减去决策成本再减去标价之后的值（值大的获得高奖金，值小的获得低奖金）来判断被试的输赢，并在胜利者被试的支付表上打勾。胜利者获得的奖金是其标价（被试所选择的竞价值），失败者获得的奖金是 m（事先固定的一个奖金）。到此为止，被试已经完成第一轮的实验。实验重复进行 12 轮。

对于未限制竞价区间的实验，其实验流程和上述一致。唯独不同的是，被试竞价值的选择没有区间限制，且获胜被试的收益为其竞价值，失败者则收益为零。

2. 实验设计

我们设计 8 个实验来分析和研究在不同的模式下被试的努力水平和收益。实验参数及努力水平的理论预测值如表 14–1 所示：

表 14–1　实验设计

实验	竞赛规模(N)	决策范围(e)	成本函数(c)	随机数范围	M	m	轮数	均衡努力水平	是否有入场费	是否有竞价值限制	被试人数
锦标赛激励机制											
1	2	(0~100)	$e^2/10000$	(–60~60)	2.04	0.54	12	62.5	无	—	10
2	2	(0~100)	$e^2/10000$	(–60~60)	2.04	0.54	12	62.5	有	—	10
3	3	(0~100)	$e^2/10000$	(–60~60)	2.04	0.54	12	62.5	无	—	12
4	3	(0~100)	$e^2/10000$	(–60~60)	2.04	0.54	12	62.5	有	—	12
拍卖激励机制											
5	2	(0~100)	$e^2/10000$	(–60~60)	P/10①	0.54	12	84.6	—	有	10
6	3	(0~100)	$e^2/10000$	(–60~60)	P/10	0.54	12	52	—	有	12
7	2	(0~100)	$e^2/10000$	(–60~60)	P	0	12		—	无	10
8	3	(0~100)	$e^2/10000$	(–60~60)	P	0	12		—	无	12

注：“—”代表不适用，其含义为本组实验未考虑此因素。

表 14–1 中的实验总体分为三种不同的情形：规模不同下的均衡努力水平，即分别在参赛人数为 3 和 2 时的竞赛；是否对被试收取入场费条件下的努力水平；被试的竞价值是否被限制情况下的被试努力水平。设计以上实验是为了探讨在这几种因素的影响下被试均衡努力水平以及收益的变化。

① 为了能够对实验 1、实验 3 和实验 5、实验 6 进行比较研究，最高奖金的差距不能过大。

（四）实验结果分析

1. 锦标赛激励机制

表 14–2 中的第 4 列、第 5 列分别列出了锦标赛激励机制实验中不同情况下所有被试努力水平的实际均值和实际平均收益。为了检验这四个实验的结果是否与理论预测值存在显著差异，我们分别做了相关均值检验。

表 14–2 锦标赛激励机制理论预测值和实际值

实验	规模	努力水平理论预测值	努力水平实际均值	实际平均收益
实验 1	M=2	62.5	55.38	1.06
实验 2（收取入场费）	M=2	62.5	68.24	0.78
实验 3	M=3	62.5	59.77	0.63
实验 4（收取入场费）	M=3	62.5	55.24	0.65

首先，检验在相同规模下，对被试收取入场费对被试的努力水平有没有显著影响。

根据以上理论预测，规模 M = 2 时锦标赛激励机制下被试的均衡努力水平为 62.5，本文显著性水平 0.05。[①] 我们对实验 1 和实验 2 这两个实验的所有轮次混合横截面数据做单样本 T[②] 均值检验。通过检验分析，实验 1 和实验 2 对应的值分别是 0.165 和 0.015。因此，实验 1 接受原假设，即被试的努力水平与预测的理论值没有显著的差异。实验 2 拒绝原假设，也就是说在 M = 2 时，对被试收取一定的入场费对被试的努力水平有显著的影响，这个结果与我们的理论预测（是否收取入场费对被试的努力水平没有影响）有所不同。

当 M = 3 时，我们根据理论模型推导出被试的努力水平为 62.5，和 M = 2 时的努力水平相等，同时，我们通过理论模型推导得出，锦标赛的规模在理论上对被试的努力水平没有影响。为了验证理论和实际的努力水平是否有差异，我们将

① 这篇论文的所有统计检验使用的显著性水平是 5%。

② 单样本 T 检验是检验单个变量的均值是否与给定的常数之间存在差异。它的零假设是：单个变量的均值与指定的常数没有显著差异。

对 M = 3 时的锦标赛激励机制混合横截面数据做单样本 T 检验。通过数据分析，得出实验 3 和实验 4 的 P 值分别为 0.400 和 0.028。因此，实验 3 则接受原假设：被试的努力水平与预测的理论值没有显著的差异。实验 4 拒绝原假设：在实验 4 所有被试的努力水平均值与理论预测值没有显著差异。因此我们可以得出结论，当 M = 3 时对被试收取一定的入场费对被试的努力水平有显著的影响，这个结果与我们的理论预测（是否收取入场费对被试的努力水平没有差异）有所不同。

其次，检验被试在不同的锦标赛规模下努力水平是否有显著的差异，我们对实验 1 至实验 3 以及实验 2 至实验 4 两两做曼—惠特尼检验。[①] 检验结果对应的相伴概率分别为 0.378、0.001，该结果显示锦标赛规模对被试的努力水平没有显著影响。

再次，我们将锦标赛激励机制的四个实验被试努力水平做 Kruskal-Wallis H[②] 检验，得到的 P 值为 0.014，因此我们拒绝原假设，即四个实验的均值存在显著差异，所以可以看出：如果改变竞赛规则对被试收取一定的入场费，规模因素将对被试的努力水平存在显著的影响。这个结论与我们的理论预测相反。

最后，为了检验规模因素对被试的收益是否存在显著影响，我们对以上实验被试的收益情况进行统计，得到每个实验的平均收益分别为 1.06、0.78、0.63、0.65。分别对实验 1 至实验 2、实验 3 至实验 4 进行曼—惠特尼检验，得到的 P 值分别为 0.001、0.551。因此，对于实验 1 至实验 2，我们拒绝原假设，即被试的收入存在显著的差异，而实验 3 至实验 4 接受原假设，即被试的收入不存在显著差异。

通过上述检验分析，我们得出结论：在锦标赛激励机制下，单独的规模因素对被试的努力水平没有显著的影响。然而对被试收取一定的入场费后，规模因素对其努力水平存在显著的影响。锦标赛机制下，若对被试收取入场费，其实际努力水平将随规模的扩大而降低。

2. 拍卖激励机制

表 14-3 的第 4 列列出了拍卖激励机制实验在不同条件下所有被试努力水平

---

① 该方法是一种非参数检验方法，主要用于检验两个独立的未知分布的总体的均值是否有显著差异。它的零假设是：两个未知分布总体的均值没有显著差异。

② 该检验仍然是一种非参数检验方法，主要用于检验多个独立的未知分布的总体的均值是否具有显著的差异。它的零假设是：多个未知分布总体的均值没有显著差异。

的实际均值。为了检验这两个实验的结果是否与理论预测一致，我们需进行相关均值检验。

表 14–3 拍卖激励机制理论预测值和实际值

实验	规模	竞价水平	努力水平实际值	努力水平理论预测值	实际收益水平
实验 5（限制竞价区间）	M=2	15.46	82.43	84.6	0.42
实验 6（限制竞价区间）	M=3	12.46	55.53	52	0.40
实验 7（不限制竞价区间）	M=2	17.07	72.32	—	3.42
实验 8（不限制竞价区间）	M=3	—	65.00	—	0.66

注："—"代表无理论预测值。

首先检验拍卖激励规模对被试的努力水平是否有显著的影响。在限制竞价区间的情况下，我们将实验 5 和实验 6 两两做曼—惠特尼检验。检验结果对应的相伴概率为 0.000，该结果显示在限制竞价区间条件下，拍卖激励规模对被试的努力水平有显著影响，这个结论和我们的理论预测相符合。在不限制竞价区间的情况下，我们将实验 7 和实验 8 两两做曼—惠特尼检验。检验结果对应的相伴概率为 0.024，该结果显示在不限制竞价值条件下，拍卖激励规模对被试的努力水平有显著影响。

接着我们检验在拍卖激励机制中，竞价值在不同的规模下是否有显著差异。我们将实验 5 和实验 6 的竞价值进行统计分析。通过统计分析得出实验 5 和实验 6 被试的竞价值平均值分别为 15.46、12.46，为了进一步分析实验 5 和实验 6 的竞价值在统计意义上是否具有差异性，我们采用曼—惠特尼检验，得到的相伴概率为 0.160，即不能拒绝原假设：竞价值没有显著差异。这表明在拍卖激励规模不一致的条件下，拍卖价格即 P 值没有显著差异。

然后我们检验在拍卖激励机制下，限制竞价区间与否对被试努力水平是否有显著影响。我们对实验 5 和实验 7、实验 6 和实验 8 进行数据分析和检验。通过分析得出实验 5 和实验 7 的竞价水平分别为 15.46、17.07，为了检验这两个实验在统计上是否具有显著差异，我们将采用非参数检验对这两个实验的所有轮次混合横截面数据做曼—惠特尼检验。通过检验分析，实验 5 和实验 7 对应的 P 值为 0.291。因此，我们不能拒绝原假设：在实验所有被试的努力水平均值与理论预测值没有显著差异，因此在规模一致条件下，竞价区间是否限制对被试的努力水平没有显著差异性。同理，我们对实验 6 和实验 8 进行曼—惠特尼检验，通过检验分析，实验 6 和实验 8 对应的 P 值为 0.008，我们拒绝原假设：在实验所有被试的努力水平均值与理论预测值没有显著差异。因此，我们可以得出结论：在拍卖激励机制下是否限制竞价区间对被试的努力水平有显著的差异性。

最后我们检验竞价区间限制与否对被试收益的影响情况。我们将实验 5 至实验 7、实验 6 至实验 8 进行曼—惠特尼检验，得到的 P 值分别为 0.000、0.219。因此实验 5 至实验 7 拒绝原假设，即被试的收益受竞价区间的影响显著，而实验 6 至实验 8 接受原假设，被试的收益不受竞价值限制与否的影响。

因此，我们可以得出结论：拍卖激励机制中，规模对被试的努力水平有显著的影响但不同规模对应的竞价值也存在显著差异，同时努力水平高对应的竞价值也相对要高于努力水平低对应的竞价值；拍卖激励机制中，限制竞价区间对被试的努力水平的影响要分情况：当拍卖激励的规模 M = 2 时，是否限制竞价区间对被试的竞价水平没有显著的影响，然而，当拍卖激励的规模大于 2 时，是否限制竞价区间对被试的竞价水平有显著的影响，从以上图表看出实验 6 中竞价平均水平明显要低于实验 8；拍卖激励机制下，在规模较小时，竞价区间限制与否对被试的收入存在显著的影响，然而，如果我们将规模扩大该影响将会消除。

3. 锦标赛和拍卖激励对比

以上我们讨论过了在锦标赛激励机制与拍卖激励机制下被试的不同行为。为了对比这两种激励机制，本小节将比较在相同的规模下，锦标赛激励与拍卖激励对所有被试努力水平以及收益的影响，从而分析得出对委托人而言最佳的竞赛机制（见表 14–14）。

表 14–4 本文所有实验的理论值和实际值

实验	规模	努力水平预测值	努力水平实际值	实际的平均收益
实验 1	M=2	62.5	55.38	1.06
实验 2	M=2	62.5	68.24	0.78
实验 3	M=3	62.5	59.77	0.63
实验 4	M=3	62.5	55.24	0.65
实验 5	M=2	84.6	82.43	0.42

续表

实验	规模	努力水平预测值	努力水平实际值	实际的平均收益
实验 6	M=3	52	55.53	0.40
实验 7	M=2	—	72.32	3.42
实验 8	M=3	—	65.00	0.66

注："—"表示无理论预测值。

为了验证锦标赛激励机制与拍卖激励机制对被试努力水平的影响，我们使用两个相关样本检验[①]的方法。该方法用来检验同等能力被试在锦标赛激励机制和拍卖激励机制这两种不同的激励机制中，被试的努力水平是否有显著变化。在此，我们选择威尔克科森秩和检验（Wilcoxon）及符号检验（Sign）。

通过检验得到实验 1 和实验 5 的 P 值分别为 0.003、0.006，均小于 0.05。因此，我们拒绝零假设。在实验 1 和实验 5 中，锦标赛激励机制和拍卖激励机制对所有被试努力水平的均值存在显著差异。同时我们对其收益做威尔克科森秩和检验及符号检验的检验，得出的 P 值分别为 0.002、0.000。因此，我们也拒绝原假设。在实验 1 和实验 5 中，锦标赛激励机制和拍卖激励机制对所有被试的收益有显著差异，从表 14–4 我们可以看出实验 1 平均每一轮的收益高于实验 5。

实验 3 和实验 6 中，威尔克科森秩和检验及符号检验对应的 P 值分别为 0.338、0.774。因此，我们不能拒绝零假设。由此得出结论：在实验 3 和实验 6 中，也即当参赛人数为 3 人时，锦标赛激励机制和拍卖激励机制对所有被试的努力水平没有显著影响。同理，我们也对实验 3 和实验 6 的收益情况做检验分析，威尔克科森秩和检验及符号检验对应的 P 值分别为 0.004、0.006。因此我们可以得出在实验 3 和实验 6 中，也即当参赛人数为 3 人时，锦标赛激励和拍卖激励对所有被试的收益有显著影响。

为了进一步了解改变竞赛规则之后，被试的努力水平是否存在显著差异，我们还需要进一步的检验。因此我们对实验 2 和实验 7 的差异性是否显著进行检验，威尔克科森秩和检验及符号检验对应的 P 值分别为 0.117、0.388，实验 2 和

① 两个相关样本检验（Test for Two Related Samples）是一种非参数检验的方法，一般用于比较一个现象在采取了某项措施前后的变化是否显著，或者说采取的措施是否有效；也可以检验同一个测试对象上的两种测试方法是否一致。其零假设为：某项措施实施前后，两个样本没有显著变化。

实验 7 收益检验对应的 P 值分别为 0.003、0.006。因此，对于努力水平的检验我们不能拒绝零假设。由此得出结论：在实验 2 和实验 7 中，也即当参赛人数为 2 人时，锦标赛激励和拍卖激励对所有被试的努力水平没有显著影响。然而，从检验结果可以看出，实验 2 和实验 7 的收益存在显著的差异。

同理，我们为了检验实验 4 和实验 8 的差异性是否显著，采取上述的方法来验证这两种激励机制对所有被试努力水平均值的影响。威尔克科森秩和检验及符号检验对应的 P 值分别为 0.010、0.039。因此，我们拒绝零假设，在对被试收取一定入场费的前提下，锦标赛激励和没有限制竞价区间的拍卖激励对所有被试的努力水平存在显著影响。为了验证实验 4 和实验 8 的收益情况，我们对实验数据进行了威尔克科森秩和检验及符号检验，对应的 P 值分别为 0.875、0.774。故我们接受原假设，实验 4 和实验 8 的收益不存在显著差异。

4. 计量分析

以上我们已经分析了不同规模和不同竞赛规则对被试努力水平和被试收益的影响。但是对在拍卖激励机制下，被试竞价水平的选择我们还需进一步了解。因此，我们在此处建立一个面板数据模型，并通过研究被试前一轮努力水平、前一轮竞价水平、前一轮的获胜情况，来深入分析拍卖激励中被试竞价水平的影响因素。为了分析在拍卖激励机制下，不同竞赛规则对被试竞价水平的影响，我们将面板数据的模型设定如式（14–22）所示：

$$P\_num_{i,t} = \alpha_i + \beta_1 P\_num_{i,t-1} + \beta_2 Deci\_num_{i,t-1} + \beta_3 Win_{i,t-1} + u_i + \varepsilon_{i,t} \qquad (14–22)$$

其中，i 表示代理人 i，t 代表实验轮次，$P\_num_{i,t}$ 为第 i 个被试第 t 轮的竞价水平，$P\_num_{i,t-1}$ 表示第 i 个被试第 t–1 轮的竞价水平，$Deci\_num_{i,t-1}$ 为第 i 个被试第 t–1 轮的努力水平，$Win_{i,t-1}$ 为被试前一轮获胜情况的虚拟变量，当第 i 个被试第 t–1 轮获胜时取 1，否则取 0。

表 14–5　被试竞价水平（$P\_num_{i,t}$）选择的影响因素估计结果（面板数据模型）

解释变量	实验 5		实验 6		实验 7		实验 8	
	系数	显著性	系数	显著性	系数	显著性	系数	显著性
常量	18.47	**	10.42	**	20.09	**	13.10	**
标准差	2.89		1.29		5.13		4.98	

续表

解释变量	实验 5		实验 6		实验 7		实验 8	
	系数	显著性	系数	显著性	系数	显著性	系数	显著性
前一轮竞价值（$P\_num_{i,t-1}$）	0.23	*	0.28	**	0.24	*	0.14	*
标准差	0.09		0.09		0.10		0.68	
前一轮努力水平（$Deci\_num_{i,t-1}$）	-0.09	**	-0.23		-0.10		0.01	
标准差	0.03		0.01		0.08		0.07	
被试前一轮获胜与否（$Win_{i,t-1}$）	1.77	*	0.28		0.63		1.23	
标准差	0.91		0.76		2.96		2.68	

注：** 表示在 0.05 水平下显著，* 表示在 0.1 水平下显著。

通过 STATA 软件分析，结果显示：在拍卖激励机制下，被试所选择的竞价水平主要是受前一轮竞价水平的影响，而前一轮的努力水平和前一轮的输赢对被试的竞价水平选择不存在显著的影响，即对被试而言，他们究竟选择什么样的竞价水平主要的依据是上一轮所选择的竞价水平，而不是上一轮的努力水平及其在上一轮的输赢情况。

（五）研究结论与建议

1. 研究结论

本文采用理论研究和实验研究的方法，对创新竞赛中锦标赛和拍卖两种不同的激励机制进行了比较研究，同时考察了竞赛规模、初始成本以及竞价区间等因素对代理人努力水平以及收益的影响。本文获得的主要结论有以下几个：

（1）在锦标赛激励机制下，理论上均衡努力水平不受规模因素的影响，但是通过实验证明，在改变锦标赛竞争的规则——增加被试的初始成本后，规模因素对其努力水平有显著的影响，且随着规模的扩大，被试的努力水平会有所降低。因此，一个可能的启示是，政府或企业在举办大规模的创新竞赛中，最好不要收取入场费，以免降低参赛者的努力水平。

（2）在拍卖激励机制下，规模因素对被试的努力水平有显著影响，规模较大时，努力水平较低，此时，是否限制竞价区间对被试努力水平有显著影响。由此，若单考虑对被试的激励效果，在规模较大的情况下，我们可以通过改变竞赛的规则来减小规模因素对被试努力水平的影响。

（3）通过对两种激励机制的比较分析发现，在进行创新竞争时，若规模较大，锦标赛激励机制和拍卖激励机制对被试的努力水平没有显著的影响，也就是说在规模较大时，如果只考虑激励的效果，选择这两种激励机制方式没有显著差异。若竞赛规模较小，拍卖激励机制比锦标赛激励机制更能激发员工的努力水平，且员工在拍卖激励机制下的收益也高于锦标赛激励。因此，对于企业管理者来说，在进行规模较小的创新竞赛时，拍卖激励机制是一种理想的激励方式。

（4）在进行拍卖激励时，不要对竞价值的区间加以限制。在规模较大的创新竞赛中如果限制被试的竞价区间，被试的努力水平比没有限制竞价值时的努力水平减少速度更快。如果没有限制竞价区间，得到结果是努力水平在同等规模下增加，但竞价值相对没有努力水平增加的快。因此，作为企业管理者在组织创新竞赛时，建议不限制竞价值，既激发员工的创新积极性，又能节约成本。

2. 本文研究的局限性和后续研究建议

本文在数据的采集和实验被试的选择上有一定的局限性，首先，我们所招募的被试主要来自重庆大学经济与工商管理学院的在校大学生或研究生，被试样本的代表性不够广泛。同时，我们为实验被试提供的货币收入也较为有限。其次，在研究方法上，本文所采用的是数字选择实验，将来可以采用真实努力实验，模拟真实的企业创新竞赛，以便进一步了解不同的激励机制对代理人努力水平和收益的影响。最后，本文侧重的是对个人创新竞赛的研究，今后可以就团队创新竞赛环境下各种激励机制的效果等问题作进一步的探索。

附　录

A. 实验指导语（锦标赛激励实验）

各位同学请按照桌子上的编号依次入座，你们将会面对两张表格（决策成本表和支付表）。你们每次实验有十个（两人一组，一共五组）或者是十二个（三人一组，一共四组）同学。我们将会给你们两两配对或者是三三配对，你配对成员的身份将不会透露给你。

首先把你们的名字和座位号写在支付表相应的位置，在实验中你将会履行一个简单任务。决策成本表的 A 列里显示 1~100 共 100 个数字，这些是你们的决策数字，在 B 列里显示与每一个数字相关的决策成本。注意，选择的决策数字越大，对应的成本就越大。你的配对成员拥有一个完全相同的决策成本表。在这个实验的每一轮，你和你的配对成员将分别选择一个决策数字填在支付表的相应位置。

你们选择完决策数字以后，我们将会把你的支付表收起来，同时将事先产生服从均匀分布（范围为-60 到 60）的一组随机数字分配给你们。实验助理将你们的随机数字和决策数字相加，然后再与配对成员的数字和对比，数字高的将给予 M 的奖金，数字小的给予 m 的奖金。

在颁发相应的 M 奖金之后，我们将会把支付表再次发给你们，最后请你们计算你的个人收益（即用你所获得的奖金减去你的决策成本）。到此为止，你已经完成了第一轮的实验。

实验重复进行 12 轮，最后将个人每轮收益加总，根据你所得收益和你的配对成员的收益对比，高收益的给予 15 元奖金，低的给予 5 元奖金。

附表 1　实验 1、实验 2、实验 3、实验 4 支付记录表

第 1 列		第 2 列		第 3 列	第 4 列			第 5 列		第 6 列
决策数字		随机数字		总和 1+2	M	m		减去成本		总收入
	+		=		2.04	0.54	–		=	
配对成员的决策数字和随机数字的总和：										

B. 实验指导语（拍卖激励实验）

各位同学请按照桌子上的编号依次入座，你们将会面对两张表格（决策成本表和支付表）。你们每次实验有十个（两人一组，一共五组）或者九个（三人一组，一共三组）同学。我们将会给你们两两配对或者是三三配对，你的配对成员的身份将不会透露给你。

首先把你们的名字和座位号写在相应支付表的位置，你在试验中将会履行一个简单任务。决策成本表的 A 列里显示 1~100 共 100 个数字，这些是你们的决策数字，在 B 列里显示与每一个决策数字对应的决策成本。注意，选择的决策数字越大，对应的成本就越大。你的配对成员拥有一个完全相同的决策成本表。在这个实验的每一轮，你和你的配对成员将分别选择一个决策数字填在支付表的相应位置。实验 7 和实验 8 对应的是支付表 1，实验 5 和实验 6 对应的是支付表 2。

当所有的被试已经选择他们的决策数字以后，我们将会把你的支付表收起来，同时将事先产生服从均匀分布（范围为–60~60）的一组随机数字分配给你们。实验助理将随机数字和决策数字相加，之后再将支付表发还给你们，你们根据自己选择的决策数字和随机数字之和定价格，也即 P 值，这个价格表示你们对自己创新的产品进行估价，但是这个价格选定后不能再更改。选择完价格，实验助理将支付表信息收集起来，然后根据你们的决策数字加上随机数字再减去标价之后的值（值大的获得高奖金，值小的获得低奖金）来判断被试的输赢，并在胜利者的支付表上打钩。胜利者获得的奖金是其标价（也就是 P 值），失败者是 m=0.54。在此，请同学们仔细权衡 P 值，因为我们是根据决策数字减去随机数字再

减去标价之后的值来确定你的奖金，所以在你选择完决策数字之后，P 值的大小关系到你的奖金，如果你的 P 值定得越高，那么你赢的概率可能会越小，如果 P 值定得越小，相应你获胜的概率可能会越大，但是你的奖金可能会越小。

在配给相应的奖金之后，我们将会把支付表再次发给你们，最后请你们计算个人收益，即把你所获得的奖金减去你的决策成本所得到的差就是你的收益。到此为止，你已经完成了第一轮的实验。实验重复进行 12 轮，最后将个人收益加总，根据你所得收益和你的配对成员的收益对比，高收益的获得 15 元奖金，低收益的给予 5 元奖金。

注：如果你做的是实验 7 或实验 8，则当获胜时收益为竞价值，反之收益则为零。

附表 2 实验 5 和实验 6 支付记录

第1轮	第 1 列		第 2 列		第 3 列		第 4 列		第 5 列	第 5 列		第 6 列	第 7 列
	决策数字	加	随机数字	等于	总和 1+2	减	定价 P 值 [5.4~20.4]	等于	总和	奖金 P/10m	减	决策成本	收益
		+		=		−		=			−		
配对成员的决策数字和随机数字的总和：										配对成员的 P 值：			

附表 3 实验 7 和实验 8 支付记录

第1轮	第 1 列		第 2 列		第 3 列		第 4 列		第 5 列	第 5 列		第 6 列	第 7 列
	决策数字	加	随机数字	等于	总和 1+2	减	定价P 值	等于	总和	奖金 P/0	减	决策成本	收益
		+		=		−		=			−		
配对成员的决策数字和随机数字的总和：										配对成员的 P 值：			

附表 4 决策成本表 1 （$10c(e_i)=e_i^2/c$）

A	B	A	B	A	B	A	B
决策数字	决策成本	决策数字	决策成本	决策数字	决策成本	决策数字	决策成本
1.00	0.00	26.00	0.68	51.00	2.60	76.00	5.78
2.00	0.00	27.00	0.73	52.00	2.70	77.00	5.93
3.00	0.01	28.00	0.78	53.00	2.81	78.00	6.08
4.00	0.02	29.00	0.84	54.00	2.92	79.00	6.24
5.00	0.03	30.00	0.90	55.00	3.03	80.00	6.40
6.00	0.04	31.00	0.96	56.00	3.14	81.00	6.56
7.00	0.05	32.00	1.02	57.00	3.25	82.00	6.72
8.00	0.06	33.00	1.09	58.00	3.36	83.00	6.89

续表

A	B	A	B	A	B	A	B
决策数字	决策成本	决策数字	决策成本	决策数字	决策成本	决策数字	决策成本
9.00	0.08	34.00	1.16	59.00	3.48	84.00	7.06
10.00	0.10	35.00	1.23	60.00	3.60	85.00	7.23
11.00	0.12	36.00	1.30	61.00	3.72	86.00	7.40
12.00	0.14	37.00	1.37	62.00	3.84	87.00	7.57
13.00	0.17	38.00	1.44	63.00	3.97	88.00	7.74
14.00	0.20	39.00	1.52	64.00	4.10	89.00	7.92
15.00	0.23	40.00	1.60	65.00	4.23	90.00	8.10
16.00	0.26	41.00	1.68	66.00	4.36	91.00	8.28
17.00	0.29	42.00	1.76	67.00	4.49	92.00	8.46
18.00	0.32	43.00	1.85	68.00	4.62	93.00	8.65
19.00	0.36	44.00	1.94	69.00	4.76	94.00	8.84
20.00	0.40	45.00	2.03	70.00	4.90	95.00	9.03
21.00	0.44	46.00	2.12	71.00	5.04	96.00	9.22
22.00	0.48	47.00	2.21	72.00	5.18	97.00	9.41
23.00	0.53	48.00	2.30	73.00	5.33	98.00	9.60
24.00	0.58	49.00	2.40	74.00	5.48	99.00	9.80
25.00	0.63	50.00	2.50	75.00	5.63	100.00	10.00

附表 5　决策成本表 2（$c(e_i) = e_i^2/c$）

A	B	A	B	A	B	A	B
决策数字	决策成本	决策数字	决策成本	决策数字	决策成本	决策数字	决策成本
1.00	0.00	26.00	0.07	51.00	0.26	76.00	0.58
2.00	0.00	27.00	0.07	52.00	0.27	77.00	0.59
3.00	0.00	28.00	0.08	53.00	0.28	78.00	0.61
4.00	0.00	29.00	0.08	54.00	0.29	79.00	0.62
5.00	0.00	30.00	0.09	55.00	0.30	80.00	0.64
6.00	0.00	31.00	0.10	56.00	0.31	81.00	0.66
7.00	0.00	32.00	0.10	57.00	0.32	82.00	0.67
8.00	0.01	33.00	0.11	58.00	0.34	83.00	0.69
9.00	0.01	34.00	0.12	59.00	0.35	84.00	0.71
10.00	0.01	35.00	0.12	60.00	0.36	85.00	0.72
11.00	0.01	36.00	0.13	61.00	0.37	86.00	0.74
12.00	0.01	37.00	0.14	62.00	0.38	87.00	0.76
13.00	0.02	38.00	0.14	63.00	0.40	88.00	0.77
14.00	0.02	39.00	0.15	64.00	0.41	89.00	0.79
15.00	0.02	40.00	0.16	65.00	0.42	90.00	0.81

续表

A	B	A	B	A	B	A	B
决策数字	决策成本	决策数字	决策成本	决策数字	决策成本	决策数字	决策成本
16.00	0.03	41.00	0.17	66.00	0.44	91.00	0.83
17.00	0.03	42.00	0.18	67.00	0.45	92.00	0.85
18.00	0.03	43.00	0.18	68.00	0.46	93.00	0.86
19.00	0.04	44.00	0.19	69.00	0.48	94.00	0.88
20.00	0.04	45.00	0.20	70.00	0.49	95.00	0.90
21.00	0.04	46.00	0.21	71.00	0.50	96.00	0.92
22.00	0.05	47.00	0.22	72.00	0.52	97.00	0.94
23.00	0.05	48.00	0.23	73.00	0.53	98.00	0.96
24.00	0.06	49.00	0.24	74.00	0.55	99.00	0.98
25.00	0.06	50.00	0.25	75.00	0.56	100.00	1.00

参考文献

[1] 韩建军，程玉，郭耀煌. 基于非对称成本的设计竞赛博弈模型及奖金设置 [J]. 运筹与管理，2005 (2)：84–90.

[2] Anja Schöttner. Fixed–prize Tournaments versus First–price Auctions in Innovation Contests [J]. Economic Theory，2007 (35)：57–71.

[3] Barut Yasar，Kovenock Dan. The Symmetric Multiple Prize All– Pay Auction with Complete Information [J]. European Journal of Political Economy，1988 (4)：627– 644.

[4] Benny Moldovanu，Aner Sela. The Optimal Allocation of Prizes in Contests[J]. American Economic Review，2001 (3)：542–548.

[5] Casas –Arce P.，Martinez –Jerez F.. Relative Performance Compensation，Contests and Dynamic Incentives [R]. Working Paper，University of Oxford，2005.

[6] Dasgupta P.，Stiglitz J.. Uncertainty，Industrial Structure，and the Speed of R&D [J]. Bell Journal of Economy，1980 (11)：1–28.

[7] Fullerton R.L.，Linster B.G.，McKee M.，Slate S.. Using Auction to Reward Tournament Winners：Theory and Experiment Investigations [J]. Rand Journal of Economics，2002 (33)：62–84.

[8] Fullerton R.L.，Linster B.G.，McKee M.，Slate S.. An Experimental Investigation of Research Tournament [J]. Economy Inquiry，1999 (37)：624–636.

[9] Fullerton R.L.，McAfee R.P.. Auction Entry into Tournaments [J]. Journal of Political

Economy，1999，107（3）：573-605.

［10］ Harbring C.，Irlenbusch B.. An Experimental Study on Tournament Design［J］. Labor Economics，2003（4）：443-464.

［11］ Lazear E. P.，Rosen S.. Rank-Order Tournaments as Optimum Labor Contracts［J］. Journal of Political Economy，1981（89）：841-864.

［12］ Lee T.，Wilde L.L.. Market Structure and Innovation：A Reformulation［J］. Quarterly Journal of Economics，1980（94）：429-436.

［13］ Loury G.C.. Market Structrue and Innovation［J］. Quarterly Journal of Economics，1979（93）：395 - 410.

［14］ Orrison A.，Schotter A.，Weigelt K.. Multi-person Tournaments：An Experimental Examination［J］. Management Science，2004（50）：268-279.

［15］ Taylor C.R.. Digging for Golden Carrots：an Analysis of Research Tournaments［J］. American Economic Review，1995（4）：872- 890.

［16］ Terwiesch C.，Xu Y.. Innovation Contests，Open Innovation and Multi-agent Problem Solving［J］. Management Science，2008（54）：1529-1543.

［17］ Yeon- Koo Che，Ian Gale. Optimal Design of Research Contests［J］. American Economic Review，2003（3）：646-671.

（本文发表于《经济管理》，2012 年第 3 期，

作者：闫威、罗雨鹤、刘智慧）